KB180048

—— 이 책을 후원해주신 여러분께 감사드립니다. ——

LEEJUNGSU   권기현 김기훈 김남수 김병권 김성종 김은숙

김은희 김정은 류영진 박수진 박정우 박지영 박충면 서영익

설지희 신평수 안지연 안지원 유명희 이기훈 이동규 이동호

이상훈 이영순 이재진 이진호 임대섭 임상기 전요한 지재진

차병철 최재필 허경호 홍경아 황준오

버들치의
인생 2막

버들치의 인생 2막

초판 1쇄 인쇄 2023년 11월 25일
초판 1쇄 발행 2023년 12월 11일

지은이 · 버들치
발행인 · 강혜진
발행처 · 진서원
등록 · 제 2012-000384호 2012년 12월 4일
주소 · (03938) 서울시 마포구 동교로 44-3 진서원빌딩 3층
대표전화 · (02) 3143-6353 | **팩스** · (02) 3143-6354
홈페이지 · www.jinswon.co.kr | **이메일** · service@jinswon.co.kr

책임편집 · 임지영 | **마케팅** · 강성우, 문수연 | **경영지원** · 지경진
표지 및 내지 디자인 · 디박스 | **종이** · 다올페이퍼 | **인쇄** · 보광문화사

ISBN 979-11-983998-4-7 13320
진서원 도서번호 23003
값 22,000원

버들치의
인생 2막

50대 증권맨이 그 많은 기능을 배운 이유는?

진서원

인생 2막,
모두에게 좋은 일이다

50대, 계륵 같은 나이다. 일하기는 싫고 또 은퇴할 만한 상황이 아니면 그렇다. 그러나 마음을 바꿔 먹으면 꽃놀이패다. 일을 더 할 수 있는 나이이면서 또 은퇴 준비도 할 수 있기 때문이다. 당신은 어느 쪽이고 싶은가?

50대가 되면 모든 게 하향 곡선이다. 존재감, 학습 능력, 건강, 그리고 재정 능력 등 모든 것이 그렇다. 가정에선 반려견 다음의 맨끝 서열로 밀리고, 몸은 예전 같지 않고, 인간관계는 단절되고, 친구들과도 소원해진다. 가정에서 소외되고, 사회에서 매장되고, 믿었던 건강마저 흔들리면서 갈 데까지 간 것은 아닌가 하는 불안감이 시도 때도 없이 엄습한다. 어떻게 해야 하나? 인생 2막이 답이다.

철학자 김형석 선생님의 말씀을 새겨들어야 한다. 인생을 되돌아보니 60~80세가 가장 좋았다고 하신 말씀 말이다. 김 선생님이야 워낙 장수를 하시고 있기에 우리가 공감할 수 없지만 20년 정도 앞당겨 생각해보면 우리 인생의 절정이 60세 전후가 아닐까 싶다. 그러니까 우리도 100세는 아니더라도 80~90세를 기준으로 준비해야 한다. 어떻게? 사람마다 다 다르겠지만 나는 일하는 삶과 배우는 삶이라고 생각한다. 그중에 하나인 일하는 삶, 즉 인생 2막에 대해 말하고 싶었다.

누구나 일하는 삶을 추구한다. 일하는 삶을 아침에 직장에 나가서 저녁에 돌아오는 좁은 의미의 일로 국한하지 말자. 사회에 기여하고 가정에 보탬이 되는 모든 활동이 일이라고 생각한다. 즉, 몸을 움직이는 모든 것이 일이라고 생각해야 한다. 아직, 내 나이가 젊기(?) 때문에 좁은 의미의 일을 생각하고 있지만 나도 은퇴를 하게 되면 넓은 의미의 일을 찾게 될 것이다. 아직은 젊은 만큼 좁은 의미의 일에 대해 말하고 싶다.

인생에서 가장 견디기 힘든 게 권태와 무료함이라고 한다. 권태는 반복되는 일상이거나, 하는 일에 의미가 없거나, 하루하루가 재미없거나, 오늘은 또 어디로 갈지 고민하는 삶이다. "돈만 있어 봐. 지루할 겨를이 어딨어. 재밌는 일이 얼마나 많은데…"라고 하는 사람들을 보면 정말이지 절망과 함께 분노를 느낀다. 어쩌면 돈이 없기 때문에 그런 정신없는 얘기를 하는지도 모른다. 이재용 어록과 워런 버핏 어록을 찾아보라. 정말 돈 있는 사람 중에 그런 얘기를 하는 사람이 있던가?

일은 모두에게 좋다. 자신에게 그리고 배우자에게 더 나아가 국가에도 말이다. 모두에게 좋은 일을 마다할 이유가 있는가? 마다할 이유가 있다면 남들 보기 창피해서거나, 시작하기가 낯설고 불편해서거나, 아니면 놀고먹을 생각이기 때문일 것이다. 천하고 귀한 일이 있다고 생각하는 순간 게으름이 찾아오고 망가지기 시작하는 인생 초입으로 들어가는 것과 같다. 당신은 지금 어디에 서 있는가?

여러 인생 2막에 대한 책을 읽다 보면 나에게 맞는 구체적인 솔루션을 찾기보단 막연한 불안감만 증폭된다. 뭔가 해야 할 것 같은데 손에 잡히는 것은 없다. 이래저래 안절부절 불안하다. 그런 아쉬움을 이 책에서 풀어내고 싶었다. 직접 겪어보고 체험한 생생한 경험담을 말하고 싶었다.

한 인간의 고민은 크게 보면 어떻게 살 것인가의 문제지만, 좀 더 구체적으로 들어가면 어떤 직업을 가지고 먹고살지(직업론), 잘살기 위해 어떻게 노력할지(재물론), 인생의 의미를 어떻게 찾을지(인생론)와 같은 문제들이다. 이 세 가지가 잘 조화돼야 비로소 균형 있고 평온한 삶이라고 할 수 있을 것 같다. 이 책은 바로 이 세 가지 물음에 대한 것이다. 그리고 부록으로 5년간 기능을 배울 때 기록해 둔 일지와 이력서 및 자기 소개서 쓰는 요령, 면접 사례에 대한 내용을 추가하여 인생 2막을 시작하려는 사람들에게 좀 더 실무적이고 현실적인 내용을 전달하려고 노력했다.

살아온 세월이 거칠고, 배움은 짧고, 경험 또한 일천하지만 부끄러움을 무릅쓰고 감히 인생 2막에 대한 책 한 권을 선보이고자 한다. 이 책은 친절하지 않지만 그렇다고 심각한 책도 아니다. 그냥 평범하게 묻혀 사는 소시민의 자기 혁명이고 다짐이라고 받아들여지면 좋겠다.

이 책이 나오기까지 물심양면으로 조언과 잔소리(?)를 아끼지 않은 아내에게 고마움을 전한다. 그리고 내 글을 발굴해준 진서원 출판사에게도 똑같은 마음이다.

버들치

·목차·

한옥 짓는 법과
대패 실습

한옥의 구조와
끌 날 세우기

한옥의 창호,
사개맞춤

굴삭기 실습
동영상

굴삭기 실기 수업
스케치

지게차 실습
동영상

타일 실 떠우기와   타일 물매잡기   떠붙이기 연습
첫 장 붙이기

타일 압착 시공   조선족 기공의
타일 시공 동영상

미장 방통 실습   아파트 미장   미장 재벌바름&   미장 모르타르
           스케치   정벌바름 동영상   반죽 동영상

전등 수정 공사
실습 동영상

소방교육 실습
스케치1

소방교육 실습
스케치2

아파트 조경　　조경기능사 실기
실무 현장　　시험 스케치

1부

◆

회사를 떠나며

| 33년간의 회상 |

품어야 한다 ——

자식과 다투고 난 이후에는
모든 게 심드렁해진다.
아무리 옳은 말을 했어도 잔소리다.
사마천은 《사기》의 '화식열전'에서
가장 못난 정치는 백성과 다투는 것이라고 했다.
자식과 다투는 부모 또한 다를 바 없다.
임금은 다툴 일이 아니라 백성을 받들어야 하고
부모는 잔소릴 할 게 아니라 자식을 품어야 한다.
그러나 좁쌀 하나 품을 수 없을 만큼 나는 작은 모양이다.
부끄러운 일이다.

바람이 창문을 두드리며 아우성친다.
이럴 땐 밖으로 나가야 한다.
산속을 쏘다니며,
바람 소릴 등에 업고 산을 오른다.
땀범벅과 가쁜 숨이 하나도 무겁지 않다.
나잇값이 너무도 가벼운 까닭이겠지.

흐렸다, 개었다, 비가 온다.

인간을 믿는다는 건

변덕스러운 날씨를 믿는 것과 다를 바 없더라.

인생의 문제에서,

원인을 남에게서 찾으면 영원히 못 찾는다.

이럴 땐 거울을 봐야 한다.

거기에 염치없이 살아온 범인이 있다.

삶은 고양이 눈빛처럼 늘 불안하고 위태롭다.

부모 눈에 자식들 또한 그렇다.

시행착오를 줄이는 방법은 배우는 방법밖엔 없다.

그러나 독립하기 전까지 그걸 아는 자식은 별로 없다.

그래도 품어야 한다. 자식이니까….

50대, 그 쓸쓸함과 넉넉함에 대하여…

| 일이 답이다 |

쓸쓸함에 대하여…

50대는 각각의 영역에서 그 역할이 거의 끝나가는 시기다. 아니 어쩌면 끝난 시기다. 예전에 유행했던 사오정(45세 정년), 오륙도(56세까지 직장 다니면 도둑놈)를 지나와보니 허튼 말이 아니다. 50대에 접어드니 가끔씩 때와 장소를 가리지 않고 거대한 쓰나미처럼 고독이 덮쳐온다. 왜? 이유도, 원인도 모르겠다. 속수무책이다. 아직까지 그럭저럭 살림을 꾸려오고 있지만 드문드문 느끼는 이 허한 느낌과 쓸쓸함은 로빈슨 크루소의 고독과 견주어도 결코 뒤지지 않는다. 우리는 왜 고독한가? 그리고 어떻게 치유해야 하나? 아니

치유가 가능하기나 한 걸까?

1 | 가정에서의 고독 : 밑 빠진 존재감

50대로 접어들면 아빠로서, 남편으로서, 자식으로서, 친구로서의 존재감이 점점 없어진다. 거의 바닥이다. 그 존재감을 지키기위해 나름 안간힘을 써보지만 역부족이다. 이미 저울의 추는 나를떠나 쏜살같이 상대편으로 달려가고 있다. 아이들은 어느새 훌쩍커서 자기 방에서 나오지 않고 아빠도 찾지 않는다. 아내에게 더 이상 내 말이 먹히지 않을뿐더러 자주 아내의 눈치를 살펴야 한다. 부모님은 세상을 등지셨거나 등 떠밀려 요양원에 가신 것 같아 면목이 없다. 친구들과의 관계도 소원해진다. 연락이 끊기거나 아예 칩거에 들어간 친구도 있다. 고립무원이다. 내 편이 하나둘 그렇게떨어지거나 멀어져간다. 상당 기간 허탈감과 공허감, 그리고 공포감에 휩싸여 망연자실이다. 그러다 서서히 내면의 목소리가 들려온다. "그동안 뭐 했니?" 독배를 삼키는 쓰디쓴 심정으로 반문해보지만 마땅히 할 대답이 없다.

존재감 대신 자존감이라도 키운답시고 이것저것(취미, 여행, 독서, 사색, 운동) 해보지만 결과는 신통치 않다. 오히려 주변의 원성만 늘어간다. 존재감이고 자존감이고 그냥 얻어지는 게 아니다. 주변의지지와 격려가 없는 혼자만의 정신 승리는 오래가지 못한다. 오히려 고독의 농도만 더 짙어질 뿐이다.

2 | 사회에서의 고독 : 소외감

직장에서 은퇴하고 현역 시절에 쌓은 네트워크를 써먹어보려고 여기저기 전화를 돌려보지만 상대방의 심드렁한 반응에 의기소침해진다. 축소지향의 시대를 살아야 함을 직감한다. 아직 아이들 대학 교육도 못 시켰는데, 아직 자식들 출가도 못 시켰는데, 아직 부모님 문상도 못 받았는데…. 대학 등록금 그리고 결혼 청첩장과 부고장을 보낼 일이 벌써부터 걱정이다. 직장을 그만두면 모든 네트워크가 산산조각 난다는 사실을 다들 알고 있다. 그동안 내가 어느 정도의 대접을 받고 산 것이 실력이 아닌 명함 한 장 덕분이란 사실을 실감한다. 명함은 군대에서의 계급장이다. 직장을 그만둔다는 것은 다시 이등병으로 입대해야 한다는 것과 같다. 이등병 시절을 생각하면 몸서리쳐지는 일이다.

직장생활이 원만했다고 퇴직 후의 사회생활이 원만할 거라는 생각은 순진한 생각이다. 직장에 다닐 때는 직급이 있고 명함이 있어 위계질서와 적당한 거리가 유지되지만 퇴직 후의 인간관계는 다시 원점으로 돌아간다. 직장 밖에 나와 보면 정말 이상한 사람들이 많다. 나도 이상한 사람 중 한 명일 것이다. 나만 잘한다고 되는 게 아니다. 낮은 곳으로 임할 생각이 아니면 소위 말하는 적당히 쉬우면서 적당한 월급을 주는 일은 신중하게 생각하는 것이 좋다.

3 | 육체적인 고독 : 몸의 쇠함

고독은 가정생활과 사회생활에서만 오는 것이 아니다. 50대가 되면 몸도 여기저기서 아우성이다. 쑤시고, 저리고, 시리고, 뻐근하고 안 아픈 곳이 없다. 족구 시합을 해보면 안다. 넘어지고 고꾸라지고 거기다 헛발질까지…. 생각 속에서는 날아다니지만 코트에서는 기어다닌다. 잇몸이 내려앉고, 소화 기능은 떨어지고, 근육량이 줄어든다. 책 읽을 땐 돋보기안경을 써야 하고 겨울엔 찬바람에 눈이 시려 외출도 꺼린다. 뱃살이 두툼하게 잡히고 다리는 가늘어지기 시작한다. 밤에 한두 번은 꼭 깬다. 그래서 아침이면 비몽사몽이다. 수면의 질이 롤러코스터를 타듯 떨어진다. 기력은 쇠하고 기억력은 하루가 다르게 희미해진다. 얼마 안 있어 관 속에 들어갈 생각을 하면 소름이 돋는다. 가정에서 소외되고 사회에서 매장되고 거기에 몸까지 부실하면 갈 데까지 간 것 아닌가?

몸의 쇠함을 상쇄하려고 몸에 좋다는 것을 찾아다니거나 약을 달고 살거나 건성으로 헬스클럽을 찾는 것처럼 안쓰러운 것도 없다. 적당한 일을 하면 될 걸 시간을 낭비하거나 돈을 들이는 것이 바람직해 보이지 않는다. 정신일도 하사불성이란 말은 새빨간 거짓말임을 나이 들면 알게 된다. 육체가 쇠하면 정신도 쇠한다. 옛날로 되돌리려고 무리하게 욕심부리기보다 육체가 쇠하는 속도를 줄여야 한다.

4 | 잉여 인간의 고독 : 역할 없음

고독은 단순히 밑 빠진 존재감과 소외감 그리고 몸의 쇠함이 전부가 아니다. 어쩌면 이 셋은 부차적인 문제다. 진짜 고독의 원인은 다른 데 있다. 바로 '역할 없음'이다. 원시 공동 사회에서 역할 없음은 도태였고 도태는 곧 죽음이었다. 역할은 곧 소속감이고 소속감은 존재감이기도 하다. 그래서 다들 자리를 보전하기 위해 안간힘을 쓴다. 그러나 안간힘을 쓰면 쓸수록 초라해지기만 할 뿐 좀처럼 존재감이 회복되지 않는다. 존재감은 고사하고 자괴감이 쓸쓸히 문밖에서 기다리고 있다. 과거의 영광을 되찾겠다는 몸부림이 아닌 다른 무엇으로 그 자리를 대신해야 한다. 이대로 넋 놓고 있을 수만은 없다.

소속된 역할이 없는 잉여 인간들이 가장 많이 내뱉는 독백과 푸념이 '세상은 나 없이도 잘 돌아가는구나'라는 말이다. 그러나 그게 화내고 원망할 일인가? 오히려 다행스럽지 않은가? 나 없이도 사랑하는 내 가족들은 잘 살아야 하고, 나 없이도 자랑스러운 대한민국은 잘 굴러가야 하지 않겠는가? 알고 보면 나 없이도 잘 돌아가야 좋은 것이다. 그러니까 잉여 인간이 됐다는 사실은 원망할 대상이 아니라 어쩌면 홀가분함과 해방감을 주는 것이다. 이를 발전적인 그 무엇으로 승화시켜야 한다.

리어왕처럼 과거의 영광과 역할을 다시 복원시키기 위해 안간힘을 쓰는 건 오히려 역효과만 난다. 50대에 접어들면 과거의 역할에서 과감히 빠져나와야 한다. 그리고 새로운 역할에 대해 고민하고 준비해야 한다. 《손자병법》에서는 들어가고 물러날 때와 시기를 알아야 한다고 했다. 이 둘을 혼동하면 백전백패다.

넉넉함에 대하여…

고독의 원인을 잘 살펴보면 당했다, 허송세월했다, 모든 게 부질없다, 속았다, 세상인심 야박하다, 세상에 믿을 사람 없다, 이 세계엔 의리가 없더라 같은 한탄과 원망과 후회뿐이다. 젠장, 구구절절 다 자기 연민에 절어 있다.

고독을 조금이라도 줄이려면 뭐든 스스로 해야 한다. 회사도 스스로 나와야 한다. 갈 데까지 가서 막다른 골목에 몰릴 때까지 직장생활을 고집하면 나올 때 험한 꼴을 당한다. 적당한 때에 나와야 한다. 사실, 직장을 다녀본 사람은 대충 안다. 자신이 나가야 할 때가 언제인지. 혹시나 해서 좀 더 다니는 사람도 있고, 본격적으로 개기기로 마음먹고 다니는 사람도 있다. 그러나 둘 다 그 말로는 좋지 않다. 혹시나는 역시나로 끝난다. 그리고 버티면서까지 다닐 정도면 볼 장 다 본 사람 아닌가?

1 | 마음을 고쳐먹자

쓸쓸함의 빈자리를 넉넉함으로 채워야 한다. 어떻게? 잃은 것에 주목할 것이 아니라 얻은 것과 앞으로 할 것 그리고 해야 할 역할에 주목해야 한다. 얻은 것이 없다고 하지만 곰곰이 생각해보면 꽤 많고, 무얼 해야 할지 모르겠다고 하지만 고민해보면 해야 할 일이 적지 않다.

* 얻은 것부터 잘 챙기자

우선 얻은 것 중에 첫 번째가 '많은 시간'이다. 부정적으로 생각하면 무료함이지만 긍정적으로 생각하면 배우는 시간이고 준비하는 시간이다. 시간도 있을 때 잘 활용해야 한다. '닥쳐서 하지'라는 생각만큼 무모하고 어리석은 것도 없다. 넋 놓고 있다가 닥쳐서 잘하는 사람 못 봤다.

단순한 인간관계 또한 얻은 것 중에 하나라고 생각하자. 연락이 안 오는 사람에게 구걸하듯이 전화하지 말고 그런 사람은 과감하게 가지를 쳐내자. 사정사정해서 열 사람을 만나는 것보다 자신에게 호의적인 한 사람에게 정성을 들이는 것이 더 낫다. 그런 사람이 바로 가족이다. 이렇듯 주변을 정리하고 단순화하면 소외감도 잠시, 그보단 해방감이 찾아온다. 그때가 비로소 집착에서 벗어난 시점이다. 즉, 자유인이 되는 초입에 들어서는 것이다.

* 해야 할 일을 찾자

큰 역할은 끝났지만 잔잔한 역할은 남아 있다. 누군가의 보조자가 되는 것이다. 무대의 주연 말고 조연 역할 말이다. 그동안 주연으로 살았으니 조연으로도 살아볼 만하지 않은가? 박수받고 살았으니 박수를 쳐주면서 살 수 있지 않은가? 군림하고 살았으니 받들면서 살 수 있지 않은가?

고독함과 쓸쓸함은 과거를 보기 때문이다. 추억을 소환하는 것이 뭐가 문제일까마는 과거의 잘못과 어리석은 결정 때문에 비탄에 싸이거나 한탄을 하고 심지어 자학을 하는 경우가 있다. 또 과거 잠깐의 영광과 업적을 가지고 훈장을 닦듯 자신의 위세를 반복적으로 과시하는 사람도 딱하고 추잡스럽다. 쓸쓸함을 위로받고자 하면 위로받을 일만 생긴다. 아니, 위로받고자 하면 위로받을 일을 만든다. 모든 불행의 근원은 자신이 만드는 셈이다. 그러니 위로받을 일이 있어도 정중히 사양하자.

* 행복의 파랑새는 없다고 생각하자

몇 주 전부터 팔이 저리기 시작했다. 예전에 일자 목 진단을 받은 일이 있어 당연히 목 디스크를 의심했다. 내키지 않았지만 병원은 빨리 가는 것이 좋다는 평소의 생각대로 바로 갔다. 가서 엑스레이를 찍어보니 다행히 목 디스크는 아니었다. 목에 디스크 증상은 있지만 우려할 상황은 아니란다. 다행이다. 어깨 초음파 검사를 하니 힘줄이 파열됐다는 진단이 나왔다. 양쪽 어깨에 주사를 맞고 간단히 할 수 있는 운동법을 배우고 약을 받았다. 병원을 나서면서 잔잔한 행복이 밀려왔다. 불행 중 다행이라는 안도의 행복 말이다.

인생의 목적은 행복을 찾는 것이 아니라 고통을 줄이는 것이다. 삭막하다고? 그래도 어쩔 수 없다. 인생은 고통이라는 사실을 인정해야 한다. 그래야 잔잔한 고통이 오더라도 그러려니 하고 넘어갈 수 있다. 고통이 한 단계씩 줄어들 때 우린 행복을 느낀다. 그러니까 고통을 줄이기 위한 노력 하나하나가 행복으로 나타나는 것이다. 그래서 틱낫한 스님은 '행복은 고통에서 피어나는 꽃'이라 하지 않던가?

2 | 일하는 인간이 되자

보람되게 살며 넉넉함을 채울 수 있는 방법은 일하는 인간이 되는 것이다. 배우는 지식인의 삶도, 유유자적 방랑하는 여행자의 삶도, 품위 있는 교양인을 삶도, 깨닫는 구도자의 삶도, 돈을 좇는 투자인의 삶도 있지만 하루하루 몸을 쓰는 일하는 인간을 추구하자. 일을 한다고 해서 그 외의 것은 아무것도 못하는 것이 아니다. 일하는 틈틈이 배우고, 여행하고, 교양을 쌓고, 진리를 탐구하고, 재테크도 할 수 있지 않나? 단순한 삶으로 접어든 50대에는 정신노동보다는 육체노동이 폼 나지는 않지만 더 적합하다. 물론 한량과 실업자 그리고 구경꾼 등과 같은 제3의 길도 있긴 하다.

40대까지가 인생 1막이었다면 인생 2막은 50대부터라고 생각하자. 삶의 절정은 지났지만 가장 아름다운 시기이기도 하다. 해가 지기 전의 저녁놀처럼 우리의 50대도 아름다워야 한다. 찬란했던 절정의 시간이 쏜살같이 지나가고 모든 영광은 지나간 추억이 되었다고 언제까지 소처럼 되새김질만 하고 있을 것인가? 사람은 시기마다, 그리고 때에 따라, 나이에 따라 변해야 한다. 달라지지 않겠다는 완고함이야말로 고생을 자처하는 것이다. 다들 미적거리고 있을 때, 다들 쪽팔려 주저하고 있을 때 먼저 치고 나가야 한다. 이것저것 따지다간 숨이 끊어질 때까지 아무 일도 못 한다.

몸을 쓰는 일을 한다고 혹시나 자신을 업신여기지 않을까, 혹시나 가족들에게 가장의 위상이 추락하지 않을까, 혹시나 지인들이 나를 우습게 보지 않을까 걱정하는 것이라면 단호하게 아니라고 말하고 싶다. 바뀌지 않은 당신을 우습게 볼 수는 있어도 바뀐 당신을 우습게 볼 사람은 없다. 물론 친구들은 겉으론 당신을 폄하할 수도 있다. 궁상떤다고 할 수도 있고, 뭘 얼마나 번다고 그 난리냐고 할 수도 있고, 또 먹고사는 데 지장 없는데 무슨 지랄이냐고도 할 수도 있다. 그러나 친구들 말은 진심이 아니다. 진심을 확인하려면 당신 아내 말을 들어봐야 하고 또 친구들 아내 말을 들어봐야 한다. 정반대의 얘기가 나올 것이다. 떠날 때를 알고 떠나는 사람의 뒷모습이 아름다운 것처럼 바뀌어야 할 때 바뀌는 사람도 아름다운 사람이다.

당신이 50대에 접어들었다면 인생 1막은 거의 끝났다. 이제 2막을 준비해야 한다. 인생 2막에서 주연을 맡을 일은 없다고 생각해야 한다. 주연은 고사하고 조연만으로도 감지덕지다. 대사 없이 지나가는 행인 1, 행인 2에 만족해야 할 수도 있다. 행인 1, 2라도 중요한 건 연극에 참여하고 있다는 사실이다. 즉, 무대에 설 수 있다는 사실에 주목해야지 주인공처럼 멋지게 폼 잡으려고 하거나 관객의 박수를 받고 싶다고 생각하는 순간 넉넉함 대신 쓸쓸함이 물밀듯이 밀려올 것이다. 넉넉함을 채우고 싶거든 무대에 서는 것에 만족해야 한다.

인생 2막을 사는 지금의 나를 평가해보면 넉넉하고 만족스럽다. 생활은 궁핍하지 않고, 생각은 어지럽지 않고 마음은 심란하지 않다. 폼 나는 명함을 갖고 싶다는 생각만 버리면 조금씩 넉넉함의 밀물이 들어온다. 넉넉해지려면 방관자의 삶에서 관찰자의 삶으로 전환해야 한다. 방관자의 삶은 무관심이지만 관찰자의 삶은 현실 참여고 적극적인 관심이다. 방관자는 현상을 보지만 관찰자는 원리와 이치를 찾는다.

직장생활이 가장 쉬웠어요
| 설마…? |

    하루하루 살아감이 생활이다. 생활이 사는 것이라면 사는 장소에 따른 분류로 가정생활, 학교생활, 군대생활, 결혼생활, 직장생활 등이 있다. 인생의 모든 활동이 배우고 익히는 과정이다. 배움에는 때와 장소가 없다. 배움이 중요한 이유는 삶의 질과 연관이 깊기 때문이다. 많이 배운 사람이 생존에 더 유리하고, 위험에 덜 노출되고, 더 많이 벌고, 더 행복하다. 그렇기에 우리는 배움의 범위를 더 넓게, 배움의 시기를 더 길게 가져야 한다.

    러시아의 대문호 막심 고리키는 인생을 커다란 대학이라고 칭했다. 학문과 배움은 장소의 문제를 떠나 탐구하고 습득하고 깨닫는 과정이라고 생각했고, 인생살이만큼 큰 배움의 장소가 없다고 했다. 그가 보고 듣고 느낀 대상은 바로 주변의 사람들이었다. 주변 사람들에게 영감을 얻고 교훈을 얻은 것이다. 이렇게 주변에서 얻은 경험과 지식을 사색을 통해 깨달음으로 승화시킨 것이 아닌가 한다. 그런 의미에서 인생은 생각의 깊이가 얼마나 깊은가에 따라 평범함과 비범함으로 갈리는 것 같다. 그럼 나는 어떤 장소에서 어떤 사람을 만나 무엇을 배웠을까?

1 │ 집

집(가정)은 혈연을 중심으로 이루어진다. 가정은 배운다기보다는 체득하는 장소가 아닌가 싶다. 인성, 품성, 기질, 습관 등을 부모로부터 자연스럽게 물려받는다. 가족은 모든 게 용서되는 혈연 집단이기 때문에 자식 교육이 그리 힘든지도 모른다.

어렸을 때는 태어난 게 운명인 것 같기도, 우연인 것 같기도 했다. 세상 밖으로 나가본 적 없는 어린이가 무얼 알겠는가? 한참 후에 알았다. 인생이라는 오만한 열차는 나의 의지와 상관없이 달려간다는 것을. 집이라는 닫힌 세계에 있는 꼬마가 머리를 아무리 굴려도 세상은 이해하기 어려운 곳이었다.

나에게 집은 어렴풋하지만 인생의 부조리를 처음 느낀 장소였다. 집은 나의 의지와 무관하게 던져진 최초의 장소이고, 가족은 최초로 만난 사람들이 아닌가? 발버둥 쳐도 어쩔 수 없는 곳. 그곳이 바로 집이었다. 숙명이라고 받아들이기에는 만족스럽지 못한 곳이었고, 불운이라고 생각하기에는 부모님을 욕보이는 것 같아 개운치 않았다. 특별한 계획 없이 그냥 던져진 존재이니 태어난 것을 받아들이는 수밖에…. 그렇다. 밑져야 본전이었다. 어느 유행가 가사처럼 알몸으로 태어나서 옷 한 벌은 건졌지 않나?

2 | 학교

학교생활은 집을 제외한 최초의 집단생활이다. 나와 다른 사람들을 인식하게 된다. 자신의 정체성을 확인해가는 곳이다. 정체성은 스스로 만들어지는 것이 아니라 주변에 반응하는 것이니까.

학교는 지식 위주로 배운다. 지식은 지혜의 근간이기 때문에 매우 중요하다. 지식이 쌓이지 않으면 지혜가 발현될 수 없다. 요즘은 중학교까지 무료로 제공되는 의무 교육이며, 고등학교도 무상교육이 제공되고 있다. 그래서인지 학생들은 학교는 친구 사귀러가는 곳이라고 생각하고, 배우는 것은 학원에서 돈을 내고 배운다. 무료라고 하면 실제와 상관없이 가치를 낮게 보니까.

나에게 고등학교 때까지의 학교는 집단을 통제하고 훈련하는 곳이었다. 짧은 머리와 교복은 행동반경을 제약했고, 제식훈련과 총검술을 배우고 익히는 군사훈련 등은 일사불란함을 강요했다. 간혹 교실에서는 영화 〈말죽거리 잔혹사〉에 나올 법한 살벌한 주먹

싸움이 벌어지기도 했다. 어쩔 때 보면 학교는 비정한 사각의 링과도 같았다. 교과서에서는 정의와 권선징악이 주인공이었지만, 현실인 교실에서 믿을 건 힘과 매운 주먹이었다. 가해자는 학생뿐만이 아니라 선생님인 경우도 많았다. 체벌로 빳다(배트)를 맞기도 했고, 호되게 올려붙이는 귀싸대기에 볼이 얼얼했다. 맞으면서도 잘못했으니까 맞아야 한다며 스스로를 위로했다.

12년이라는 긴 시간 동안 내가 배운 것이 무엇일까를 따져봤지만 잘 모르겠다. 짐짝처럼 아무렇게나 이리저리 옮겨지는 존재였으니까. 배운다기보다는 외운다는 개념이 더 적절한 것 같다. 남들보다 4년 짧은 배움 때문인지 배움이란 무조건 학력에 비례한다고 생각했다. 그래서 박사와 전문가 그리고 지식인을 떠받들고 살았는지도 모른다. 짧은 배움을 뒤로하고 사회인으로 편입되고 한참 후에야 알았다. 배움은 학교를 떠나서도 계속되어야 함을. 배움에는 때와 장소가 없음을. 그리고 새로운 사실도 알았다. 실제로 배우는 사람이 그리 많지 않다는 것을….

3 | 군대

우리 아버지 시대에는 열악한 환경 속에 거의 무급으로 국가에 봉사했다. 돈 대신 애국이라는 숭고한 이념과 퉁쳐서 군소리 없이 다들 입대했다. 아버지 시대만큼 열악한 것은 아니었지만 나도 군에 입대하는 것에 그리 불만은 없었다. 어렸을 때부터 반공과 멸공 포스터를 보며 살았으니까. 군대에 갔다 온 사람 중에 군대에 갔다 와야 정신을 차린다, 군대에 갔다 와야 인내와 끈기를 배운다는 둥 헛소리를 하는 사람이 있다. 그러나 군대를 갔다 온 나는 그 근거와 이유를 아직도 모르겠다. 그런 유의 정신 차림과 인내라면 교도소에 갔다 온 사람과 무엇이 다른가? 정신 차림과 인내는 자발적으로 이루고 견디어내는 것이다. 타율에 의한 군대나 교도소가 운운할 일은 아니다.

군대생활은 조직이 움직이는 원리(계급)와 작지만 합법적으로 부여된 권력(권한)을 배운다. 그러나 그렇게 작은 계급과 권력을 갖고도 마치 대통령 버금가는 권력인 양 행사하는 사람을 봤다. 한 사람의 인격의 크기를 가장 극명하게 보여주는 곳이 군대였고 인간의 크기를 가늠해본 좋은 장소였다. 사람은 어렵고 극한 상황에 처하면 본성이 드러난다. 군에서 사람들의 생생한 민낯을 볼 수 있었다. 사람은 이기적인 본성에 의지해 산다는 것을 다시 한번 증명하는 곳이 군대였다. 자신을 포함해서 인간을 믿고 의지하는 것은 미망에 빠지는 첫걸음이다.

4 | 결혼

결혼생활은 가족, 학교, 군대와 달리 자발적으로 선택한 결과다.

그 선택이 어떤 결과를 가져올지 당시는 몰랐지만 현재는 매우 만족스럽다. 현명했기 때문이 아니라 운이 좋았다. 운이 좋았다고 생각한 건 결혼 당시에는 지금과 같은 만족스러운 미래를 예측하지 못했기 때문이다.

결혼생활은 남자와 여자의 차이를 알아차린 장소였다. 분류학상 똑같은 호모 사피엔스지만 성향과 감정, 기질 등은 전혀 다르다는 걸 알았다. 차별과 틀림이 아닌 차이와 다름을 알았다. 비슷한 것이 아니라 전혀 다름이더라.

세상에 영원한 것은 없다. 사랑 또한 영원하지 않다. 사람에 따라 변질되거나 숙성될 뿐이다. 변질된 사랑은 이혼으로 남남으로 따로 가고, 숙성된 사랑은 동반자로 같이 간다. 중장년이 결혼생활을 유지하는 바탕은 사랑이 아닌 정이라고 한다. 나는 그보다는 연민과 책임 때문인 것 같다. 불완전하고 유한한 목숨을 공유한 같은 인간으로 태어난 나약함에 대한 연민, 그리고 세상 끝날 때까지 한 사람을 책임져야 하는 중차대함. 그러니까 나 없이 어떻게 살아갈까 하는 걱정과 나 없이도 잘 살아야 할 텐데 하는 오지랖 말이다.

※ 존경받는 아버지가 되고 싶었지만 허황된 꿈이란 걸 알았다. 나 자신도 내 뜻대로 안 되는데 자식을 내 뜻대로 해보겠다는 생각은 어리석음을 떠나 인간에 대한 무지임을 알았다. 자식은 이해의 대상이 아니더라. 그냥 품어야 하는 대상이다. 자식으로부터 존경을 받아야 한다

는 목표가 와해되자 오히려 마음이 편안했다.

5 | 직장

직장생활의 일반적 개념은 돈을 받고 일한다는 것이다. 하기 싫은 일을 그것도 남을 위해 하기 때문에 돈을 받는다. 그러나 모든 생활이 배우는 과정임을 상기한다면 직장생활은 돈을 받고 배운다는 점에서 긍정할 만한 요소가 많다. 노동의 대가가 돈이라고 생각하면 뭐 별거 아니지만, 배우면서 돈도 받는다고 생각하면 일에 대한 스트레스도 줄고 자존감도 좀 높아지지 않을까?

남의 일을 대신하면서 배울 수 있는 건 무엇일까? 경영의 기술? 노동의 신성함? 미래에 대한 트렌드? 자신이 일하는 분야에 대한 전문성? 대부분의 사람은 직장이 밥벌이를 위한 수단이라고 생각한다. 일, 노동, 착취, 자본가, 호구지책 등과 연관 지어 직장을 생각하니 직장은 항상 기분 나쁜 그 무엇이다. 하지만 생각을 바꿔 일을 바라보면 긍정적인 측면도 있을 것이다. 일을 잘하고 싶어도 어렵다는 것이 항상 문제다. 그러나 일이 쉬울 거라고 생각하는 자체가 잘못된 거고 또 쉽기를 바라는 것도 얼토당토않은 희망이다.

《공부가 가장 쉬웠어요》라는 책이 있다. 젊은 시절에 그 책을 읽고 난 느낌은 ×××였다. 자랑질도 그런 자랑질이 없다고 생각했다. 그러나 요즘 드는 생각은 그럴 수도 있겠다 싶다. 나도 그 누구에게는 가장 어려운 직장생활을 30년 이상 해내지 않았는가? 나에게는 가정생활, 학교생활, 군대생활, 결혼생활, 직장생활 중 그래도 직장생활이 가장 쉬웠다. 누가 나에게 직장생활이 가장 쉬울 수 있었던 비결을 묻는다면 그럴듯한 근사한 이유와 답을 댈 수 있다. 하지만 솔직하게 말하자면 답은 운이다. 그리고 그 운과 함께 몇 가지를 더 꼽자면 시키기 전에 먼저 하는 자발성과 상사의 마음을 읽는(얻는) 것이다.

그러나 요즘은 이런 방법이 그리 유효하지 않음을 안다. 시대가 달라졌다. 나 때는 일 처리에 있어 비효율이 어느 정도 있었기 때문에 조금만 열심히 하면 성과가 나왔지만 지금은 모든 일이 고도화됐기 때문에 무조건 in put이 많다고 out put이 많아지지는 않을 것이다. 또 상사의 마음을 알아야 한다는 것도 그리 썩 내키는 일은 아닐 것이다. 아첨으로 보일 테니까. 그러나 상사는 나의 진급과 직장생활에 상당한 영향을 준다. 조심스럽게 잘 다루어야 할 애물단지 같다고 할까. 사원이 부장의 마음을 알기는 쉽지 않다. 그러나 알려고 노력하다 보면 어느새 남보다 먼저 부장이 되어 있을 것이다. 부장의 마음을 아는 사람이 부장을 할 수 있기 때문이다. 그런 사람이 누구인지 나만 모를 뿐 윗사람은 귀신같이 안다.

두 가지 모두가 정답은 아닐 것이다. 정답을 떠나서 자신의 일을 얼마나 긍정적으로 받아들이느냐는 개인의 몫이다. 그러나 직장생활 자체를 긍정하는 사람이 몇이나 될까? 인생 대부분이 그렇다.

처음부터 순순히 긍정하는 사람은 별로 없다. 대부분 깨지고, 터지고, 상처받고, 다시 아물고 하는 과정에서 긍정이 이루어진다. 인생이든 직장이든 힘든 이유가 여기에 있다. 과정이 만만치 않으니까.

직장의 장점은 퇴직하고 다른 무언가를 하기 위한 준비(배움) 기간이란 것이다. 더욱이 돈을 받으며 준비할 수 있는 것이 직장생활인 것이다. 인생의 모든 과정이 그렇지 않은가? 유치원은 초등학교를 위한 준비 과정이고 고등학교는 또 대학을 위한 과정이다. 직장도 마찬가지다. 은퇴를 위한 준비 과정이다. 기간이 짧든 길든 언젠간 떠날 준비를 해야 한다. 이 세상에 영원한 것이 있던가?

준비라고 하는 것이 결국은 배움 아닌가? 놀면서 준비한다고 하는 정신 나간 사람은 없을 것이다. 짧으면 80세, 길면 100세 인생이다. 인생이 기니 배움도 길 수밖에.

밥값은 하고 사십니까?

│ 뭐든 해야 한다 │

밥값은 내가 직장생활 초기에 많이 들었던 단어다. 내 상사가 실적이나 업적이 신통치 않은 부서원들을 훈계할 때 '밥값도 못하는 ○○○' 하면서 쓰던 말이다. 처음 밥값을 운운할 땐 그 의미를 제대로 몰랐다. 하지만 이야기 전후 관계를 따져보니 월급 값이었다. 밥값은 단순히 노동(일)을 했다는 개념이라기보다 자기 월급 값 이상의 기여를 했느냐는 의미다. 즉 이문을 남겼느냐는 것이다. 좀 더 구체적으로 얘기하면 직접비(변동비와 고정비)와 간접비를 다 커버하고 회사에 돈을 벌어주었느냐는 것이다. 자영업자도 마찬가지다. 임대료와 인건비 그리고 재료비를 다 뽑고도 수익이 나야 장사를 했다고 할 수 있다.

직장에 다니는 동안은 누구도 이 밥값에서 자유로울 수 없다. 영업부서뿐만이 아니다. 관리부서도 그렇다. 연말이면 회사가 결산을 하듯 각 본부와 이하 부서도 결산을 하고 평가를 한다. 그리고 그 평가의 결과가 인사고과로 나타나는 것 아닌가? 영업부는 벌어들인 돈이 실적으로 바로 나타난다. 그러나 돈 버는 부서가 아닌 관리부서는 목표 대비 성취도로 실적을 갈음한다. 후선 업무를 맡은 부서의 목표는 업무 능률이나 서포팅 기능과 같은 상당히 추상적인 것들이지만 회사는 그 추상성을 잘게 썰어 아주 정교하게 체크한다. 후선 부서라고 월급 받기가 쉬운 건 아니라는 얘기다. 어디 월급을 그냥 주는 사장이 있던가? 어림없는 일이다.

나의 직장생활을 자평해보자면 어느 정도 밥값은 했지만 꾸준하지 못했던 것 같다. 직장생활 초중반까지는 타의 추종을 불허할 정도로 밥값을 했지만 종반에는 비실비실대다 끝났다. 평균적으로 보면 그래도 밥값을 충분히 했지만 나를 기억하는 사람들은 아마 남의 밥을 축내고 나간 사람이라고 할 것이다. 사람들은 현재로 평가하지 그 사람이 과거에 잘했던 때를 반영해서 평균적으로 평가하지 않는다. 그래서 박수 칠 때 떠나라고 하는 모양이다.

직장에 다니는 사람들만 밥값에 민감한 것이 아니다. 자영업자 또한 마찬가지다. 밥값을 경영학 관점에서 보면 생산성이다. 생산성은 비용 대비 수익의 크기로 정리할 수 있다. 장사 또한 그렇다. 아니 장사만 그렇겠나? 인생사가 모두 그렇다. 직업이 없거나 돈벌이가 없는 사람도 밥값에서 자유로울 수 없다. 그런 사람들은 사용 시간 대비 만족도로 평가받는다. 자신에게 또는 가족에게.

밥값은 단순히 직장생활에만 국한된 문제가 아니다. 인생살이 전반에 영향을 미친다. 돈을 벌고 안 벌고의 문제도 아니다. 즉, 역할의 문제다. 돈을 벌든가 아니면 그에 상응하는 무엇인가를 해야 한다. 무위도식은 아무나 하는 것이 아니다. 주변의 평가에 무심하고 내일 지구가 망해도 개의치 않을 낙천적인 사람이나 가능하다.

은퇴하고 쉰다는 개념은 우리 세대에는 가당치 않다. 우리 세대는 쉬어본 경험이 없거나 쉰다는 개념을 배우지 않은 세대다. 우리 아버지 세대도 마찬가지다. 또 100세 시대 아닌가? 국가적으로 봐도 정년이 연장되면서 더 일할 것을 강요하는 시대다. 예전엔 국민연금 개시 시점이 60세 이전이었지만 지금은 슬금슬금 올라가더니 내 나이 대는 64세부터 수령한다. 최소한 64세 이전까지는 일하라는 것이 국가가 부여한 책무다.

그러나 밥값을 하고 싶어도 마땅치 않다. 55세를 넘어가면 근로자로서의 가치가 급속도로 떨어진다. 60세가 정년이기 때문에 잘 안 뽑는다. 좀 근무할 만하다 싶으면 곧 정년퇴직이기 때문이다. 그러나 좀 더 솔직한 이유는 반듯한 직장을 찾기 때문이다. 잘난 것도 없으면서 갑질을 당하지 않고, 인격적 대우를 받고, 월급도 후하고, 노동 강도도 적당한 밥벌이를 찾으니 구직이 힘든 것이다.

60대를 넘어가면 실업은 피하기 힘들다. 닥치는 대로 일하면 뭐든 할 수 있겠지만 대부분은 가려가면서 일을 하려니 문제다. 처음엔 마찰적 실업으로 시작해서 나중엔 자발적 실업으로 전락하는 사람들이 많다. 이건 이래서 안 되고 저건 저래서 안 되는 이유가 자꾸만 생긴다.

밥값은 꼭 직업이나 돈으로 하는 것이라는 편견을 버려야 한다. 밥값은 역할을 다 하느냐 못하느냐의 문제다. 가족이란 공동체에서 밥값은 역할의 충실성이다. 돈은 부차적인 것이다. 즉 핵심은 돈이 아니라 가족의 기대에 부합한 역할을 했느냐다.

그 역할이 무엇일까를 고민해야 한다. 나이가 들어가면서 남편도 아내도 자식도 역할이 서서히 바뀐다. 이 세상에 변하지 않는 것이 있던가? 변하지 않는다는 완고함과 변하지 않겠다는 고집이 많은 문제를 만든다. 고집을 신념이라고 생각하거나 완고함을 굳건한 의지라고 생각할 때 주위 사람들이 피곤해진다.

성장통과 나이테

| 잃어버린 시간을 찾아서… |

적당히 힘든 노동을 마치고 집에 돌아와 샤워를 했다. 몸을 닦기 위해 타월을 집어 들었는데 1988년 입사 후 첫 부서인 ○○○ 근무 때 받은 타월이다. 지금으로부터 35년 전이다. 입사 1년 후인 1989년 4월에 설악산으로 1박 2일 친목 모임을 간 모양이다. 그때 같이 근무했던 직원들이 하나둘 떠오른다. 내가 마음속으로 은밀하게 좋아했던 날렵한 몸매의 한○○, 술고래 김○○, 밤무대 밴드 출신인 이○○, 처세의 달인 민○○, 내 카드로 카드깡을 해 술 처먹은 동창 김○○, 아침이면 빨간 토끼 눈으로 출근했던 정○○, 또 그와 같이 동거하다시피 한 김○○, 선배인 유○○, 그리고 이젠 이름도 가물가물한 그 많은 사람들….

이들 중 지금까지 연락되는 사람은 한 명도 없다. 나의 인맥 얇음을 증명하는 것 같아 왠지 씁쓸하지만 내 책임만은 아닐 거라고 위로해본다. 한참 잘나갈 때는 ○○부 인원이 30명이 넘었다. 증권거래소 각 포스트를 돌며 주문 체결 확인을 받아오던 일, 그걸 지점에 배분하던 일, 거래소 직원하고 싸웠던 일, 선배들에게 끌려가다시피 해 부어라 마셔라 하던 일…. 그때 함께했던 사람들은 어디서 무얼 하며 살아가고 있을까? 〈TV는 사랑을 싣고〉 같은 데서 나에게 섭외가 온다면 찾고 싶은 사람이 있을까 생각해봤지만 딱히 떠오르는 사람은 없다. 다들 나처럼 나이를 먹고 늙어가고 있겠지.

회사에 입사해 그만두기까지 30여 년간의 장면 장면이 떠오른다. 한 고비 두 고비… 고비 때마다 어떻게 견디다 보니 10년, 20년, 30년이 갔다. 그 세월이 아련하기도 하고 아프기도 하고 또 아쉽기도 하다. 성장통은 《데미안》의 싱클레어만 겪는 것은 아니다. 어른도 성장통을 겪는다. 정신적 성장통을. 성장할 때마다 아프고 아리지만 지나고 나면 하나둘 나이테가 생긴다.

20대, 아무 생각 없이 나뒹굴었다

1988년 3월에 입사했다. 내 나이 20대 중반이었다. 한창 패기에 찬 나이였고 초전박살, 임전무퇴의 군인정신이 아직 살아 있었다. 그때 선배들이 한 얘기의 주요 골자는 이랬다. "잘 들어왔다. 이제부터 불행 끝 행복 시작이다." 증권주는 날아가고 있었고 우리사주를 받아 다들 들떠 있는 분위기였다. 우리사주를 팔면 10년 치 이상의 연봉이 나오는데 그렇지 않겠는가? 대부분의 사람이 회사 일이 끝나기도 전에 술을 먹거나, 포커 아니면 고스톱을 쳤다. 사회생활을 처음 하는 나에게는 굉장히 낯선 풍경이었다. 이래도 되나 싶었는데 다들 거리낌이 없었다. 당시 각 증권사 ○○○는 본사에서 독립하여 여의도 증권거래소에 출장소 형식으로 모여 있었다. 그래서 묘한 해방감과 자유로움이 넘쳤다. 파국은 밀물처럼 서서히 밀려왔지만 나를 포함해서 그걸 아는 사람은 없었다.

※ 20대에는 아무것도 안 했다. 다가오는 미래를 준비해야 한다고 경고하는 선지자도 없었고 또 먹구름이 몰려온다는 징조도 없었다. 현재를 즐기면 됐다. 20대에는 아무것도 몰랐다. 내가 나이를 먹고, 결혼을 하고, 아이들을 낳아 키우고, 또 한 집안을 책임지는 가장이 된다는 사실을….

30대, 가장의 무게를 실감하다

그 후 10년의 세월이 흐른 1997년 말에 IMF 사태가 터졌다. 결혼한 지 몇 개월 되지 않아서였다. 내 인생에서 가장 혹독한 시기였다. 당시 재무관리팀에 근무하며 우리 회사의 재무제표를 직접 작성했는데 회사의 재정 건전성은 엉망이었다. 자본금의 10배가 넘는 자본 잠식 상태였다. 내일 망해도 이상하지 않았다. 설상가상으로 투자 실패와 빚보증 때문에 내 집에서 쫓겨났다. 나라를 잃은 기분이었다. 풍전등화는 이런 경우를 두고 쓰는 말이었다. 직원들 1/3이 그때 회사를 떠났다. 나는 운 좋게 살아남았다. 살아남은 게 좋은지도 몰랐다. 한참 후 먼저 나간 친구와 동료들을 수소문해봤지만 제대로 살고 있는 사람은 하나도 없었다. 그제야 내가 정말 운이 좋았다는 생각을 했다.

※ 20대에 어영부영 시간을 축내다가 30대에 호되게 당했다. 가족을 부양하는 위치가 되니 정신이 바짝 들었다. 가장의 무게는 상상 이상이었다. 아프지만 아프지 않았다. 아니 아플 겨를이 없었다. 살아야 한다는 생각 외에 그 어떤 생각도 없었다. 몸이라도 건강해야 막노동이라도 할 수 있을 것 같아 담배를 끊었다. 우리 부모님이 헤쳐온 1960년대도 이와 크게 다르지 않을 거라는 생각이 들었다. 비로소 부모님을 조금 이해할 수 있었다.

40대, 과실을 정신없이 따 먹다 탈이 났다

입사일로부터 20년이 흐른 2008년에 미국발 국제금융 위기가 터졌다. IMF 때만큼은 아니지만 나와 같은 시기에 들어온 직원의 상당 부분이 자의 반 타의 반으로 회사를 나갔다. 주변을 살펴보니 내가 아는 사람이 1/3도 안 남았다. 그런 와중에도 나는 살아남았다. 그동안 자기 개발을 게을리하지 않은 결과라고 생각하고 기고만장했다. 보암직도 하고 먹음직도 한 탐스러운 과실(성과급)을 따먹는 데 열중했다. 그러다 나중에 탈이 났다. 한동안 마음고생이 심했다. 몸 고생도 그에 못지않았다. 몸도 생각보다 부실하여 병원에 몇 번 입원했다. 마음과 몸을 함부로 굴린 대가를 받았다.

※ 본사에서 우수 사원 표창을 받았고, 지점에서도 우수 사원이었다. 탄탄대로인 줄 알았다. 길흉화복은 소리 소문 없이 찾아온다. 감사를 받고 1개월 정직을 받아 집에서 놀았다. 세상과 사람들에게 정나미가 떨어졌다. 그래서 산과 들로 쏘다녔다. 사람과 인생을 탐구하기 위해 철학에 의지했지만 오히려 미로 속에 갇혔다. 미움과 욕심을 움켜쥔 채 철학을 한답시고 기웃거려봐야 말짱 도루묵이란 걸 알았다. 그러나 그땐 몰랐다.

50대, 상실감보다는 해방감이 크다

그리고 입사한 지 30년을 훌쩍 넘긴 2021년 3월에 회사를 나왔다. 그때까지 남아 있던 사람들 면면을 살펴보면 놈놈놈으로 구분할 수 있겠다. 영업 잘한 놈, 처신(처세) 잘한 놈, 내놓은 놈. 그럼 나는? 셋 다 아니다. 영업은 한때 잘했지만 계속 잘하지는 못했다. 처신과 처세는 빵점이었다. 음주는 거의 못 하고 가무는 젬병이어서 처신과 처세하고는 담쌓은 사람이다. 다만, 주어진 일을 열심히 하려고는 했다. 마지막으로 내놓을 정도로 개차반은 아니었다. 놈놈놈이 아님에도 불구하고 33년간 회사를 다닐 수 있었던 건 '운 좋은 놈'이었기 때문이다.

※ 50대 중반에 퇴직하니 다들 이구동성으로 실업급여를 타 먹으며 천천히 생각하라고 했다. 그러나 바로 재취업했다. 아직 놀 형편이 안 됐다는 자각 때문이고 또 나라에서 타 먹는 것 중에 제대로 된 것이 없다는 생각도 한몫했다. 궂은일 고된 일 따지지 않고 해보기로 했다. 적당한 급여에 적당히 힘든 일이었다. 지금까지는 잘한 결정인 것 같다. 몸이 고되면 마음은 차분해지고 어지러운 생각은 단순해진다. 밥벌이에 급급하지 않은 주변 사람들에게 몇 번 권해봤지만 반응은 시큰둥했다.

각각의 고비를 넘기면서 들었던 생각은, 왜 아무것도 안 했을까? 왜 바보같이 당했을까? 왜 준비하지 못했을까? 왜 철석같이 믿었을까? 같은 후회와 자책뿐이었다. 플라톤이 말한 동굴(어둠) 속에서 살아 아무것도 안 보였을 것이다. 시야가 좁아 주변을 둘러보지 못했을 것이다. 단순하고 생각이 짧아 한 치 앞을 내다보지 못했을 것이다. 빨리 부자가 되고 싶은 조급한 마음에 이해타산에만 급급했을 것이다. 그리 생각하니 마음이 정리가 됐다.

20대보다는 30대가 좋았고 30대보다는 40대가 좋았다. 그리고 40대보다는 50대가 좋았다. 아마 60대에 들어서면 50대보다 60대가 좋을 것이다. 즉, 현재가 가장 좋아야 한다. 인생은 과정들이 하나하나 쌓이는 적수의 개념이기 때문이다. 그렇게 생각하면 인생의 완성은 죽음이다. 죽음이 좋다는 것이 아니다. 죽음을 기꺼이 받아들이려고 노력할 따름이다.

요즘 다들 죽겠다고 아우성이다. 자산 시장은 추락하고 있고 물가는 비상하고 있다. 추락이 아무리 깊다 한들 1997년의 IMF 사태에는 견줄 수 없고, 물가가 비상한다고 하지만 1970년대의 인플레이션에 비할 바가 아니다. IMF 사태를 겪은 나로서는 지금의 자산 시장 약세가 지나가는 소나기로 보인다. 그보다는 1970년대의 인플레이션을 직접 겪었을 우리 부모님 세대를 회상하며 지금의 상황을 좀 더 깊숙이 들여다보고 싶다. 부모님 세대를 생각하면 죽겠다는 엄살을 부릴 수 없다. 견뎌야 한다.

내가 좋아하는 최불암 선생의 말씀으로 마무리하고자 한다. "어디에 살아도 인생이고, 어떻게 살아도 일생이다." 후회 없고 마냥 행복한 인생이 어디 있게냐마는 챔피언이기 때문에 치러야 하는 의무 방어전처럼 인간이기 때문에 인생도 그렇게 담담하게 받아들여야 한다.

직장인으로서의 나

| 젠장…! |

학교를 떠나 사회인으로 편입되면서 나름 직원으로서의 책임을 다하고자 했다. 내가 생각하는 책임이란 나에게 주어진 일을 농땡이 피우지 않고 다하는 것이다. 나름 책임을 다했다고 생각하지만 타인의 눈에 비친 나는 사회 부적응자였음을 고백하지 않을 수 없다.

1988년에 입사하여 20대 중반에 직장생활을 시작했다. 20대에는 물불 안 가리고 일하여 상사로부터 이쁨도 받았다. 30대는 결혼을 하고 IMF를 거치고 나락으로 떨어졌다 기사회생하여 자기 개발에 열을 올리던 시기였다. 40대는 가장 안정된 시기였고 자기 개발의 성과가 나타나기 시작했다. 운칠기삼이라고 생각해야 했는데 기고만장했다. 그러다 실족해서 큰 부상을 당했다. 50대는 재기를 노렸지만 되는 일이 없었다. 비실대며 회사 밥만 축내다 더 이상 기여할 바가 없음을 알고 과감하게 사표를 쓰고 풀려났다. 자유를 사직서와 맞바꾼 셈이다.

직장생활을 하는 동안 수많은 사람을 만나고 헤어졌다. 특별한 사람도 있었고 또 그냥 스쳐간 사람도 많다. 그렇지만 그 많은 사람 중에 내게 큰 영향을 준 사람은 없었던 것 같다. 누구 라인도 아니었고, 학맥과 인맥도 전무했고, 사적인 모임 또한 없었다. 간혹 비 오는 한가한 날, 함께 일했던 후배, 동료, 상사들을 생각해본다. 그들은 나를 어떻게 생각하고 있을까? 그냥 묵묵히 자기 일만 하다 간 투명 인간? 매사가 심각했던 이상한 놈? 아니면 종잡을 수 없었던 또라이?

후배, 동료, 상사의 입장에서 나를 평가해보자면, 후배들에겐 무심한 비호감의 상사였고, 동료들에겐 웃음기 없는 심각한 놈이었고, 상사들에겐 내성적이고 눈치 없는 부하이지 않았을까 싶다. 회사에 다니던 때를 떠올리면 지금도 얼굴이 화끈거린다. 젠장….

회사를 떠나며…
| 홀가분하다 |

첫 번째 사회생활은 고등학교를 졸업한 1984년에 시작했다. 짧은 배움을 뒤로하고 누군가의 손에 이끌려 동네 철공소에 들어갔다. 물론 나의 적성이나 능력 등은 아무도 묻지도 따지지도 않았다. 일주일 정도 일한 뒤, 사장님의 오토바이 뒷좌석에 실려 프레스 공장으로 짐짝처럼 옮겨졌다. 그분의 허리춤을 잡고 오토바이 뒷좌석에서 느꼈던 위태로움은 나이 든 지금도 생생하다. '내 인생도 글러먹었구나'라는 최초의 자학이 독백처럼 튀어나왔다. 새로 들어간 공장은 금형에 재료를 넣어 고무호스를 찍어내는 프레스 공장이었다. 1년 정도 일했다. 새벽에 일어나 어둠을 뚫고 집을 내려가 역시 어둠 속에 집에 올라와 고단한 몸을 누였다. 어둠 속에 걸었던 그 길은 단테의 《신곡》에 나오는 연옥으로 향하는 길과 같았다. 영원히 여기서 벗어나지 못하면 어쩌나 하는 불안함과 막막함에 두렵고 외로웠다.

군 제대 후 그 연옥으로 향한 길에서 나를 구원해준 곳이 바로 30년을 넘게 다닌 회사다. 회사에 들어간 1988년은 올림픽 열기로 꿈과 희망이 가득했고 모두가 행복했다. 짧은 학력에도 불구하고 대기업에 다닌다는 이유로 어깨에 힘주고 다녔다. 그 덕에 결혼도 하고 애들도 키우고 집도 장만했지 싶다. 돌아보면 33년이 까마득하게 느껴진다.

운 좋게 회사에 들어가 또 운 좋게 33년간 근무하다 회사를 떠났다. 정확하게 계산하면 32년 10개월이다. 2015년까지 정규직이었고 그 이후는 계약직이었다. 그동안 직장에서의 나는 남의 눈에 띄지 않는 밋밋한 존재였고 직장 동료들과도 못 어울리는 사회 부적응자였다. 남들과 잘 섞이지 못하고 수줍음 많은 내성적인 청년의 내면엔 항상 불안이 자리 잡고 있었던 것 같다. 그 불안은 타고난 것인지 아니면 환경적인 것인지 모르겠지만 그 둘 모두가 아닌가 싶다. 불안은 경계에 서 있는 사람들이 많이 느끼는 감정이다. 의심이 많고 정 붙일 곳이 없는 사람들이 더 불안하다. 불안은 피를 말리고 정신을 황폐화시키지만 역설적이게도 나를 성장시킨 것 또한 불안과 외로움이었다. 처음엔 그 불안과 외로움을 떨쳐버리려고 발버둥을 쳤지만 나중엔 도망칠 수 없다는 것을 깨닫고 그 둘을 잘 달래며 같이 살아가야 함을 알았다. 지금 생각하면 내 인생의 전환점이었다.

그동안 직업은 나에게 어떤 의미였을까? 밥벌이 수단? 자아실현의 장소? 명함? 소일거리? 모두 아닐 수도 모두 그럴 수도 있다. 직업은 단순한 생계수단을 넘어 많은 의미로 다가온다. 막스 베버는 《프로테스탄트 윤리와 자본주의 정신》이란 책에서 직업을 단순한 밥벌이 수단이 아니라 하늘이 준 소명을 달성하기 위한 수단으로 재조명했다. 직업이 비로소 존재 의미를 찾은 것이다. 그것이 자본주의의 시발점이 되었고 근대사로 발돋움하는 계기가 되었다. 이익을 추구하고 사적 재산을 인정하면서 인류는 전혀 경험해보지 않은 진보의 길로 들어선다. 직업을 천명을 따르는 기본적 소명이라고 생각하면 신성한 것이 되지만, 한낱 밥벌이 수단이라고 생각하면 구질구질하고 기분 나쁜 노동이 된다. 모든 일을 소명의식에 기반한 천직으로 인식할 때 우리는 위대해지고 발전할 수 있다.

그러나 이런 고차원적인 직업관을 가지고 살아가는 사람이 몇이나 될까? 그냥 평범하게 사는 우리에게 일은 무엇일까? 일이 있고 없음의 차이는 무엇일까? 우리는 왜 일을 하는 걸까? 일은 아마 원시시대였으면 사냥이었을 것이고 농경 사회였으면 농사였을 것이다. 현대 사회에서는 일을 한두 가지로 규명하기 어려워졌다. 즉, 모든 생활이 일에 해당한다고 할 수 있다. 그러니까 인간의 모든 삶이 일인 셈이다. 인간은 살기 위해 끊임없이 일하는 존재다. 일하지 않은 자 먹지도 말라고 하지 않던가? 그러나 일하지 않고 밥 먹는 사람도 많다. 유한계급이 그렇다. 이런 사람에게 일은 해도 그만 안 해도 그만이다. 유한계급의 등장은 현대 사회에서 일어난 큰 변화 중에 하나다. 일이 단순히 밥벌이 수단으로 전락하면 인생이란 것이 보잘것없고 인간은 짐승으로 격하된다. 일이 밥도 되고, 보람도 되고, 명예도 되고 또 즐길 거리가 된다면 금상첨화일 것이다.

대부분의 사람은 매슬로의 욕구 5단계인 생존 욕구, 안전 욕구, 소속 욕구, 인정 욕구, 자아실현과 같이 일도 밥벌이, 보람, 명예, 즐거움의 단계로 발전하기를 원한다. 일이 여전히 밥벌이 또는 돈벌이 수단이라면 매우 우울할 것이다. 일이 밥벌이 수단이 되는 순간 개인의 자유는 구속당하기 시작한다. 호구지책만큼 사람을 비참하게 만드는 것도 없다. 자유를 저당 잡히기 때문이다. '하고 싶은 일을 할 수 있는 자유'도 중요하지만 '하기 싫은 일을 안 할 수 있는 자유' 또한 그에 못지않게 중요하다. 곳간에서 인심 난다는 말이 있듯이 자유를 저당 잡히지 않으려면 곳간이 든든해야 한다. 가만히 생각해보면 지금까지 나에게 일(직장)은 곳간을 가득 채우기 위한 과정이었다. 사람은 배가 불러야 비로소 자신을 돌아보고 또 주변을 살피기 시작한다. 비로소 인간다운 삶을 시작할 수 있다.

2부

◆

어떻게 먹고살까

| 직업론 |

산에 오르는 이유

산에 오르는 이유?
누군가에게
나의 맹세와 다짐을 얘기하고 싶었다.
아무리 뜨거워도
삶을 놓지 않겠다는 다짐을.
처절하게 살아도
그러나 비굴하지 않게 살겠다는 맹세를….

정상에 오르니 칼바람이
사정없이 뺨을 갈긴다.
그래, 맞아도 싸지.
인생을 만만하게 본 순진함에
몸 둘 바를 모르겠다.
짧은 인생을
영원히 살 것처럼 게을렀고,
세상과 사람을
다 알았다는 착각 속에 살았다.

젊은 날,

가슴팍을 만져보면

땅땅하게 얼어 있었다.

누구의 입김으로도 녹일 수 없었던

동결된 희망들.

어떻게 어떻게 견뎌낸 그 시절이 눈물겹다.

그렇게 견뎌내고 뒤돌아보면

아주 선명하게 하나씩 하나씩

나이테가 그려지고 있더라.

그렇다.

살아야겠다는 생각뿐이었다.

거부당할수록,

배제당할수록,

배고플수록,

고통이 목까지 차오를수록

살아야겠다는 생각뿐이었다.

인생이 불공평하고 또 부조리하다는 투정은

적당히 배부른 사람만이 할 수 있는 것이었다.

인생을 살다 보면 막다른 길 앞에
망연자실할 때가 있다.
그러나 돌아가고, 쉬어가도 결코 늦지 않았다.
체념만 아니면 기회는 충분하고
용기만 있다면 두려울 것이 없다.
자신을 사랑할 수 있는 용기만 있다면….

날이 저문다.

집에 돌아가

아내와 포옹하고 얼굴을 비비리라.

온기를 나누어준 그대가 없었다면

기나긴 빙하기를 견뎌낼 수 없었다.

내 인생의 팔 할은 당신이었다.

쓸데없이 그 많은 기능을 배운 까닭
| 먹고사는 고단함에 대하여 |

2015년 10월, 50대 초반에 자의 반 타의 반으로 명예퇴직을 하고 계약직으로 전환했다. 고정된 월급을 받던 정규직 월급쟁이에서 매년 계약을 연장해야 하는 불안정한 신분으로 전락한 것이다. 엄동설한에 잠옷 바람으로 문밖으로 던져진 셈이다. 계약직으로 근무할 수 있는 기간을 대략 5년 정도로 잡았다. 그 5년 동안 무엇을 배워 어떻게 먹고살까를 고민했다. 먹고사는 방법은 크게 세 가지가 있을 수 있겠다. 투자로 먹고사는 방법, 사업으로 먹고사는 방법, 그리고 노동자로 먹고사는 방법이다.

첫 번째, 투자로 먹고사는 방법이다. 가장 폼 나는 방법이다. 선망의 대상이고 품격이 있어 보인다. 또 여유롭고 전문가의 냄새가 물씬 풍긴다. 사람들은 푼돈을 불리는 가장 좋은 방법이 주식 투자이고 목돈을 불리는 가장 좋은 방법이 부동산 투자라고 생각한다. 과연 그럴까? 다들 워런 버핏을 꿈꾸고 도널드 트럼프를 동경한다. 투자가 쉬워 보이는 것은 일부 극소수의 성공 사례 때문이다. 그러나 그 성공 사례도 사기인 경우가 대부분이다. 진짜 투자 대가들은 나발을 불지 않는다. 또 종목 추천도 하지 않는다. 내가 33년 가까이 금융 투자업에 근무했음에도 투자에 신중한(부정적인) 것은 투자의 세계는 1%의 사람만 겨우 살아남는다는 것을 잘 알기 때문이다. 사람들은 자신이 서울대에 들어갈 수 없다는 것은 인정하면서도 투자는 잘할 수 있을 것이라고 생각한다. 투자와 공부는 별개라고 생각한다. 비극과 고난은 바로 그 착각과 오해에서 탄생한다. 고작 투자 서적 몇 권 읽고 억만장자의 부푼 꿈을 꾸며 증권 계좌를 트고 피 같은 돈을 입금한다. 투자 업계에 있으면서 자살한 동료들을 여럿 봤다. 물속에서 떠오른 사람, 분신한 사람, 아파트 옥상에서 뛰어내린 사람. 다 나보다 많이 배우고 똑똑한 이들이었다. 투자의 세계는 때론 목숨을 걸어야 하는 냉혹한 세계다.

　다들 워런 버핏을 꿈꾸며 들어왔다가 거의 만신창이가 되어 나가는 것이 주식 시장이다. 상승장일 때는 워런 버핏을 가르치려 드는 사람도 많다. 하지만 달콤한 시간은 생각보다 짧다. 전설적인 핵주먹 마이크 타이슨이 한 말을 새겨들어야 한다. "누구나 다 계획은 있다. 한 대 처맞기 전까지는." 그렇다. 하락장을 겪어보기 전에 성공을 말하는 것은 해가 동쪽에서 떠서 서쪽으로 지는 것을 보고 태양이 지구를 돈다고 말하는 것과 다름없다. 33년 가까이 투자의 쓴맛과 약간의 단맛을 직접 겪어보았기에 투자가의 삶을 가장 먼저 접었다.

두 번째로 사업을 일으켜 먹고사는 방법이다. 사업이라고 해서 거창하게 정주영과 이병철만 생각하지는 않을 것이다. 우리가 추구하는 사업은 소상공인 또는 자영업자 정도다. 가장 흔한 사업이 요식업이다. 사장님 소릴 들을 수 있고 또 종업원을 몇 명을 거느릴 수도 있다. 5~6년 전에는 카페 열풍이 불었다. 바리스타 자격증을 따서 조그마한 카페를 하며 커피를 볶고 창밖의 변화를 감상하며 조용히 늙어가는 그런 꿈을 누구나 한 번쯤 꾸었으리라. 그때 창업을 했으면 어떠했을까를 생각하면 모골이 송연해진다. 코로나19 이후 빈 상가가 속출하고 여기저기 자영업자들이 짐을 싸고 있다. 이런 시국에 사업을 한다는 것은 섶을 지고 불 속으로 뛰어드는 것과 같다. 특히 사업을 하기에 50대 중반은 애매한 나이다. 또 퇴직금을 털어서 사업을 한다는 것도 큰일 날 소리다. 이래저래 사업은 안 될 것 같다. 그래, 일단 접자. 안전하게 가자.

세 번째는 몸을 팔아 먹고사는 방법이다. 몸을 판다고 하니 좀 이상하다. 노동을 판다고 하자. 노동에도 나름 서열이 있다. 머리를 쓰는 사무직과 근육을 쓰는 기능직이다. 이른바 화이트칼라와 블루칼라로 갈린다. 머리로 먹고사는 직업이 깨끗한 환경에서 일하고 나름 폼 나 보여도 스트레스는 기능직에 비할 바가 아니다. 실적과 진급을 위해 과도한 업무도 마다하지 않고 눈에 보이지 않는 충성 경쟁 또한 뜨겁다. (뜨겁다로 쓰고 역겹다로 읽는다) 반면 근육을 쓰는 직업은 일하는 공간이 척박하다. 풍찬노숙은 물론이고 때론 몸이 축나기도 한다. 하지만 정신적인 스트레스는 많지 않다. 가장 큰 장점이다. 지금까지 머리를 쓰는 직업에서 일해온 나다. 좋지 않은 머리를 가지고 용을 썼으니 얼마나 힘들었겠는가? 몸의 편안함보다 정신적인 스트레스가 훨씬 더 컸다. 직장생활을 하는 내내 차라리 몸은 피곤해도 정신적으로 스트레스가 없으면 좋겠다는 생각을 늘 해왔다. 그래서 기능인이 되기로 마음먹었다.

기능으로 먹고살겠다는 생각은 아버지와 무관하지 않다. 아버지는 목수였다. 노동판은 아버지의 왼손 약지 한 마디를 거두어갔다. 고단한 삶을 살다 가셨다. 옆에서 아버지의 삶을 바라보는 심정은 어렸을 때는 마땅찮음이었고, 철이 든 다음에는 죄송함이었다. 속죄와 감사의 마음으로 아버지가 살아낸 그 노동판의 척박한 환경을 조금이라도 이해하고 싶었다. 그게 자식 된 도리라고 생각했다. 아니면 그렇게라도 해야 아버지에 대한 죄스러운 마음을 조금이나마 덜 수 있다고 생각했는지도 모른다.

근육을 쓰는 기능은 정직하다. 일한 만큼 가져간다. 또 임금 격차가 금융 서비스업처럼 크지 않다. 시간이 가면 장인은 아니더라도 숙련공 소리는 듣는다. 승자 독식의 투자 세계와 달리 골고루 가져가는 셈이다. 그러니까 기능은 불평등을 완화시켜준다. 그러나 정직함과 불평등을 줄여주는 장점을 떠나 사실 우리 나이가 되면 사무직으로 들어갈 만한 직장이 별로 없다는 것이 더 솔직한 이유가 아닐까 싶다. 사람은 자기 합리화에 능한 동물이다. 나도 예외일 수 없다. 낮에는 회사를 다니고 야간이나 주말을 이용해 기능을 배웠다. 주경야독의 시작이다. 기능을 배울 당시는 50대 초반이라 아직 몸이 쓸 만하다고 생각했고, 계약직이지만 그래도 회사를 다니는 신분이니 어느 정도의 패기도 남아 있었다.

1 | 도배

처음 배운 기능은 도배다. 2016년 1월에 도배 학원의 문을 두드렸다. 토요일과 일요일에 ○○구에 소재한 학원을 다녔는데 쓰러져가는 건물에 한 번 놀랐고 화장실의 협소함과 불결함에 두 번 놀랐다. 국비 지원 받는 학생들을 대상으로 한 학원이라 시설 투자에 극도로 부정적이다. 학비가 무료라 시설이 후지더라도 어차피 다닐 수밖에 없을 것이라고 학원장은 생각했을 것이다. 학원장의 생각이 합리적인 건지 아니면 장삿속인지 나도 잘 모르겠다. 이런 경험은 몇 군데 국비 지원 학원에서도 똑같았다. 국가가 모든 걸 다 해주면 서비스의 수준은 계속 내리막길을 가게 된다. 그리고 정작 혜택을 받는 학생들도 그리 고마워하지 않는다.

도배 학원을 좀 다니다 서울동부기술교육원에 입학하면서 그만 뒀다. 수료하지는 못했지만 특별히 더 배울 기술도 없어 아쉬움은 없었다. 그러나 경험이 없다 보니 어디 가서 도배 학원을 다녔노라고 떳떳이 말할 수는 없었다. 그래서 경험을 쌓기 위해 세놓은 집을 아내와 함께 도배했다. 지금 생각하면 아내에게 미안한 일이다. 하지만 당시에는 나도 아내도 당연히 그래야 하는 것으로 알고 도배를 하고 장판도 깔았다.

도배는 특별한 조건이 필요 없고 또 누구나 조금만 연습하면 어느 정도의 실력을 확보할 수 있다. 큰 진입장벽이 없다. 공인된 도배 자격증은 있지만 도배 일을 하기 위해서 도배 자격증을 요구하는 곳은 없다. 모든 기능이 그렇지만 도배 일 또한 일거리가 꾸준하지 않기 때문에 안정된 생활을 확보하기가 쉽지 않다. 처음에는 생활비 정도를 번다고 생각하고 접근해야 한다.

도배는 기능을 배우는 것은 어렵지 않지만 일거리를 찾는 것이 문제다. 일거리가 대부분 인적 네트워크에 의해 정해지기 때문에 인맥이 중요하다. 일에 따라 최소 2명에서 5명 정도의 팀으로 이루어지기 때문에 마음에 맞는 팀과 사람을 찾아야 오랫동안 일할 수 있다. 그래서 부부가 같이 일하는 경우도 많다. 어느 일이든 좀 하다 보면 일을 잘하고 못하고는 그리 중요하지 않다. 개인 간의 숙련도 차이는 어차피 시간이 가면 평균화된다. 사람과 사람이 만나는 것은 쉬운 일이지만 마음이 맞는 사람과 인연을 맺긴 쉽지 않다. 가장 중요한 것은 사람 개개인의 성격과 기질이다. 가시와 송곳 같은 사람이 있으면 조직이 와해되는 건 시간문제다.

2 | 중장비

중장비 학원은 2016년 10월부터 다녔는데 김포에 있어서 집에서 학원까지 2시간 정도 걸렸다. 지금 생각하면 미쳤다는 생각이 들 정도의 거리다. 그 거리의 아득함을 밀어낸 것은 중장비 운전에 대한 로망이다. 아마 모든 남자의 로망 가운데 하나가 아닐까 싶다. 중장비 운전은 재미있었다. 마치 마징가 제트를 운전하는 기분이었으니까. 하지만 현재는 쓸모없는 기능이 되고 말았다.

굴삭기 운전과 지게차 운전 자격증을 따기 위해서는 필기와 실기를 거쳐야 한다. 필기는 내연기관에 대해 배운다. 처음엔 좀 어렵다고 느끼지만 수업을 여러 번 듣다 보면 익숙해진다. 필기는 굴삭기와 지게차가 동일하다. 즉, 필기에 합격하면 굴삭기와 지게차 실기를 모두 볼 수 있다. 굴삭기 실기는 두 번 보는데 첫 번째 실기는 S자 코스를 전진해 가서 후진해 돌아오는 코스다. 그리 어렵지 않다. 첫 번째 실기에 합격하면 두 번째 실기로 넘어가는데 구덩이를 파는 시험이다. 정해진 크기의 구덩이를 파서 반대편 구덩이에 부리는 작업이다. 자기 마음대로 파는 것이 아니라 정해진 시간 내에 정해진 구역에 정해진 높이로 버킷에 흙을 담아 옮겨야 한다. 어려운 작업은 아니지만 학원에서 실습할 때 굴삭기 한 대를 여러 명이 돌아가면서 연습을 하기 때문에 직접 해볼 기회가 많지 않다. 50% 정도가 떨어진다.

지게차 운전 실기는 정해진 코스를 정해진 시간 내에 안전하게 돌아오는 시험이다. 지게차에 짐이 적재된 팔레트를 싣고 출발해서 여러 코스를 돌아 다시 원위치로 돌아와 내려놓으면 끝난다. 대부분 자동차 운전을 해봤기 때문에 쉬울 거라고 생각하는데 그렇게 만만하지는 않다. 지게차 운전은 사설 학원에서 1시간에 9만원 수업료를 내고 배웠다. 1시간이면 족할 줄 알았는데 아니었다. 2시간이면 이젠 됐다 싶었는데 역시 아니었다. 3시간 배워 실기에 합격했다. 내 운동 신경이 보통임을 알았다.

굴삭기 운전으로 먹고살기에는 지게차 운전에 비해서 거쳐야 할 과정이 만만치 않다. 경험과 경력이 없는 초보자를 써줄 공사 현장은 아무 데도 없다. 숙련공은 1시간이면 끝낼 것을 초보자는 온종일 붙들고 씨름할 텐데 이런 초보자를 뽑아줄 공사장 반장은 없을 것이다. 방법은 오야(기능인) 밑으로 들어가 몇 년간 보조 노릇을 하는 것이다. 오야가 작업하는 걸 지켜보다가 짬이 날 때 운전대를 넘겨받으면 감지덕지하며 배우는 수밖에 없다. 그런데 팔팔한 젊은 친구들도 많은데 50대 아저씨를 쓰겠는가? 어림없는 소리다. 굴삭기 운전은 내가 갈 길이 아닌 게 확실했다. 그에 비해 지게차 운전은 취업이 굴삭기보다는 쉽다. 지게차 운전의 질이 사람에 따라 크게 차이 나지 않기 때문이다. 그래서 지게차 운전은 기능인의 공급도 많고 취업도 굴삭기보다 훨씬 쉽다. 그러나 쉬운 만큼 굴삭기의 월급에 훨씬 못 미친다.

3 | 대형 면허

관광버스와 시내버스 운전을 하는 분들을 볼 때마다 존경스러웠다. 10m나 되는 버스를 자유자재로 움직이고 특히 후진하여 주차할 때는 저절로 감탄사가 나온다. 나도 그 전율을 느껴보고 싶었다. 대형 면허는 노원구 불암산 자락에 위치한 학원에서 돈 내고 배웠다. 버스 운전은 중장비 운전처럼 국비 지원 대상이 아니다. 2017년 2월 대형 면허를 취득했다.

2020년 3월부터 8월까지 학원 셔틀버스 운전기사로 일했다. 낮엔 직장에 다니고 있었기 때문에 야간에 운전을 했다. 이제 본격적으로 직업을 탐색해야겠다는 생각에 프리랜서 자격으로 도전해본 것이다. 근무하고 있는 회사에 별도로 신고하지 않았다. 근무 시간 이후의 아르바이트이기 때문에 별문제가 없었다. 요즘은 학원에서 운전기사를 직접 고용하지 않는다. 소규모 학원은 차를 사고 운전기사를 뽑고 또 그 둘(차와 사람)을 관리하기가 만만치 않다. 그래서 용역 회사에서 차와 운전기사를 빌려 쓴다. 필요할 때만 쓰고 아니면 계약을 해지하면 되니까 편리하다. 내게 배정된 학원은 송파구 방이동 소재 영어학원이었다. 방이역 주변에는 학원이 밀집해 있다. 5시 30분부터 수업이 시작된다. 동네에 사는 학생들을 집 앞까지 가서 태워 학원에 내려주고 다시 수업이 끝나면 집 근처까지 데려다주는 일이다. 요일별로, 시간대별로 태우고 내려주는 학생이 바뀐다. 학원이 소규모라 학생이 많지 않지만 한 번 운행할 때마다 적게는 1, 2명에서 많게는 5, 6명 정도 실어 나른다. 시간표는 5시 30분, 6시, 6시 30분, 7시 등으로 나뉘어 있기 때문에 등원 때 3~4차례 차량을 운행하고 하원 때 역시 3~4차례 운행한다. 마지막 등원을 마치고 첫 하원 시간까지는 휴식 시간 또는 대기 시간이다. 대략 1시간 30분 내외의 시간이다. 이때 저녁을 먹거나 볼일을 본다. 대략 10시 30분 정도면 수업이 모두 끝나고 퇴근한다. 하루에 6시간 근무하는 것으로 계약하고 일했다. 한 달 월급이 150만원이었다. 일하는 기간에 코로나19가 확산되자 몇 번 학원 수업이 중단되기도 했다. 그럴 때면 일하지 못한 기간만큼 일당을 못 받았다. 7, 8월이 되자 학원이 코로나19 장기화에 따른 경영난으로 셔틀버스 운행을 중단하겠다고 통보했다. 코로나19로 인한 실직을 몸소 체험했다.

셔틀버스 운전기사들은 다음과 같은 애환이 있다. 교통 신호를 위반하거나 주차 위반을 했을 경우는 처음 1회는 학원에서 처리해 주지만 그 이상은 개인이 해결해야 한다. 일하다 잠시 대기하는 시간에 주차할 곳이 따로 없다. 알아서 길옆에 주정차를 해야 한다. 그래서 잠시도 차를 비울 수가 없다. 주변 CCVT 위치를 봐가며 적당한 지점에 주차해서 대기한다. 춥거나 더워도 비좁은 차 안에서 해결해야 한다. 도시락을 싸가지고 다녔는데 차 안에서 까 먹었다. 비 오는 날은 교통지옥이다. 학부모가 차를 가지고 아이를 데려오고, 데려가기 때문에 학원 셔틀버스와 학부모 차가 뒤엉켜 학원 주변은 주차장이나 다름없다. 비 오는 날은 등원 시간을 맞추기도 어렵고 하원 시간은 더 길어진다. 그러면 퇴근 시간도 늦어진다. 기분 나쁘지만 어쩔 수 없다. 학생들 수업 시간에 맞추어야 하기 때문에 차가 밀리면 신호 위반을 할 때도 있고 때론 과속도 필요하다. 또 비 오는 날이면 온 신경이 곤두서기 때문에 몹시 피곤하다. 배달 오토바이가 갑자기 튀어나오기도 하고 중앙선을 넘어오기도 한다. 몇 번의 위험한 순간이 있었다. 점차 위험한 직업이라는 생각이 들었다. 세차와 간단한 점검 등은 기사가 한다.

4 | 타일

2017년 3월에 타일 학원도 다녔다. 일산 덕양구 소재 학원이다. 학원에서는 모르타르를 이용한 떠붙임 공법을 주로 배웠다. 타일을 배워 해외로 진출하는 사람도 있었다. 해외 취업 이민을 가기 위해선 자격증이 필요하다. 학원에 다닐 때 조선족 타일공이 자격증을 따기 위해 학원을 찾아와 연습하는 걸 옆에서 지켜봤다. 한국에 들어와 10년간 조공(기능공의 보조)을 하며 기능을 배웠다고 했다. 자식 공부를 목적으로 호주로 이민 가기 위해 자격증을 따러 온 것이었다. 연습하는 걸 보니 거의 달인의 솜씨였다. 타일이 벽에 척척 달라붙었다. 한 치의 오차도 한순간의 가쁜 호흡도 허용치 않았다. 모든 게 완벽했다. 《장자》에 나오는 포정의 솜씨를 보는 듯했다. 기능이 익으면 예술이 된다는 게 바로 이런 거구나 싶었다.

이 조선족이 일을 배울 때 한국인 기공(기능공)을 따라다녔을 것이고 몇 년간은 보수도 시원치 않았을 것이다. 먹여주고 재워주는 대신 용돈 정도로 만족해야 했을 것이다. 그런 시간을 참고 견뎌 오늘에 이른 것이라고 보면 그 고생은 우리가 생각하는 것 이상일 것이다. 타향살이의 고달픔은 말하지 않아도 짐작이 간다.

또 도배 일을 하며 타일을 배우던 젊은 친구도 있었다. 도배보다는 타일이 단가도 세고 장래성이 있을 것 같아 진로를 바꾸고 싶어 왔다고 했다. 그 젊은이가 한 말이 아직도 귓가에 생생하다. "기능은 배우는 것이 아니라 훔치는 것입니다." 진짜 그랬다. 나중에 알고 보면 별것도 아닌 노하우도 순순히 가르쳐주지 않는다. 다들 경쟁자라고 생각하기 때문이다. 기능은 스스로 깨치거나 훔쳐야 한다.

타일 기능은 현장 경험을 쌓는 것이 중요하다. 그러나 직장을 다니고 있는 나로서는 경험을 쌓을 방법이 마땅히 없었다. 궁리 끝에 일면식도 없는 타일 사장님께 무급으로 따라다닐 테니 써달라고 부탁했다. 무급으로 들어와 허드렛일이라도 하겠다고 하니 안 쓸 이유가 없었다. 그렇게 토요일과 일요일 2개월 정도를 따라다녔다. 사장님이 "타일을 하면 밥은 먹고 살아요"라고 했다. 아마도 월 400만원 이상은 가져간다는 뜻일 것이다.

타일 현장은 혼돈 그 자체였다. 공사 현장은 좁고 더럽고 힘들다. 모든 인테리어 공사가 컨베이어 벨트처럼 순차적으로 진행되지 않는다. 다른 작업 팀들과 공간을 같이 쓰다 보면 동선이 뒤엉키고 다른 작업이 끝날 때까지 기다려야 한다. 타일과 시멘트 재료는 계단을 통해 올리고 내려야 한다. 특히 작업 현장에서 나오는 폐기물의 양 또한 생각보다 엄청 많다. 모르타르를 만들 때와 타일을 재단할 때 그리고 타일을 철거할 때의 먼지는 마스크를 쓴다고 완전히 걸러지지 않는다. 좁고 밀폐된 작업 공간에서 담배를 피워대면 비흡연자인 나는 정말 괴롭다. 그래서 타일에 대한 생각을 접었다. 먼지와 불결한 작업 환경 그리고 담배 때문이다.

5 | 서울동부기술교육원 - 건축인테리어과

서울동부기술교육원에서 2016년 8월에 건축인테리어과, 2018년 2월에 건물보수과, 2018년 8월에 전기공사과를 차례로 졸업했다. 동부기술교육원은 강동구 명일역에 있다. 서울에 주소를 둔 사람만 지원할 수 있다. 그리고 면접에 합격해야 한다. 경쟁률은 대략 3:1이 되지 않을까 싶다. 가끔 문화행사를 하고, 유명 인사 초청 강연회와 팝 오케스트라 공연도 있었다.

건축인테리어과에서는 콘크리트 건축물의 구조와 이론에 대해 배웠다. 한옥에 대해서도 공부했다. 목공 연장과 전동 공구를 직접 다루어보고 가구도 몇 가지 만들어봤다. 그때 만들었던 소형 테이블은 지금도 잘 쓰고 있다. 이론 수업 반, 실기 반으로 진행됐다. 야간은 주로 직장인이 수강한다. 저녁 6시 30분에 수업이 시작되고 9시 40분에 끝난다. 일주일간의 여름 방학과 겨울 방학도 있다. 재학 중에 자격증 두 개 정도는 따서 나온다. 나는 건축도장기능사와 거푸집기능사를 땄다.

양옥과 한옥에 대해 관심이 많은 사람, 전원주택을 짓고 싶은 사람에게 좋은 정보를 줄 것이다. 건물의 구조와 그 각각의 기능에 대해 배운다. 또 같이 공부하는 분들과도 좋은 정보를 주고받을 수 있다. 비슷비슷한 나이이고 관심사도 비슷하기 때문에 어울리는 데 큰 문제가 없다. 아무래도 기능을 익히는 학교이기 때문에 사무직에 근무했던 사람보다는 기능직에 근무했던 사람이 더 많다.

6 | 서울동부기술교육원 - 전기공사과

전기공사과는 이론 수업 비중이 높다. 전기기능사 시험을 보려면 수업을 대충 들어선 안 된다. 처음 접하는 사람에겐 무척 힘든 시간이다. 사인, 코사인, 탄젠트가 나온다. 이론 수업 시간에 알아듣는 것은 1/3도 안 된다. 그냥 머릿속에 집어넣어야 한다. 기능 시험이 학기 중 한 번이라 방심하면 졸업할 때 자격증을 못 딸 위험이 높다. 필기에 붙었다고 하더라도 실기가 또 있다. 실기 또한 만만치 않다. 나도 교육원을 수료한 후 사설 학원에서 실기반을 몇 번 듣고 겨우 합격했다.

전기기능사 자격증은 사용 범위가 가장 넓다. 즉, 범용으로 인정받는 자격증이다. 여러 기능사 자격증 중에 가장 위상이 높다. 아마도 필기와 실기 시험이 내가 아는 자격시험 중에 가장 어렵기 때문이 아닌가 생각된다.

7 | 서울동부기술교육원 - 건물보수과

건물보수과는 조적, 미장, 타일에 대해 배운다. 미장 실습 시간에 교수님이 미장 기능인이 계속 줄고 있다며 숙련공은 부르는 게 값이라고 했다. 기존의 기능공은 나이가 들어 은퇴를 하고 젊은이들은 힘들다고 외면해서 기능 인력이 모자란다는 거다. 그 말에 구미가 당겨 친구에게 미장을 배웠다. 모르는 놈이 가장 무섭다고 미장 일을 조금이라도 알았으면 못 배웠을 것이다. 조적, 미장, 타일은 모두 성취감을 느낄 수 있는 기능이다. 무에서 유를 창조하는 희열을 느낄 수 있다. 그렇지만 힘들다는 점은 유념해야 한다.

앞선 두 개의 학과보다 건물보수과가 참 재미있었는데 두 분의 교수님이 조화를 이루어 잘 이끌어주었기 때문이라 생각한다. 한 분은 목공, 도장, 방수 담당으로 위트 있고 재미있게 수업을 이끌어 갔다. 다른 한 분은 조적, 미장, 타일 담당으로 진중하고 무게감 있게 수업을 진행했다. 조적 실습 시간에 만들어본 아치는 정말 아름다웠다. 집을 짓는 행위는 인간이 행하는 활동 중에서 매우 가치 있는 작업이라는 생각이 든다. 타일과 미장은 집의 구조를 만드는 것보다는 외관과 미관을 마감하는 작업이다. 조적도 최근에는 마감의 방법으로 사용되는 경향이 많아지고 있다.

기능은 꼭 써먹어야 가치가 있는 것은 아니다. 인간의 생활과 문화를 이해하는 데 도움이 되었으니 괜히 배운 것은 아니다.

8 | 소방안전관리자

동부기술교육원에 다니면서 학생들끼리 향후 진로에 대해 얘기를 많이 나눴다. 현업에 있는 분들도 많았는데, 나가서 써먹을 수 있는 쓸모 있는 자격증에 대해 물으니 소방안전관리자를 추천했다. 소방 시설을 관리하고 소방 계획을 세우고 관공서에 소방 관련 행정 업무를 하는 직업이다. 건물이 일정 규모 이상이면 직원을 채용해야 한다. 현대 건물은 점차 대형화 고층화되고 있기 때문에 소방 시설에 대한 규정이 강화되고 있는 추세다. 소방 관련 자격증은 소방 시설을 관리하는 소방안전관리자와 소방설비를 계획하고 설치하는 소방설비기사 두 종류가 있다. 자격증의 질이나 급여 면에서 당연히 후자가 더 중요하다.

소방안전관리자 교육은 2018년 2월에 오프라인 교육으로 5일간 받았다. 교육장은 당산역 부근에 있는 한국소방안전협회였다. 평일 오전 9시에 시작해서 오후 6시에 끝났다. 직장에 다니는 사람은 휴가를 내고 교육을 받아야 한다. 유료 교육으로 대략 40만원 정도였다. 교육받고 마지막 날에 시험을 본다. 내가 교육받았을 때는 60점이 커트라인이었는데 요즘은 70점인 모양이다.

현재 소방안전관리자로 일하고 있는 친구에게 들은 바에 의하면 소방안전관리자의 일이란 것이 점검이 대부분이다. 업무 외 시간이 굉장히 많아 자기 개발하기에 아주 좋은 직업이다. 처음엔 3교대 근무라 아예 생각을 안 했는데 교대 근무라도 혼자 하는 근무라면 괜찮을 것 같다. 혼자 사색하거나 공부할 수 있는 시간이 많을 테니까. 젊은이라면 일단 소방안전관리자로 시작해서 소방설비기사나 소방설비기술사에 도전해보는 것이 좋겠다.

9 | 미장

친구 중에 아파트 바닥 미장을 하는 친구가 있다. 마침 교육원에서 미장도 배웠으니 경험 삼아 한번 해보고 싶었다. 힘들다고 하는데 정말 얼마나 힘든지도 궁금했다. 남들은 힘들다고 피하는데 왜 나는 굳이 힘든 걸 해보고 싶은지 모르겠다. 벽 미장과 달리 바닥 미장은 허리를 구부리고 하는 것이기 때문이 더욱 힘들다. 친구 말에 의하면 뱃일 다음으로 힘든 게 미장이다. 그래서 빡세게 25일 정도 일하면 한 사람당 1,000만원을 가져가기도 한다.

그런데 바닥 미장을 직접 해보니 뱃일 다음으로 힘든 게 아니었다. 뱃일을 안 해본 내게는 뱃일보다 힘든 일이었다. 영혼이 빠져나가는 것 같은 느낌을 몇 번이나 받았다. 친구가 말하길 미장을 배우겠다고 들어와서 3일을 넘긴 사람은 내가 유일하단다. 현장에 아침 6시 정도에 도착하려면 새벽 5시 이전에 집에서 출발한다. 작업장은 대부분 경기도다. 도착하면 함바집(현장 식당)에서 바로 밥을 먹는다. 기계팀에서 유압 펌프로 아파트 맨 꼭대기 층부터 모르타르를 쏘아 올려 바닥에 뿌려주는데 이를 초벌이라고 한다. 초벌 후 1시간 30분 내외면 물때(모르타르가 굳은 정도)를 봐서 까치발을 신고 들어가 미장 작업(중벌)을 한다. 그리고 다시 1시간 정도를 기다려 오리발을 신고 들어가 마지막 바닥 미장을 하면 끝난다. 아파트 1채당 2번의 미장 작업이 필요한 것이다. 그렇게 오전에 한 사람당

5~6채를 작업한다. 밥은 물때를 봐가면서 11시에서 12시 사이에 먹는다. 오후에는 4~5채를 한다. 그래서 한 사람당 오전 오후 합해 10채 정도를 한다. 여름엔 오후 5~6시에 작업이 끝나고 가을과 겨울에는 밤 9~10시 전후로 끝난다.

바닥 미장은 기계팀과 함께 일한다. 기계팀은 믹서기로 레미탈(모래 + 시멘트)에 물을 혼합한 모르타르를 유압 펌프로 아파트 고층으로 올려주는 역할을 하고 5명으로 이루어진다. 지상에서 믹싱을 하는 반장 1명, 30층 고층까지 모르타르를 운반할 수 있도록 특수 고무호스를 설치하고 해체하여 이동하는 인원 3명, 그리고 아파트 바닥에 모르타르를 쏴주는 인원 1명이다. 기계팀은 고정급 일당제다. 숙련도에 따라 20만원 내외의 일당을 받는다. 그에 비해 미장은 바닥을 미는 만큼 받는다. 적게 밀면 30만~40만원, 많이 밀면 40만~50만원을 받는다. 기계팀에서 보면 열받는 일이지만 기술이 없으니 어쩔 수 없다. 비슷한 일을 하고 또 일하는 날짜도 똑같은데 월급은 두 배 정도나 차이가 난다. 물론 기계팀 중에서 미장을 배우면 그만큼의 일당을 받지만 그게 쉽지 않다. 하나는 일 배우기가 힘들기 때문이다. 하루아침에 배울 수 있는 게 아니다. 최소 1, 2개월이 걸린다. 두 번째는 미장을 배우려면 현재의 기계팀에서 나와 다른 미장팀을 쫓아다녀야 하는데 그러기가 또한 쉽지 않다. 같이 다니는 미장팀에게 배우면 좋지 않을까 싶지만 그걸 용인해주는 기계팀이 없을뿐더러 미장팀에서도 여러 가지 이유로 잘 가르쳐주지 않는다. 이 두 가지 이유 때문에 기계팀에서 미장으로 넘어온 사람은 극소수라고 한다. 그래서 미장팀과 기계팀 간에는 보이지 않지만 묘한 이질적인 정서가 흐른다. 같이 다니지만 기계팀은 미장팀을 질시하고 또 미장팀도 기계팀을 하대한다. 인간 사회에서 평등과 공정과 정의는 멀고도 험난한 길이다. 한번 획득한 권리는 목숨을 걸더라도 필사적으로 지키려고 한다. 그게 야비하거나 불공정하다는 게 아니다. 살아가는 원리다. 그걸 인정해야 비로소 세상이 돌아가는 이치를 깨닫게 될 것이다.

미장 일은 겨울엔 일거리가 없어 한두 달 쉰다. 요즘은 건설 경기가 안 좋아 일이 없어 한 달에 15일 일하기도 힘들다. 그러다 보니 일당이 많이 떨어졌다. 집에서 노느니 용돈이라도 벌자며 다들 임금을 낮추기 때문이다. 아파트 미장에서 밀려나면 그 아래 단계의 빌라와 단독주택 미장으로 내려간다. 물론 일당도 내려간다. 노임이 내려가는 대신 일의 강도 또한 많이 내려간다. 아파트 미장 일에 비하면 설렁설렁하는 정도란다. 이런 일은 대개 현역에서 은퇴한 60대 이상의 미장공이 맡는다.

미장 실습은 2017년 6월부터 2018년 10월까지 1년 4개월 정도 무급으로 주말마다 따라다니다 그만두었다. 일주일에 한 번 해서는 몸만 피곤하고 기능이 생각만큼 늘지 않았기 때문이다. 또 친구를 계속 따라다니는 게 민폐이기 때문이기도 했다. 벽 미장과 달리 바닥 미장은 보조가 필요 없다. 모르타르 반죽을 기계로 펌핑해서 뿌려주면 까치발과 오리발을 신고 들어가 밀고 나오는 것이기 때문에 보조가 같이 들어가서 할 일이 없다. 거치적거리기만 한다.

10 | 조경

조경은 친구 때문에 배우게 됐다. 친구의 사무실이 있는 선릉에 자주 갔다. 친구와 선릉을 산책하며 이런저런 얘기를 나누었는데 그때 본 선릉의 아름다움에 매료되어 이런 곳에서 근무하면 좋겠다는 생각을 했다. 또 집 가까이에 있는 헌릉에서 직원을 뽑는다고 해서 한번 답사차 가보았는데 선릉보다 더 아름다운 경치에 넋을 잃었다. 이런 곳에서 노년을 보냈으면 좋겠다는 생각이 들었다. 그래서 조선왕릉과 고궁 관리 채용 공고에 응시하기 위해 조경을 공부했다.

필기는 독학으로 했고 실기는 학원을 다녔다. 실기는 제도인데 학원에서 하라는 대로 하면 그리 어렵지 않다. 국비 지원이 되는 곳도 있고 안 되는 곳도 있다. 조경이 나무와 숲을 관리하는 일이라 좋을 것 같지만 직접 해보니 그런 낭만은 없다. 거름 주고, 잔디 깎고, 가지 치고 하는 일이 모두 땡볕에서 하는 일이라 여름에 무지하게 덥고, 낙엽을 모으고 눈을 치우는 일도 그리 호락호락하지 않다. 낭만 하나로 시작했다간 낭패 보기 십상이다.

선릉 모집 공고를 보고 지원하여 면접을 봤다. 모집 부문이 청소였는데 면접관이 "가끔 아는 사람도 만날 텐데 그래도 청소를 할 수 있겠느냐"며 물었다. 할 수 있다고 대답했지만 안 뽑힌 걸로 봐서는 나의 대답이 못 미더웠던 모양이다. 그 후 다시 선릉과 헌릉의 모집 공고에 응시 원서를 냈으나 감감 무소식이었다.

11 | 시설관리

5년쯤 흘러 몸으로 할 수 있는 여러 기능을 어느 정도 섭렵했을 무렵 굳이 내가 이렇게 고되게 살아야 하나 의문이 들었다. 나이도 50대 중반을 넘어섰다. 지금 생각해보면 다소 늦은 문제 제기였다. 애들은 다 커서 자기 앞가림을 하고 있고 집도 하나 있겠다 뭘 더 벌어 부귀영화를 누리겠다고 욕심을 내는지 회의가 들었다. 그러니까 기능이 더 이상 절실하지 않았다. 그래서 돈벌이는 좀 못 하지만 근무 환경이 쾌적하고 출퇴근이 규칙적인 시설관리직에 관심이 갔다. 시설관리에 필요한 자격증도 몇 개 있어서 여러 곳에 이력서를 넣어봤지만 번번이 허탕을 쳤다. 경험도 없고 또 금융기관 출신의 검증되지 않은 50대 중반의 중년을 정규직으로 써주는 곳은 없었다.

그래서 생각을 바꿔 1년 미만의 단기 계약직으로 출발해서 경력을 쌓은 후 정규직으로 도전하기로 했다. 면접관의 입장에서 생각해야 내가 어떻게 행동하고 전략을 세워야 하는지가 나온다. "시켜만 주면 잘할 수 있습니다"와 같은 주관적인 판단은 아무짝에도 쓸모가 없다. 그 생각이 주효했는지 5개월 단기 계약직으로 취직이 됐다. 그리고 5개월 후엔 다시 5개월짜리 계약직으로 취직했다. 2021년 2월에 시설관리 쪽에 취업을 하면서 33년 가까이 다녔던 회사를 그만두었다. 기능인이 되기 위해 여러 기능을 전전했지만 정작 취직한 곳은 시설관리 쪽이었다. 처음 기능을 배우겠다고 다짐했던 2015년 이후 6년 만이다. 내가 기능인의 꿈을 접고 시설관리 쪽으로 돌아선 건 다음과 같은 이유에서다.

1. 50대 이후에 기능인으로 가기엔 체력적으로 부담이 크다. 못할 거는 없지만 무리해서 해야 할 만큼 생활이 빠듯하지 않기 때문이다. 그에 비해 시설관리는 힘쓰는 일은 별로 없다.

2. 기능인은 일거리가 일정치 않다. 일이 바쁘면 빡세게 일하고 일이 없으면 빈둥거린다. 그런 직업은 아내가 별로 좋아하지 않을 것이다. 아내는 규칙적으로 집 비우는 걸 원하지 집을 비우는 시간이 들쭉날쭉하는 걸 좋아하지 않을 것 같다. 그에 비해 시설관리는 9시에 출근하고 6시에 퇴근하며, 토요일 일요일 국경일은 쉰다. 시설관리직 중에 3교대로 돌아가는 팀도 있다. 3교대는 하루는 주간 다음 날은 야간(당직) 그리고 그다음 날은 쉰다.

3. 기능인이 일하는 작업장은 대부분 풍찬노숙을 각오해야 한다. 여름엔 덥고 겨울엔 춥다. 에어컨과 히터가 있는 공간은 감히 꿈도 못 꾼다. 그러나 시설관리직은 대부분 사무실에서 일하기 때문에 그런대로 쾌적하다.

4. 시설관리인의 월급은 기능인에 비해 박하다. 대부분 월급이 200만원 내외다. (2021년 기준) 교대 근무직인 경우는 월 250만원 정도다. 젊은 친구들에게 권할 만한 직업은 아니다. 그러나 애들 다 키우고 집 하나 있는 중년에게는 크게 스트레스 받지 않고 일할 수 있으니 나쁜 조건은 아니다.

시설관리 쪽의 일을 6개월 정도 해본 소감은, 젊은이들이 하기에는 적당한 일이 아닌 것 같다. 임금이 박하다는 이유보다는 장래성이 없다. 진급도 없고 연차에 따라 호봉이 오르는 것도 없다. 나이가 많든 적든 모두가 김 기사나 박 기사로 통한다. 그리고 창의성을 요하는 일이 아니다 보니 보람이 없다. 또 경력이 오래됐다고 장인이 되는 것도 아니다. 시설관리는 건물에 필요한 전기, 상수, 하수, 오수, 소방, 냉난방 등을 원활하게 공급해주는 데 목적이 있다. 즉, 건물이면 당연히 있어야 할 시설이기 때문에 잘했다는 칭찬이나 공치사를 듣기 어렵다. 반대로 어느 하나라도 원활하지 않으면 원성이 자자하고 민원이 빗발친다.

시설관리는 제2의 직업을 찾는 중장년층에 맞는 직업이지 젊은 이들에게 추천할 만한 직업은 아니다. 그래도 노느니 시설관리라도 하겠다는 젊은이들이 있다면, 더 공부해서 기사와 기능장 자격증을 취득해서 행정이나 총무 업무로 가는 것을 추천한다. 6개월 정도 근무하면서 안타까운 점은 젊은이들이 시간이 많음에도 불구하고 자기 개발 대신에 낮잠을 자거나 생산성 없는 유튜브 보는 데 정신이 팔려 아무 생각 없이 시간을 흘려보낸다는 것이다.

정리

퇴사 후 거의 쉬는 시간 없이 바로 취업했다. 아니, 먼저 취업을 하고 회사를 그만두었다. 사람들은 실업 급여를 타 먹으라고 했지만 나는 그게 싫다. 실업 급여의 취지는 실직한 노동자가 구직할 때까지 최저생계비 정도를 지원하자는 것이다. 실직한 노동자는 맞지만 최저생계비를 지원받아야 할 만큼 취약계층은 아니다. 또 자발적으로 바로 취직할 수 있는 사람이라면 실업 상태 없이 바로 취직하는 것이 좋다. 고용보험료를 냈으니 받을 수도 있겠지만 나중에 받아도 족하다. 내겐 일하는 것이 더 중요하지 실업 급여를 타는 것이 중요한 게 아니다. 공돈을 모두 똑같이 나눠 갖는 게 평등이 아니다. 그러나 요즘 돌아가는 것을 보면 소 키울 생각은 않고 모두 잡아먹을 생각만 하는 것 같다. 능력에 따라 상황에 따라 평등해야 한다. 일할 수 있는 사람은 더 일하고 그렇지 않은 사람은 사회 안전망의 혜택을 받으면 된다. 평등이 뭐 대단한 게 아니다. 자신이 맡은 소임을 꾀부리지 않고 하는 것이다. 꾀를 부리는 사람이란 능력 밖의 일을 도모하거나 놀고먹는 것을 당연시하는 사람이다.

지금까지의 이야기를 요약해보면 다음과 같다.

1. 퇴직 후의 계획은 미리미리 세워 두는 것이 좋다. 닥치면 하지 하는 생각은 항상 후회를 동반한다. 계획한 일은 무조건 몸으로 부딪쳐봐야 한다.

2. 제2의 직업은 자신이 몸담았던 직업과 관련이 없는 생소한 분야의 일이 좋다. 그래야 흥미도 느끼고 지루하지 않다.

3. 기능을 누가 친절하게 가르쳐줄 거란 생각은 아예 집어치워야 한다. 그런 사람은 없다. 아무 연고도 없는 자신에게 호의를 베푸는 사람은 사기꾼뿐이다.

4. 요즘 기능 교육은 국비 지원을 많이 해준다. 도배와 중장비, 타일 학원 등은 모두 국비로 배웠다. 개인당 300만원까지 지원해준다.

5. 조직 생활은 누구에게나 어렵다. 어느 조직이나 또라이가 적어도 한 명씩 있기 때문이다. 또라이와 싸우고 바로 나가는 사람이 많은데 그럼 평생 이곳저곳을 전전할 수밖에 없다. 혹시

"우리 조직에는 또라이가 없는데…"라고 하는 분이 있다면 당신이 또라이가 아닌지 의심해봐야 한다.

6. 기능을 배울 때마다 갈등이 생긴다. '써먹지 못할 수도 있는데'라고 의심하는 순간 게을러진다. 그러나 막상 수업이 시작되면 또 어떻게든 이어간다. 모르는 걸 배웠다는 자체가 그냥 좋다. 편하게 놀고먹을 생각을 걷어차면 생동감이 생긴다.

7. 기술교육원을 통해 기술과 기능을 배우는 것도 좋다. 서울시에서 운영하는 기술교육원이 있는데 서울에 주소를 둔 사람이 대상이며 북부, 동부, 중부, 남부 등 네 곳에 있다. 무료 교육이고 주간반과 야간반이 있다. 그 외 한국폴리텍대학이 있는데 실직자만 대상이고 주간만 있다. 그밖에 건설기술교육원이 있다. 모두 다 무료다.

8. 모든 기능은 한 살이라도 젊을 때 배우는 게 좋다. 특히 체력을 요하는 미장, 타일 등은 늦어도 40대 중반에 진입하는 것이 좋다. 체력적으로 50세가 넘어가면 힘이 부친다. 자신의 체력과 현재의 상황을 고려하여 업종을 결정해야 한다.

9. 시설관리인이 되기 위해선 자격증이 필요하다. 가장 기본이 되는 자격증은 전기기능사, 소방안전관리자, 공조냉동기능사, 열관리기능사 등으로 어느 한 가지라도 있으면 족하다. 늦은 나이라면 처음부터 정규직을 기대하지 말고 기간제로 출발하는 것도 고려해볼 만하다.

10. 시설관리 중 교대 근무에서 가장 신경 쓰이는 부분이 심야 시간의 취침이다. 큰 시설의 경우 보통 두 사람 이상이 함께 자는데 잠버릇이 다양하다 보니 잠귀가 밝은 사람은 무척 괴롭다. 잠귀가 밝은 사람은 교대 근무 조가 한 명인 작은 조직에 들어가는 것이 좋다. 또 팀원들과 같이 있는 시간이 길어지면 그만큼 사소한 다툼도 많다. 조직원이 적으면 남들과 섞일 일이 없어 적적하지만 속은 편하다.

11. 가장 중요한 얘기다. 고생할 각오를 해야 한다. 생각했던 것보다 더 힘들 것이라는 각오를 다져야 한다. 인생의 모든 부분이 그렇지만 대충 하겠다거나 일단 맛이나 보겠다고 시작하면 답이 없다.

지금까지 기능인으로 거듭나기 위한 나름의 노력과 발자취를 되돌아보았다. 기능을 배울 때 월 400만원을 목표로 했다. 가능한 일이지만 나이에 따라 또는 상황에 따라 계획을 달리 세워야 한다. 40대 초반이라면 기능을 배워 좀 더 많은 돈을 벌어야 한다. 50대라면 돈에 대한 기대를 접는 편이 좋다. 물론 나의 생각이다.

직업을 찾을 때 단점에 주목하면 할 만한 게 아무것도 없다. 앞에 열거한 기능 중 어디 배울 만한 기능이 하나라도 있던가? 이건 이래서 안 되고 저건 저래서 안 좋다. 단점보단 장점에 주목하라. 그

일을 하면서 내가 발전적인 그 무엇을 할 수 있는가를 찾아야 한다. 더 높은 레벨로 가기 위한 가능성을 찾아 직업을 고르는 것이 바람직하다. 시간은 이래도 가고 저래도 간다. 아무 의미 없이 흘러버리는 시간이 꽤 많다. 초창기에 계획을 세우지 않고 우두커니 있다가 갑자기 마음을 다잡고 무엇을 해보겠다는 생각은 정말 어리석다. 생각만으로 일을 도모할 수 있다면 모든 사람이 판검사가 되고 대통령이 되었을 것이다. 실행이 없는 생각은 사상누각이다. 개인의 발전과 위대함은 계획을 세워서 꾸준하게 밀고 나가는 것이다. 그러나 그 과정은 자못 지난하고 험난하다. 모두가 그 지루함과 재미없음을 견디지 못하고 나가떨어진다.

형편이 된다고 놀고먹을 생각을 하는 사람이 있을 수 있는데 자신을 위해서도 배우자를 위해서도 바람직하지 않다. 노는 것도 타고나야 한다. 은퇴하기 전에는 은퇴한 후의 낭만적인 여러 계획을 세우지만 정작 은퇴하고 나면 낭만적인 놀이가 지루하게 느껴질 것이다. 시골의 전원주택에서 목가적인 생활을 하고 싶다는 사람도 많다. 혼자 가서 생활할 수 있는 분이라면 좋지만 아내와 함께 갈 생각은 꿈도 꾸지 않는 것이 좋다. 전원주택에서 살다 다시 서울로 되돌아오는 것은 어렵다. 오른 집값과 자신의 선택이 잘못되었음을 인정하기가 쉽지 않기 때문이다. 인생 후반으로 갈수록 신중해서 나쁠 것이 없다.

50대가 기능 배우기
유리한 점 & 불리한 점
│ 50대와 기능은 최상의 조합? │

요즘(2017년) 공사 현장을 체험하며 또는 기능을 배우고 익히면서 느낀 점은 50대와 기능은 정말 최상의 조합이라는 것이다. 물론 나와 처지가 다른 사람들은 동의하지 않을 수도 있겠다. 내 처지에서는 그렇다는 것이다.

우리의 밥벌이 방법은 크게 지식으로 벌어먹는 방법과 몸으로 벌어먹는 방법이 있다. 지식으로 하는 밥벌이는 겉으로는 폼 나고 근사하지만 스트레스가 큰 편이다. 지식의 정보량이 기하급수적으로 증가하고 또 내가 알고 있던 지식은 금방 진부해져 새로운 지식을 쫓아가기 바쁘다. 그리고 새로운 금융 지식으로 무장한 후배가 뒤쫓아오고 내가 30년 동안 익힌 금융 지식은 더 이상 쓸모가 없는 경우가 대부분이다. 안타까운 것은 새로운 지식을 습득하는 능력도 40대 중반을 넘기면 급격히 고꾸라진다. 이래저래 얄팍한 지식으로는 먹고살기가 만만치 않다.

여기저기서 들려오는 먼저 퇴직한 동료, 후배, 선배들의 얘길 들으면 더욱 의기소침해진다. 누군 주공 아파트를 판 돈으로 원룸 임대 사업을 하고 있다고 하고, 또 누군 주택관리사에 합격해서 아파트 소장을 하고 있다고 한다. 아내가 차린 부동산 중개업소를 봐주고 있는 사람, 부동산 중개업소에 실장으로 있는 사람, 전업 투자자로 변신한 사람, 경비로 취직한 사람 등 다양하다. 때론 눈물겹기도 하고 또 때론 안쓰럽기도 하다. 다들 얄팍한 지식으로 먹고사는 것에만 골몰할 뿐 기능인으로 제2의 인생을 사는 것에 대해서는 생각해보질 않는 것 같다. 저들 중 내가 부러워할 만한 사람은 없다.

인생 2막에 대해 많은 사람과 만나서 이야기 나누고 또 사례를 들었지만 기능에 대해 말하는 사람은 거의 없었다. 몸으로 하는 벌이치고 어디 폼 나는 직업이 있던가? 명함 하나 내밀 수 있는 직장을 원하지 김 씨나 김기사로 통하는 기능공을 원하지는 않더라. 그러나 기능은 50대인 나에게는 마치 구원과도 같은 신천지였다. 그동안 여러 기능들을 탐색해본 바로는 기능을 배우는 최적의 나이가 50대라는 확신을 갖게 됐다. 50대와 기능인? 어떤 조합이기에….

나는 몸으로 먹고사는 직업이 가장 정직한 직업이라고 생각한다. 금융업이나 프로 스포츠는 가장 잘하는 몇몇 사람이 돈의 대부분을 가져간다. 그러나 몸으로 하는 기능은 숙련도에 따라 다소 차이는 있으나 어느 정도는 공평하다. 즉, 몇몇이 독차지하지 않고 골고루 가져가는 편이다. 그래서 좋다.

50대에 기능을 배우면 좋은 점 - 아무도 날 찾지 않는다

1. 기능은 불평등을 완화시켜 준다.
→ 숙련공과 비숙련공 사이에 지식 산업처럼 현격한 임금 격차가 없다.

2. 기능은 오래 하면 는다. 사람에 따라 다소 늦는 사람이 있지만 어쨌든 오래 하면 는다. 최소한 보조에서 장인은 아니더라도 기능공 정도는 된다.
→ 그러나 지식 노동은 오래 하면 늘기는커녕 퇴물이 된다.

3. 건설업 기능인의 경우 대부분 아침 일찍 시작해서 저녁 늦게 끝난다. 토요일도 못 쉰다. 공휴일에 일하는 경우도 있다.
→ 이 또한 장점이다. 50대가 되면 집에서 별로 찾지 않는다. 자식도 아내도…. 씁쓸하지만 일에 전념할 수 있어서 좋다.

4. 일당이 쏠쏠하다. 웬만하면 월 400만~500만원 정도는 벌 수

있다.

→ 자식들 다 키워 놓고 이 정도면 꽤 만족할 만한 액수다.

5. (몸을 혹사하지 않을 정도면) 몸이 건강해진다.

→ 그동안 소화 불량으로 고생했는데 요즘 소화가 잘되는 것도 같다.

6. 50대는 끈기 있게 잘 배운다. 즉, 젊은이들과의 경쟁에서 유리
   하다.

→ 젊은이들은 건설 현장에 별로 없다. 연애하기에 바쁘고 돈벌이가 되더
   라도 힘든 일을 별로 안 좋아한다.

7. 현장에 나가 보면 나와 같은 50대가 대부분이다. 동질감을 팍
   팍 느낀다.

→ 기존 직장에서 얻은 계급장은 필요 없다. 나보다 나이 많고 적음에 따라
   형님 또는 동생이다.

8. 고단하게 일한 후 밥을 달게 먹고, 잠도 깊게 잘 수 있다.

→ 새벽에 잠이 깨는 일이 많았는데, 노동 후에는 잠을 쉽게 이루고 깊게
   자는 편이다.

50대가 기능 습득에 어려운 점 - 쪽팔림과 두려움?

50대에 기능인의 길을 가려고 할 때 가로막는 여러 가지 생각과 저항들이 있다. 나름 이해되고 또 그럴듯하지만 하나하나 따지고 보면 핑계인 경우가 대부분이다.

1. 너무 늦었다는 생각.

→ 배움에 늦음은 없다. 다만 쪽팔리는 것을 그렇게 에둘러 표현한 것이 아 닐까?

2. 체력이 달린다.

→ 50대에 젊은이의 체력을 생각했다면 정신 나간 사람이다. 기능인은 씨 름 선수처럼 큰 힘이 필요한 게 아니다. 단지, 근육이 적응하는 일정 기 간이 필요하다. 그때까지는 당연히 육체적으로 힘들다. 체력 운운하는 것은 하기 싫음의 다른 표현이 아닐까?

3. 아직 배고프지 않다.

→ 배가 슬슬 고파오면 늦다. 배고프기 전에 배워놓으라. 배고프면 기능을 배울 시간적 여유가 없다. 당장 돈이 급하기 때문에 기능 습득에 필요한 기간(6개월 이상)을 참고 기다릴 여유가 없다.

4. 이 나이에 이런 것까지 해야 하나?

→ 예전 직장에서의 계급장을 떼야 한다. 세상이 바뀌었다. 언제까지 나이
타령을 하고 있을 것인가?

5. 놀고먹는 게 최고다.

→ 쉽게 살겠다고 생각하면 인생은 끝이다. 육체는 일을 하도록 진화되어
왔고 또 일하는 것이 자연스러운 것이다.

6. 건물 하나 가지고 따박따박 월세 받는 게 최고다.

→ 건물을 가지고 있지도 않고 살 여유도 없으면서 이런 얘기를 하는 사람
치고 제대로 된 사람 없다.

7. 시골에 내려가 농사나 짓겠다.

→ 시골에 가서 농사 한번 지어보라. 그런 소리 다신 안 할 것이다. 그리고
농사일도 힘들지만 그보다 사람과의 관계가 더 어렵다. 남이 하는 건 쉬
워 보이는 법이다.

8. 먹고살 만하다.

→ 일용잡부라면 호구지책으로 일을 하겠지만, 기능인 중에는 먹고살 만
한 사람이 수두룩하다. 일하면서 충만하게 사는 사람은 있지만, 놀면서
폼 나게 사는 사람은 못 봤다.

9. 기능을 배우고 싶어도 친절하게 가르쳐주지 않는다.

→ 당신이라면 이해관계가 없는 사람에게 당신의 시간을 할애하며 친절하게 가르쳐주겠는가? 기능은 배우는 것이 아니라 훔치는 것이다.

10. 기능을 익혀도 별로 써주지 않는다.

→ 당연하다. 당신이 고용주라면 같은 비용으로 50대를 쓰겠는가 아니면 팔팔한 20~30대를 쓰겠는가? 기능이 원숙해질 때까지 돈을 덜 받든가 더 오래 일하든가 해야 한다.

무엇이든 처음으로 시도하는 것은 낯설고 또 불안하다. 그러나 처음 직장생활을 시작한 신입 시절을 생각해보라. 군에 입대할 당시의 암담하고 끔찍했던 그때를 생각해보라. 그때의 낯섦과 불안이 아직까지 남아 있던가?

메뚜기 이직

| 사람 마음은 간사하다 |

정치인이 가장 싫어하는 말이 메뚜기 또는 철새일 것이다. 철새와 메뚜기는 유불리에 따라 당적을 이러저리 옮겨 다니는 사람을 뜻하는 말이다. 2021년 2월에 퇴직하고 나 또한 2년도 안 돼 직장을 다섯 번이나 옮겨 다녔으니 메뚜기 또는 철새라고 해도 할 말은 없다. 한두 번도 아니고 다섯 번씩이나 옮기는 게 가능하느냐고 묻는 분도 있을 듯싶다.

한 직장에 뼈를 묻는다는 평생직장은 IMF 이전까지는 일반화된 개념이었으나 IMF 이후론 사라진 공룡처럼 화석으로 남아 있을 뿐이다. 하지만 면접 볼 때 면접관에게 뽑아만 주신다면 분골쇄신하겠다고 다짐했던 기억을 떠올리면 왠지 뒷맛이 쓴 건 사실이다. 뒷간에 갈 때 마음 다르고 나올 때 마음 다르다는 속담처럼 변화무쌍한 인간의 마음은 실로 헤아리기 어렵다.

1 | 2021년 2월 ~ 2021년 5월 (월급 220만원)

2016년부터 5년 동안 기능을 배우고 익혔으나 처음부터 정규직(또는 계약직)으로 출발하기는 어려웠다. 기능을 배웠다고는 하나 경력도 없고 편하게 책상에 앉아서 근무한 금융기관 출신을 누가 뽑아주겠는가? 그래서 일단 기간제라도 좋다는 생각으로 2021년 2월에 5개월짜리 임시직으로 들어갔다. 들어가 보니 지하철 역사의 화장실을 전문적으로 보수하는 업무였다. 소변기와 대변기를 붙잡고 살았다. 정화조에 들어가 똥 냄새를 맡으며 일했다. 처음엔 싫었는데 마음을 고쳐먹으니(자유시간이 많아 단점을 커버했다) 그런대로 일할 만했다.

2 | 2021년 8월 ~ 2021년 10월 (월급 220만원)

집에서 가까워 계속 근무해야겠다는 생각으로 5개월 만료 시점에 정규직 채용 공고에 응시해서 합격 통보를 받았다. 그러나 최종 서류 검증에서 떨어졌다. 경력을 하나 잘못 적어냈기 때문이었다. 불결한 화장실에서 나오게 돼 오히려 잘됐다 싶었다. 그래서 다시 기간제에 지원하여 8월부터 근무했다. 급여는 전과 똑같았고 일은 좀 더 힘들었지만 공기업이라 어디 가서 힘들다고 할 형편은 아니었다. 주된 업무가 화장실이 아니어서 그것만으로도 괜찮다고 생각했다.

3 │ 2021년 10월 ~ 2021년 12월 (월급 230만원)

곧 있으면 5개월 기간이 만료되기 때문에 그전에 여기저기 올라온 채용 공고를 보고 지원을 했는데 판교에 있는 빌딩에서 면접을 보러 오라는 연락이 왔다. 그리고 10월 중순부터 판교로 출근했다. 기간제가 아닌 계약직으로 근무하는 것만으로도 만족스러웠다. 그러나 막상 출근해보니 일도 보람이 없고, 신분당선을 타기 때문에 교통비도 두 배로 들고, 버스 타고 지하철을 두 번 갈아타니 불편했고, 월급도 10만원 더 많은 줄 알았는데 연차 수당이 매월 포함되어 부풀려져 있었고, 보너스도 일절 없었다. 여러모로 전 직장만 못했다. 나를 포함한 모든 직원이 여차하면 뜰 생각만 하고 있었다.

4 │ 2021년 12월 ~ 2023년 2월 (월급 265만원)

마침 집과 가까운 아파트에서 조경 반장 모집 공고를 올렸기에 무심히 이력서를 냈더니 바로 출근하란다. 월급도 30만원이 더 많고 보너스도 세 번 나온다고 한다. 연차 수당도 별도다. 물론 몸은 더 고달프지만 내가 찾는 직업이었다. 무엇보다 집에서 가까워 좋았다.

5 | 2023년 3월 ~ 현재(월급 330만원)

아파트 조경으로 근로한 지 8개월 정도 지난 후 왼팔이 저리기 시작했다. 혹시 목 디스크가 아닌가 의심이 들어 병원을 찾았다. 엑스레이를 찍어보니 목 디스크는 아니고 어깨 힘줄이 끊어졌다고 한다. 조경 전지 작업의 후유증이란다. 겨울, 봄, 가을 각각 1주일 동안 전지 가위를 들고 팔과 어깨를 혹사한 결과였다. 또 4미터 되는 사다리를 타고 전지를 하는 작업 환경이 위험하다고 느꼈던 터라 집 바로 옆에 새로 입주하는 아파트 단지가 있어 조경 대리로 옮겼다.

다섯 번 직장을 옮기다 보니 사람을 사귈 만하면 옮기고 또 정들 만하면 자리는 뜨는 꼴이 됐다. 왜 그들이 막 들어온 사람에게 정을 주지 않는지 이해할 수 있었다. 그들이 무뚝뚝해서도 모질어서도 아니었다. 그들은 경험으로 알았을 것이다. 기간제와 막 들어온 신입 직원들은 좀 있다가 떠나는 철새거나 곧 다른 곳으로 옮기는 메뚜기라는 사실을⋯.

직장을 옮길 때마다 매번 만족하며 옮겼는데 들어가서 좀 생활하다 보면 여지없이 불평불만이 쏟아졌다. 그 불평불만은 스스로 하는 것이 아니라 보통 직장 동료에 의해 물드는 것이다. 직장 동료들의 불평불만을 경청하다 보면 현재의 직장이 내가 생각하는 것만큼 좋은 곳은 아니라는 생각에 전염된다. 그러면서 처음 들어올 때의 감사함은 사라지고 서서히 단점이 보이고 이건 아니다 싶은 문제의식이 발동한다. 혹시 내가 필요 이상으로 혹사당하고 있는 것은 아닌가, 내가 못 찾아 먹은 것은 무엇인가를 묻게 된다. 그러면서 다시 이곳저곳을 기웃거린다.

'효율성 임금이론'에 의하면 이직과 퇴직의 빈도는 임금 수준에 의해 결정된다고 한다. 즉, 임금이 높으면 퇴직과 이직률이 낮고 생산성이 높다고 한다. 하기야 월급을 많이 주는 곳을 자발적으로 나가는 사람은 거의 없을 듯싶다.

일에 대한 보람과 책임감보다 월급의 많고 적음에 먼저 반응하는 스스로가 부끄럽기도 하다. 그러나 부당한 대우와 박한 월급을 받고 있다는 사실에 생각이 미치며 '당연한 거 아냐?'라는 생각 또한 없지 않다.

나의 이직은 부당한 대우와 박한 월급에 대한 현명한 선택인가, 아니면 이해타산에 따른 간사함인가? 잠시 생각하다 그만두었다. 둘을 가리는 것이 큰 의미가 없음을 알았기 때문이다. 같은 일이라면 월급을 더 주는 곳을 마다할 이유가 없지 않은가?

50대의 플랜 B

| 퇴직자의 상실감 |

　며칠 전 퇴직한 회사 동료가 찾아왔다. 회사를 그만둔 뒤 정기적으로 만나는 몇 안 되는 회사 후배다. 퇴직 후 1년간 월급을 주는 예비 실업자에서 그 기간이 다해 이젠 진짜 실업자로 편입이 되었다. 실업자인데 실업급여를 못 받는다. 비상근 임원으로 퇴직했기 때문이란다. 올해부터 본격적으로 구직 활동을 하고 있다고 하는데, 구인 구직 플랫폼을 통해 수십 군데 이력서를 썼지만 면접은 손에 꼽을 정도고 출근하라고 연락해온 곳은 없다고 한다.

　금융기관에서 근무한 경력은 사회에 나오면 별 쓸모가 없다. "편하게 회사생활 했네"라는 소릴 안 들으면 다행이다. 회사를 다니고 있을 때의 이직은 능력으로 인정받고, 스카우트의 경우 더 높은 연봉을 받고 가지만, 일단 회사를 나오면 상황이 완전히 달라진다. 타의든 자의든 퇴직했다는 것은 불편한 진실이고 회사를 떠나올 당시를 생각하면 그리 유쾌하지 않다. 퇴직했다는 사실은 이유 여하를 막론하고 뭔가 문제가 있는 사람이란 편견을 갖게 할 것이라는 지레짐작으로 면접을 보면서도 의기소침해진다. 이래저래 유기된 반려견처럼 처량한 신세라고 느껴지는 상실감 또한 이루 말할 수 없다.

구직하는 대부분의 사람이 사무직을 원하다 보니 운신의 폭은 더 좁아진다. 영업직과 기능직을 뽑는 구인 광고는 많지만 대부분이 사무직을 선호한다. 사람들은 급여가 영업 성과에 연동되는 영업직과 근무 환경이 열악한 기능직보다 안정적인 사무직을 더 선호한다. 인적 네트워크가 알차고 든든하다면 연줄을 통한 취업도 고려해볼 수 있지만 대부분의 연줄이란 게 방치된 폐가의 거미줄처럼 허약하고 허술하고 허접한 게 현실이다.

이력서를 쓸 때 재직 시의 경험과 경력을 인정받을 수 있는 유효 기간을 대개 1년 정도로 본다. 아니 요즘은 6개월 정도로 당겨졌다고 한다. 그때까지 연락이 안 오면 과거의 직무로는 취업이 불가능하다고 봐야 한다. 오늘 찾아온 후배는 일단, 과거 담당했던 직무를 중심으로 구직 활동에 집중해야 하고 틈틈이 다른 길도 모색해야 한다. 소위 말하는 플랜 B다.

세상 살 각오가 되어 있는가?

플랜 B는 플랜 A와는 근본적으로 달라야 한다. 최소 6개월에서 1년 정도 계획과 준비가 수반되어야 한다. 플랜 A가 과거와 같은 직종이거나 유사한 업무였다면 플랜 B는 전혀 다른 직종이어야 한다. 플랜 A가 사무직이었다면 플랜 B는 기능직 또는 현장직과 같이 전혀 다른 직종으로 진로를 모색해야 한다. 진로를 모색할 때 사람들이 가장 중요시하는 것이 번듯한 일자리나 남들에게 쪽팔리지 않는 일자리다. 그러나 그런 정신머리로는 플랜 B는 요원하다고 봐야 한다. 계획을 세우고 실행하기에 앞서 내적 갈등과 저항에 백기를 들고 투항할 것이 뻔하다. 그러나 그걸 극복해야 비로소 플랜 B에 들어설 수 있다.

가끔 TV 채널을 돌리다 자연 다큐멘터리를 본다. 보면서 드는 생각은 동물의 세계든 사람 사는 세상이든 생존은 어렵고 고달프고 서럽다는 것이다. 동물은 끊임없이 움직이며 먹이 활동을 한다. 초식 동물은 계절에 따라 또는 기후 변화에 따라 활동 영역을 옮겨가며 먹이 활동을 하고 육식 동물들 또한 초식 동물을 뒤쫓아 움직인다. 초식 동물보다 육식 동물이 더 편한 것도 아니다. 사자도 사냥을 하다 허탕 치기도 하고 큰 상처를 입기도 한다. 모든 동물은 늙거나 몸이 쇠하면 편안히 눈을 감는 것이 아니라 다른 동물의 먹이가 되어 사라진다. 하늘에서 본 세렝게티는 평화로운 낙원으로 보이지만 땅을 딛고 살아가는 모든 생명체에게 낙원은 없다. 먹고사는 생존 문제는 동물에게나 사람에게나 그리 호락호락하지 않다.

인간 세상도 부모 잘 만나 밥을 숟가락으로 떠먹여주지 않는 이상 스스로 생존을 모색해야 하고 스스로 거취를 결정해야 한다. 두려움과 쪽팔림 때문에 주저하는 것이라면 이렇게 말하고 싶다. 두려움은 두려움에 직면해야만 극복할 수 있고 쪽팔림은 쪽팔림을 당해봐야 사라진다. 정치가들의 주특기가 어르고 달래서 표를 모으는 것이라면 깡패들의 주특기는 겁 줘서 돈을 뜯어내는 것이다. 둘 모두 정신적으로 무장해제를 시켜 소기의 목적을 이루려 한다. 우리 주변에는 누군가에게 무장해제를 당한 정신적 미숙아들이 많다. 스스로 생각하지 못하고 스스로 행동하지 못하고 또 스스로 결정하지 못한다. 어른 중에 아직도 누구를 숭배하고, 실체가 없는 권위에 매달리고, 자신의 나약함을 위로받길 원하고 또 무얼 해달라고 칭얼대는 사람이 있다면 그가 바로 정신적 미숙아다. 겉으로 봐선 모르는데 의외로 그런 사람들이 꽤 많다.

세상 살 각오가 되어 있다는 것은 스스로 선택하고 스스로 책임을 지겠다는 다짐에서 출발한다. 오늘 만난 직장 후배가 그런 다짐 아래 플랜 B를 준비하고 있기를 바란다.

사는 게 쉬운 사람은 없다

| 지위, 직장, 재물 |

며칠 전 엘리베이터를 탔는데 고령의 여성 한 분이 허겁지겁 뒤쫓아 탔다. 문이 닫히자마자 초면인 내게 물음인 듯 독백인 듯 한마디를 던졌다.

"세상 사는 게 왜 이리 힘들어요."

"……."

입주민인지 아니면 일하러 온 분인지 감이 잘 안 온다. 순간, 나도 모르게 한마디가 나왔다.

"세상에 힘들지 않은 사람이 있을까요?"

도리어 묻는 꼴이 되고 말았다. 그분이 다시 내게 물었다.

"정말 그럴까요?"

"……."

"이재용이라고 사는 게 쉽겠습니까?"

대답하면서도 민망하다. 엘리베이터 문이 열리자마자 서둘러 나왔다.

정말 삼성 이재용은 삶이 만만할까? 또 대통령은 하루하루가 즐겁기만 할까? 그렇게 보일 뿐이다. 나보다 쉽게 사는 사람은 이 세상에 없다고 생각해야 한다. 사는 게 마냥 즐겁고, 매일 기분 좋고, 언제나 황홀한 사람은 마약을 하는 사람뿐이다. 즉, 제정신을 가지고 사는 사람 중에 삶이 만만하거나 쉬운 사람은 없다. 살아가는 모든 영역에서 삶은 쉽지 않다. 조그마한 사회적 지위를 얻는 것도, 남들과 경쟁하며 직장생활 하는 것도 그리고 재물을 모으고 돈을 불리는 것도 말이다.

2023년 들어서면서 그동안의 일상과 다르게 하루하루가 바빴다. 세 가지 일(지위, 직장, 재물)이 연속으로 이어지면서 몸과 마음이 고단했다. 나를 아는 사람들에게 이런 하소연을 하면 한가한 소리고 배부른 투정이라고 잘라 말할 것이다. 배부른 투정이라고 말하는 이면에는 먹고살 만하면 고민도 없고 스트레스도 없을 거라는 생각이 깔려 있다. 과연 그럴까? 사람들은 끊임없이 무언가를 꾀하거나 일을 도모하며 살아간다. 그 과정이 생활이고 사는 것 아닌가?

1 │ 사회적 지위

1월 초에 아내에게 주택관리사 공부를 해보겠다고 했다. 아이들에게 ○○ 반장인 아버지보다 관리소장인 아버지가 더 좋을 것 같다는 생각에서였다. 아내와 아이들에게 그렇게 말해놓고 공부를 시작하니 대충 할 수 없었다. 7월 시험을 목표로 열심히 공부했다. 그렇게 2월 중순까지 공부하다 어느 날 갑자기 접었다. 아내의 조언 때문이다.

아내가 친구 모임에 나갔다가 아파트 관리소장으로 근무하고 있는 남편들의 애로 사항과 스트레스를 듣고 온 모양이다. 내 나이에 공부는 이미 늦었다는 거다. 40, 50대 관리소장이 즐비한데 곧 60대인 나를 뽑아줄 관리 업체는 만무하다고 한다. 물론 연줄이 있거나 아니면 자발적인 상납이 있으면 가능하지만 지금까지 연줄 없이, 성의 표시 없이, 요령 없이 살아온 나에겐 에베레스트 등반 버금가는 일이다.

또 사람을 관리하고 부리는 것이 만만치 않다고 한다. 그도 그럴 것이 오래 근무한다고 월급이 올라가거나 진급하는 것도 아니고 소장이 인사권이 있는 것도 아니다. 그러니 소장을 소 닭 보듯 하는 이유도 이해 못 할 바는 아니다. 동 대표들 관리하고, 접대하고, 예우해주는 것도 매우 중요한 일이라고 한다. 그런 것은 내가 가장 취약한 부분이다. 공무원이 주민들의 민원이라면 벌벌 떠는 것처럼 입주민들의 민원 또한 마찬가지다. 소송을 걸어오는 주민도 가끔 있다고 하는데 변호사를 선임하고 소송을 하다 보면 밤잠을 설치기 일쑤고 내가 왜 이 일을 하는지 회의가 든다고 한다. 사교적이지 못하고, 요령도 없고 또 비호감의 나를 생각하면 관리소장 자리는 정말 나에게 어울리지 않는 사회적 지위다.

※ 작은 사회적 지위도 거저 얻어지는 것이 아니다. 인생은 무언가를 꾀했다가 단념하기도 하고 또 다른 무언가를 도모하며 살아간다. 마냥 널브러져 있거나 멈추어 있는 사람이 있다면 살아 있지만 송장이나 다름없다. 변화가 없고 정체된 삶이 평화로운 것 같지만 천만의 말씀이다. 몸이든 생각이든 끊임없이 변화를 꾀해야 한다. 다만 그 과정에서 과도한 스트레스와 지속적인 걱정 근심이 없어야 한다. 내가 추구하는 평온한 삶의 한 단면이다.

2 | 밥벌이

자격증 문제가 그럭저럭 마음 정리가 됐을 무렵 우리 옆 단지에 재건축한 새 아파트의 입주가 시작됐다. 직원 뽑는 걸 눈여겨보고 있었는데 마침 구인 광고가 떴다. 기대 반 요행 반으로 이력서를 들이밀었는데 뜻하지 않게 면접을 보라는 연락이 왔다. 면접 후 소장님이 대뜸 3월부터 출근하란다. 기존에 다니던 직장에는 몸이 아파

그만두는 것으로 했다. 사실대로 얘기하면 모양새도 빠지고 또 같이 근무하던 직원들이 좋아하지 않을 것 같아서다. 사실 그동안 어깨 힘줄이 파열되어 병원 치료를 받아온 것이 사실이기도 했기 때문에 직원들도 그러려니 했다.

과거 직장도 집과 가까운 편이지만 새 직장은 집에서 엎어지면 코 닿는 곳이다. 기존에 하던 업무와 같은 일이고 또 관리 업체가 상주 인원을 파견하여 일을 도와준다. 그동안 내가 했던 일과 비교해보면 강도는 좀 약해지고 일하는 시간은 좀 더 길어졌다. 그러니까 전체적으로 보면 그게 그거다. 그래도 아직 어깨가 성치 않은 나에게는 나름 의미 있는 이직이다.

※ 먹고사는 일은 고민의 연속이다. 사람은 작은 것이라도 환경이 바뀌고 이해타산에 변화가 생기면 유불리를 따져보고 생각을 바꾼다. 경제학 용어로 말하면 인센티브에 반응한다. 그걸 약삭빠름과 가벼움으로 볼 것인가, 아니면 발전과 성장을 위한 과정으로 볼 것인가? 조금씩 작은 변화들이 모여 사람의 일생을 만들고 또 한 사람의 운명도 바꾼다. 변화를 싫어하는 것이 신중함인지 아니면 게으름인지 가슴에 손을 얹고 생각해봐야 한다. 내가 추구하는 평온한 삶은 신중함과 게으름의 중간 어디쯤에 있는 것 같다.

3 | 재물

　장인 장모님이 경주에 계신다. 5, 6년 전에 서울 생활을 청산하고 경주로 내려가 전원생활을 하고 계신다. 그러나 요즘 두 분 건강도 좋지 않고 또 전원생활도 처음에 생각했던 만큼 마음이 편하신 것 같지 않다. 작년 말에 내려가 두 분의 의중을 넌지시 떠봤는데 서울 근교로 오고 싶은 눈치셨다. 그래서 아내와 함께 서울과 인접한 경기도에 집을 알아보러 다녔다.

　변두리 작은 집이라도 사려면 대략 ○억 이상은 필요할 것 같아 자금 계획도 세웠다. 자금 마련을 위해 그동안 가지고 있던 금과 은을 팔았는데 수익률은 신통치 않다. 금은 50%, 은은 16% 수익을 봤다. 부동산 투자에 비하며 조족지혈 수준이다. 2014년에 투자를 했으니, 그때 금을 사지 말고 부동산을 하나 더 샀으면 어땠을까 생각해봤지만 후회한들 소용없는 일이다. 어쨌든 부랴부랴 자금을 마련했는데 장인어른이 서울로 오는 계획을 돌연 철회하셨다. 아마도 딸과 사위에게 짐을 지우기 싫으신 모양이라고 짐작만 할 뿐이다. 그래서 뜻하지 않게 몇억원이 꿔온 보릿자루가 되었다.

　금을 다시 사기도 그렇고, 그렇다고 예금을 하기도 그렇다. 이것저것 생각하다 집을 하나 더 사야겠다는 생각을 했다. 상속과 증여는 하루라도 빨리 하고 그리고 계획을 세워서 하라고 했다. 닥치면 이미 늦는다. 그래서 귀찮고 스트레스도 만만치 않지만 미뤄둔 것은 언젠가 그 대가를 치른다는 것을 알기에 빨리 결정하고 실행했다. 집을 사면서 10% 정도 빠져도 좋다고 생각하고 샀다. 또 취득세와 증여세도 국가 재정에 기여하는 것이니 긍정적으로 생각하기로 했다.

투자와 투기의 기준은 무엇인가? 투자 기간에 따라 투자와 투기로 판단하기도 하고, 부채를 동원했느냐의 유무로 투자와 투기를 판단하기도 한다. 그리고 우스갯소리로 내가 하면 투자, 남이 하면 투기라고 하는 사람도 있다. 지난 정권에서는 집이 한 채면 투자, 두 채 이상이면 투기라고 했다. 내 기준은 마음이 편하면 투자고 불안하면 투기다. 떨어져도 마음을 졸이지 않고 받아들이고 오르면 감사한 마음이 투자라고 생각한다.

※ 돈과 재물을 늘리는 일 또한 중요한 일이다. 어떤 사람은 돈보다 중요한 것은 없다며 가장 앞에 둔다. 또 어떤 사람은 돈보다 중요한 것들이 많다며 가장 후순위에 둔다. 만약 당신도 그중 하나라면 돈을 제대로 못 본 것이다. 돈은 숭배해야 할 대상도 또 극복해야 할 대상도 아니다. 그냥 필요한 대상이다. 우리가 물과 공기 없이 살아갈 수 없는 것처럼 돈도 그렇다. 즉, 필요한 만큼은 있어야 한다. 재물은 평온한 삶과 가장 관련이 없는 것 같지만 오히려 가장 밀접하다는 것을 살아가면서 느낀다.

살아가는 것은 일을 계획하고 도모하는 것이다. 아무 생각 없이 살아가는 사람은 없다. 내가 추구하는 평온한 삶은 무위도식하는 삶이 아니다. 어떤 일을 계획하고 실행해 나아가더라도 걱정 근심이 없고 그다지 불안하지 않은 삶이다. 적당히 감내할 수 있는 잔잔한 문제들이 오히려 살아 있다는 생동감과 함께 소소한 흥미와 재미를 준다.

좀 더 높은 사회적 지위를 바라고, 직장을 더 좋은 곳으로 옮기고, 돈을 불려가는 것이 속물근성에 절어 있는 것 같지만 대부분의 사람이 그렇게 산다. 그게 소소한 재미고 또 활력소이기도 하다. 어찌 보면 목구멍으로 밥을 넘기는 것부터가 속물적이다. 세속적인 삶을 배척하고 청빈한 삶에 올인하는 것이 가치 있는 것이 아니다. 청빈하더라도 불안하다면 그 청빈이 무슨 의미가 있나? 적당히 속물적이더라도 걱정 근심이 없다면 괜찮은 삶 아닌가? 그런데 걱정 근심의 대부분은 무리를 해서 일을 도모하기 때문에 생기는 것이다. 무리하지 않는 삶은 짜릿함도 없지만 걱정 근심 또한 없다. 50대에 접어들면 짜릿함보다는 걱정 근심이 없는 삶을 추구해야 한다.

그러면 이렇게 말하는 분도 있을 것이다. 청빈하면서 세속적이지 않고 또 걱정 근심도 없는 삶을 살면 되지 않겠느냐고. 상상 속에서는 가능하지만 그게 보통 사람들이 가능할까? 혹시 정신 승리는 아닐까?

50대, 인생 2막의 시작
| 삶의 자세 |

모처럼 아들과 식탁에 앉아 점심을 먹었다. 아들이 요즘 트레이너와 함께 헬스를 하고 있다. 어제 벤치 프레스를 무리해서 한 까닭에 몸 여기저기가 쑤신 모양이다. 헬스를 한 지 세 달이 넘었다. 체중도 몇 킬로 늘었고 운동에 재미를 좀 붙인 모양이다. 며칠 하다 그만둘 줄 알았는데 말이다. 아내가 그런 아들이 대견했는지 응원의 한마디를 건넨다.

"운동은 자세가 중요한데 승민이는 자세가 좋아."

나도 바로 공감했다.

"맞아, 승민이 자세 괜찮지. 근데 나도 자세가 좋은 편인데… 삶의 자세 말이야."

"……."

"당신 지금 아재 개그 하는 거야?"

으음, 괜히 얼굴이 화끈거렸다.

웃고 넘어갔지만 단순히 웃자고 한 얘기가 아니다. 우리는 종종 삶의 자세가 무엇이고 내가 바른 자세로 임하고 있는가를 잊고 산다. 세상을 필요 이상으로 심각하게 살 필요는 없지만 또 필요 이상으로 만만하게 살아도 안 된다. 나는 어떤 자세로 삶에 임하고 있는가? 먹고사는 문제는 중요하다. 하지만 어떤 자세로 살 건지의 문제가 더 중요하다. 일도 그렇다. 어떤 일인가의 문제도 중요하지만 어떤 자세로 일한 건지가 더 중요하다.

며칠 전 예전 직장 후배에게 전화가 왔다. '50대의 플랜 B'라는 제목이 붙은 글의 주인공이다. 이사 직급으로 퇴직 후 급여가 나오는 1년 동안 놀다가 올해 초부터 취업을 하려고 여기저기 이력서를 내밀었지만 몇 번 면접을 본 후 연락이 끊겼다고 한다. 그래서 마음을 내려놓고 1급 소방안전관리자 자격증을 따서 막일이라도 하겠다고 결심한 모양이다. 먼저 인생 2막을 시작한 선배로서의 경험담을 얘기해줬다. 대부분 근무 환경과 마음가짐에 관한 얘기였다. 그런 나의 얘기를 경청하는 후배가 기특하면서 아리기도 했다. 그러나 그 과정에서의 좌절감과 마음고생을 생각하면, 말이 그렇지 자존심과 한 가닥 기대와 희망을 내려놓기가 어디 쉬운가?

50대는 인생의 전환점이자 반환점이다. 인생 2막을 준비하면서 가장 먼저 드는 생각은 저항이다. 즉 '내가 이런 일까지…' 이런 생각과 함께 사람들의 이목을 의식하다 보면 인생 2막은 요원해진다. 시간이 지나면 진로가 보이고 뭐든 할 일을 찾을 것 같은데 오히려 미로 속에서 헤매는 느낌이다. 어쨌든 시작이 미뤄지면 그만큼 고통의 기간도 길어진다. 매일 고민하고, 늘 스트레스 속에 살고, 주변 사람들의 따가운 시선을 받아야 한다. 그렇게 시간을 죽이다 보면 어느덧 자신감은 자취를 감추고 늦었다는 생각이 확신으로 굳어진다. 그래서 마찰적 실업자에서 자발적 실업자로 전락하게 된다. 그러면 인생 2막을 시작하면서 우리가 견지해야 할 자세는 무엇일까?

1 | 자발성이라는 돛

배우자의 등쌀에 못 이겨 또는 지인들에게 쪼여서 억지로 인생 2막을 시작하는 사람도 있을 듯싶다. 비록 등 떠밀려 시작했지만 나쁜 경우는 아니다. 하지만 자발성을 가지고 스스로 시작하는 것에 비할 바는 아니다. 인생 2막을 시작하는 바람직한 자세는 뒤로 물러서는 아웃복서가 아니라 먼저 치고 나가는 인파이터가 되어야 한다. 한 번 사는 세상 화끈하게 살아야 하지 않겠는가? 반면 한 번 사는 세상이니 신중하게 살아야 한다고 말하는 분도 있다. 옳은 말이다. 하지만 그 신중함이 게으름이 아닌지도 신중하게 생각해보기 바란다.

인파이터로서의 삶을 살겠다는 각오로 배운 게 바닥 미장이었다. 친구 따라 1년 6개월간 토요일에 무급으로 아파트 공사 현장을 쫓아다녔다. 새벽 4시 30분 전후에 일어나 작업 도구를 챙겨 어둠을 뚫고 차를 몰아 공사 현장 함바집에서 친구를 만났다. 작업 현장은 매번 다른 곳이었다. 서울은 가뭄에 콩 나듯 했고 대부분 경기도에 있었다. 멀리는 대전까지 내려가봤다. 친구는 나더러 한두 번하다 제풀에 지쳐 떨어질 줄 알았는데 1년 이상 따라다니는 거머리 같은 놈이라고 했다.

허리를 굽히고 일하다 보면 허리가 끊어질 것 같다. 친구도 허리디스크 수술을 받았다. 경과가 좋지 않아 왼쪽 다리에 마비가 와서 절룩거린다. 장애 5급이다. 그런 몸으로 이 바닥에서 일을 하고 있다. 한여름에 일할 땐 시멘트가 굳을 때 나오는 열기가 더해져 찜질방이 따로 없다. 한여름엔 무지하게 덥고 겨울엔 그나마 덜 춥다. 일할 때는 무념무상의 경지를 체험한다. 일이 끝나면 비로소 두 가지 생각이 밀려오는데 바로 허기와 밥 생각이다. 그 어떤 작업보다도 땀을 많이 흘렸던 것 같다. 평생 흘릴 땀을 그때 다 흘렸다.

사람의 태도와 생각은 환경에 영향을 많이 받는다. 그래서 다들 좋은 환경에서 일하고 싶어 하는 모양이다. 노동 현장은 사무실도 책상도 의자도 전화도 에어컨이나 화장실도 없다. 사무직으로 직장생활을 하던 내게는 상당히 낯선 환경이다. 격식과 예의, 교양을 갖추어야 할 필요성이 적다 보니 사람들이 순간에 격하게 반응한다. 가만히 있으면 꿀리고 들어간다고 생각하기 때문이다. 또 골똘히 생각할 일이 없어 좋게 얘기하면 머리가 단순해지고, 나쁘게 얘기하면 머리가 딴딴해진다. 이곳 사람들은 컴퓨터 대신 연장을 들고, 머리 대신 몸으로 일한다. 몇 분만 일하면 금방 땀이 나고 믿을 건 근육과 그 근육에서 나오는 힘뿐이다.

미장 일을 배울 때는 월 400만원 이상을 집에 갖다줘야 한다고 생각하고 배웠다. 그러니까 월 400만원 이상의 벌이로 미장을 생각한 것이다. 나중에 안 사실이지만 많으면 월 1,000만원을 벌기도 하더라. 돈만 생각하면 구미가 당기는 일이었지만 약골인 내겐 체력적으로 무리라는 생각이 들었다. 이 일을 계속했다간 친구처럼 디스크 몇 개는 쉽게 나갈 것 같았다. 그리고 월 400만원 목표가 300만원으로 하향 조정된 것도 미장을 그만둔 이유다.

자발성이란 무엇일까? 내가 생각하는 자발성이란 시체를 염하는 일만 아니면 무슨 일이든 해보겠다는 자세를 말한다. 또 적당한 월급에도 적당히 일하지 않고 월급 값 이상의 일을 하는 자세를 말한다. 자발성은 주변의 기대치를 뛰어넘는 것을 말한다. 맞는 비유인지 모르겠지만 자발성이란 성경을 빌려 말해보자면 상대방이 오 리를 가자고 하면 십 리를 가는 것이고 또 오른쪽 뺨을 치거든 왼쪽 뺨을 대는 것과 같다.

자발성 없는 인생은 마치 돛 없이 노 하나로 바다를 항해하는 것과 같다. 자발성은 순풍에 돛을 펼친 배와 같이 인생을 순항하는 데 필요조건이자 삶의 엔진이 아닐까 생각한다. 돛을 올려야 앞으로 나아갈 수 있다. 그 돛이 바로 자발성이다.

2 | 챔피언의 자세로

우리 모두는 챔피언이다. 인간으로 태어나 만물의 영장으로 군림하고 있으니 챔피언이라고 해도 무리가 아니다. 살면서 마주치는 모든 문제는 챔피언(인간)이기 때문에 치러야 하는 방어전이라고 생각해야 한다. 내가 마음대로 골라 상대할 수 없다. 투정 부릴 수도, 거부할 수도 없다. 오는 대로 상대해야 한다. 일단 한번 살아보는 것이 인생이다. 나는 누구고 또 여긴 어딘지 따질 필요가 없다. 그런 문제는 한가한 사람들이나 가지고 노는 문제다. 규명할 수 없는 문제를 가지고 씨름하는 것처럼 어리석은 것도 없다. 우린 모두 챔피언이다. 시시각각 다가오는 삶의 문제를 당당하게 받아들이자.

맡겨진 일을 가리지 않고 해보겠다는 것이 당당함이다. 생각이 복잡하지 않고 행동에 거침이 없는 것이 당당함이다. 그러니까 맡은 바 소임을 다하겠다는 자세다. 편한 일만 골라서 하고 폼 나는 일만 하고 싶다는 생각이 고개를 처든다면 인생 2막은 물 건너갔다고 봐야 한다. 자발성과 당당함이 없다면 인생 2막은 결코 올릴 수 없다.

33년간 다닌 회사를 퇴직 후, 챔피언의 자세로 더러운 일과 거친 일을 거부하지 않고 담담히 받아들여보자는 생각으로 지하철 역사 관리 일을 시작했다. 역사 관리라고 하면 나무 시멘트 타일 등과 같은 재료를 가지고 건물의 하자를 보수하는 줄 알았는데 아니었다. 화장실 관리가 주였다. 화장실의 고장과 파손을 보수하는 일이었다. 대변기가 막히면 대변기를 뚫었고 소변기가 막히면 소변기를 뚫었다. 대변기를 통째로 뜯어 다시 설치하기도 했다.

소변기가 막히면 더 큰 문제다. 소변의 요소 성분이 굳어 요석이 되는데 이 요석이 관을 막는다. 소변기는 관이 좁기 때문에 약물로 녹여도 잘 안 뚫린다. 그럴 땐 정화조에 들어가 관을 풀고 딱딱하게 굳게 한 요석을 쇠꼬챙이로 떼어내야 한다. 어둡고, 습하고, 불결하고, 기분 나쁜 냄새가 나는 곳에서 30~40분 동안 작업을 한다. 정화조가 넘치거나 정화조 시설이 고장 나면 설상가상이다. 넘친 똥물을 빼내기 위해 장화와 위생복을 입고 물총을 쏴가며 청소를 했다. 그러니까 매일 똥오줌과 함께 작업을 한다고 보면 된다. 한마디로 고약한 작업이다. 그 당시에는 정말 염을 하는 일 빼고는 다 하겠다는 자세로 일했다.

일하는 시간보다 이동하는 시간이 더 많이 걸렸다. 전철역이 가까우면 몇 분이지만 먼 곳의 경우는 1시간 정도가 걸리기도 했다.

평균적으로 20~30분 정도 걸린 것 같다. 일하는 공간이 지하다 보니 지상에서 근무하는 것이 얼마나 좋은 것인가를 실감했다.

미장은 가장 힘든 일이었고 역사 관리는 가장 더러운 일이었다. 힘들고 더러운 일을 먼저 겪어봤기 때문에 뒤에 하는 일은 그리 힘들지도 그리 더럽지도 않았다. 먼저 예방 주사를 맞은 것이다. 맡은 일이 힘들더라도 참아보고, 하는 일이 더럽더라도 뛰쳐나가지 말고 견디어보자. 인생을 아무렇게나 즉흥적으로 살면 인간의 삶이 아니다. 그럼 어떤 삶이냐고 묻는 분이 있겠지만 충격적인 얘기라 언급하고 싶지 않다.

요즘 내가 일하는 조경은 직원 뽑기가 어려운 구인난이다. 더운 여름이라 다들 기피하는 바람에 지원자가 없고 또 하루 이틀 일하다 그만두는 사람도 많다. 가장 더운 7, 8월을 피해서 일하고 싶기 때문인데, 이해가 되기도 하지만 잔머리를 굴리는 것이 눈에 보인다. 9월이 되면 또 사람들이 몰리니 그때는 구직난이 될 것이다. 같은 값이면 편한 일이 좋고 빨리 끝나는 일이 좋다지만 그런 잔머리로는 뭐든 앞서 나갈 수 없을 것이다. 아직도 궂은일과 힘든 일을 요리조리 피하며 손쉬운 일을 찾고 있는 사람이라면 눈을 감을 때까지 챔피언은 고사하고 여전히 도전자의 신분일 것이다.

3 | 부조리한 인생, 웃음으로 반항해보자

인생은 그 과정이 성공했다고 인정받든, 아니면 헛살았다고 자평하든 고달프고 힘든 것이 사실이다. 간간이 행복할 때도 있지만 말이다. 우리가 그런대로 살 만한 인생이라고 자평하는 이유는 인생 중간중간에 느끼는 그 강렬한 행복(쾌감) 때문이지도 모른다. 유난히 모진 인생도 있고 기구한 일생도 있고 또 혹독한 삶도 있다. 그렇게 아무렇게나 던져진 존재가 인간이다. 누구에게 하소연할 수도 없다. 억울하지만 어쩌겠는가? 인생은 마치 시험 문제와 같다. 문제를 풀 뿐 그 외의 질문은 일절 허용하지 않는다. 운명은 우리에게 모르쇠로 일관할 뿐이다. 그 무심한 운명 앞에 인간은 그저 순응하고 굴복해야 하는가?

아니다. 그보단 우리가 만만한 상대가 아니라는 것을 보여줘야 한다. 어떻게? 카뮈가 말한 부조리에 반항하는 인간이 되어보는 것이다. 그러나 그 반항은 제임스 딘의 이유 없는 반항과 십 대들의 치기 어린 반항이 되어서는 안 된다. 인생이 힘들다고 짜증 내고 푸념하고 툴툴거리면 운명의 페이스에 말려드는 것이다. 세상과 적당히 타협해서 대충 살고, 감정적으로 반응하고, 이해타산에만 얽매이고, 남들 하는 대로 적당히 묻어가는 인생이라면 부조리한 인생에 두 손 들고 항복하는 것이다. 인생은 고해다. 그런 삶에 누굴 원망하고 누굴 저주하고 또 누구에게 화풀이를 한다면 1차원적인 삶을 사는 것이다. 그럼에도 불구하고 웃어야 한다. 삶에 통쾌하게 복수하기 위해선 웃어야 한다. 그러니까 긍정의 웃음으로서 사사건건 훼방 놓는 부조리를 뜨겁게 껴안아 불살라버려야 한다. 웃음으로서 불합리한 인생을 조롱하는 것이어야 한다. 그런 자세가 진정한 반항 아닌가?

젊었을 때 여자들이 삼삼오오 모여 웃고 떠드는 것이 이해가 안 됐다. 고해 한가운데 던져진 존재가 웃고 떠들며 가볍게 사는 것이 못마땅했다. 세상은 진검승부처럼 매사에 진지하고 무겁게 살아야 했다. 인생을 탐구하는 철학자들을 보라. 얼마나 근엄하고 진지한 모습들인가? 이들이 호탕하게 웃는 모습을 본 일이 있는가? 30~40대를 그렇게 근엄 진지하게 보낸 것 같다. 그러나 나중에 진정한 승자는 여자임을 알았다. 어찌 보면 여자들은 카뮈의 반항하는 삶을 살고 있는지도 모른다. 언젠가 없어질 존재인 줄 알면서 그걸 잊고 살아가는 가벼움이 오히려 무거움을 희롱하고 있었던 것이다. 역시 여자는 남자보다 한 수 위였다.

일하는 게 재미있는 사람은 많지 않은 것 같다. 월급이라는 돈을 받음에도 불구하고 말이다. 일하는 게 재미없는 이유는 보람이 없기 때문일 수도, 월급이 적기 때문일 수도, 하찮은 일이라고 생각하기 때문일 수도, 자본가에게 착취를 당한다고 생각하기 때문일 수도, 아니면 사는 게 기분 나쁘기 때문일 수도 있다. 억지로 하는 것치고 보람차고 재미있는 일은 없을 것이다. 그럴 땐 카뮈의 반항하는 인간을 떠올리자. 운명에게 호락호락 당할 순 없다. 그 운명을 업어치기 한 판으로 둘러메칠 수 있는 것이 바로 호탕한 웃음이다. 그러니까 고단한 삶을 기꺼이 받아들이겠다는 긍정으로서의 웃음 말이다.

4 | 돌아가도 늦지 않다

인생 2막을 시작할 때 고민하는 첫 번째는 여러 직업 중에 어떤 것을 선택하고 집중할 것인가의 문제다. 이곳저곳을 기웃거리며 정보 탐색도 하고 여기저기 발품을 팔아 현장 상황을 살피지만 기웃거리면 기웃거릴수록 탐색하면 탐색할수록 확신보다는 선택 장애를 겪는다. 저물어가는 나이라면 더욱 조바심이 날 것이다. 50대의 직업 선택 기준은 딱 두 가지다. 바로 월급과 일의 강도.

구분	일 (쉬움, 깨끗함)	일 (어려움, 더러움)
월급 많음	1) 없다	3) 있어도 못 한다
월급 적음	2) 거의 없다	4) 하고 싶지 않다

가장 먼저 1) 월급도 많고 일도 쉬운 직업을 찾는다. 그러나 없다. 그렇게 좋은 일자리는 당신에게까지 오지 않는다. 두 번째는 2) 월급은 적지만 일이 편한 직업이다. 이 또한 거의 없다. 쾌적한 일

을 찾으려고 하면 구직은 점점 멀어진다. 혹시나 하는 마음에 3) 월급은 많지만 일이 힘든 직업도 생각해본다. 그러나 이런 일은 있어도 못 한다. 50대 중반부터는 근력도 급속히 약해진다. 골병들기에 안성맞춤이다. 마지막으로 낮은 곳으로 임하겠다는 자포자기 심정으로 4) 월급도 적고 일도 더럽고 적당히 힘든 직업을 생각해보지만 하고 싶지 않다는 생각이 높은 성벽처럼 가로막는다. 결국 50대의 취업은 생각보다 더 좁은 문임을 실감한다.

월급이 많다 적다 그리고 일이 쉽다 힘들다는 모두 관념적이다. 똑같은 돈이라도 누군 적다고 하고 누군 적당하다고 한다. 일 또한 마찬가지다. 누군 힘들다고 하고 누군 할 만하다고 한다. 그러므로 이런 문제를 가지고 고민하는 것은 다 시간 낭비다. 나의 경우를 생각하면 월급은 적지 않고, 보람도 없지 않고, 남들에게 쪽팔리지 않고, 일이 쉽지는 않지만 아주 힘들지도 않다. 이 정도면 된 것 아닌가? 뭘 더 바라는가?

각자 일하는 목적에 맞는 직업을 선택하면 된다. 그러나 대부분의 사람은 어정쩡한 자세를 취한다. 생계를 위한 일이지만 소일거리 정도로 가벼웠으면 좋겠고, 성취감과 보람도 있으면 좋겠고, 남들에게 무시당하지 않는 일자리면 좋겠고, 작업 환경도 말끔하면 좋겠고… 이 모두를 아우르려고 하니 헷갈리는 것이다. 벌어야 하는 돈을 계산해보고 또 일하는 목적을 생각해보면 어떤 일을 할 건지를 정할 수 있을 것이다.

뭐든 처음부터 완벽할 수 없다. 어떤 직종을 고를까 직업 탐색을 하느라 허송세월을 보내는 사람이 많다. 이건 어떻고 저건 어떻고, 이건 이래서 안 되고 저건 저래서 안 되고. 어떤 직종을 고를까 고민하는 사람은 답이 없다. 50대에 일자리를 찾는 사람은 일단 닥치고 뭐든 한번 해보자. 혹시 누군가 자신을 모시러 올 때까지 기다리는 사람이 아니라면 말이다. 아직도 마음을 정하지 못하고 폼 나는 일을 찾아 헤매는 사람이 있다면 주제 파악을 해야 한다. 50대엔 하루라도 빨리 마음을 비워야 한다.

엘리베이터를 타고 맨 밑바닥에 내려가서 바닥을 다지고 한 계단 한 계단씩 올라오자. 서서히 추락하는 삶보다 바닥에서 한 계단씩 올라오는 삶이 더 좋지 않은가? 한 번에 적성에 맞는 직업을 고르겠다는 생각보다 일단 일하면서 자신에 맞는 직업을 찾아가겠다는 생각이 더 바람직해 보인다. 5년간 기능을 배우고 취직 후 메뚜기처럼 다섯 번의 이직을 했지만 지금 생각해보면 마냥 시간을 허비한 게 아니다. 더 많이 배웠으니 더 많이 이해할 수 있었고, 더 많은 경험을 했으니 더 좋은 선택을 할 수 있었다는 사실이다.

돌아가면 멀 것 같지만 오히려 빠르다고 말하고 싶다. 인생을 살다 보면 막다른 길에서 망연자실할 때가 있다. 그러나 돌아가도 결코 늦지 않는다. 체념만 아니면 기회는 충분히 있고 용기만 있다면 두려울 것이 없다. 자신을 사랑할 수 있는 용기만 있다면 말이다.

인생 2막은 어려울 것 같지만 어렵지 않고 또 쉬울 것 같지만 쉽지 않다. 무슨 말장난이냐고 역정을 낼 수도 있지만 사실이다. 위와 같은 자세를 가지고 시작한다면 어려울 것 같지만 어렵지 않다. 하지만 생각이 많아지고 이것저것 고려할 게 많아지면 쉬울 것 같지만 쉽지 않다. 50대 남자에겐 의식할 것도, 쪽팔릴 것도, 그리고 물러설 곳도 없다. 일단 아무 생각 없이 그냥 하자. 그동안 인생 2막을 시작하며 느낀 몇 가지를 공유해본다. 다섯 번의 이직 끝에 얻은 약간의 깨달음은 다음과 같다.

1 인사만 잘해도 반은 먹고 들어간다 : 웃는 얼굴에 침 못 뱉는다

→ 만나는 사람마다, 보는 사람마다 먼저 인사를 하자. 인사 먼저 받고 인사하겠다고 생각하면 싸가지 없는 놈으로 각인된다.

2 아는 체하지 마라 : 입이 간지럽더라도 참아야 한다

→ 좀 아는 지식이 나오면 득달같이 달려들어 아는 체하는 사람이 있는데 위험한 행동이다. 상대방이 물어보지도 않았는데 먼저 설레발을 치면 안 된다. 물어본 것에 대해서만 답변하자. 그러나 물어보는 사람은 거의 없다.

3 진심으로 도와줘라 : 건성으로 도와주면 안 도와주는 것과 같다

→ 내 담당이 아니더라도 여러 명이 같이 일해야 할 때가 있다. 그때 내 일이 아니라고 건성으로 도와주면 도와주고도 욕먹는다. 해달라는 것 다 해줬는데 무슨 불만이냐고 하겠지만 해달라고 하면 늦다. 미리미리 챙겨줘야 한다. 미리 챙겨주기 위해서는 일에 관심을 갖고 지켜보고 상대방 입장에서 생각해야 한다. 해달라는 것만 도와주는 사람은 하수 중에 하수다.

4 참견하지 말자 : 특히 남의 일에 참견은 금물이다

→ 남의 일에 끼어들지 말자. 다른 사람에 대한 험담과 평을 하지 말자. 상대방이 하는 불평 불만을 들을 순 있지만 본인이 먼저 험담이나 불평을 하지 말자. 그래야 신뢰를 얻는다. 남의 말을 옮기지 말자.

5 적당히 힘들게 일하자 : 일을 찾아서 하라는 얘기다

→ 개기기로 마음먹으면 일이 재미없다. 월급만큼만 일하겠다고 생각하면 더욱 그렇다. 자신이 한 일은 자신이 먼저 만족스러워야 한다. 즉, 자신의 집을 수리한다는 생각으로 해야 한다. 그러나 그리 생각하는 사람은 극소수더라.

6 나간다고 깽판 치지 말자 : 이 바닥이 생각보다 좁다

→ 한 사람의 인성은 나갈 때 나타난다. 더 이상 볼 일이 없다고 깽판 치고, 인수인계 안 하고, 물건 슬쩍하는 사람이 많다. 그런 싸가지 없는 놈으로 남고 싶은가?

7 정리 정돈을 잘하자 : 특히 나갈 때 깔끔하게 하고 나가자

→ 근무할 때나 나올 때 정리 정돈을 잘하자. 나올 때 서류 정리와 창고 정리를 엉망으로 하고 나오는 사람이 많다. 민폐를 끼치며 사는 사람이다. 그런 사람이 앞으로 어떤 삶을 살지 대충 감이 온다.

8 이 세상에 완전무결한 사람은 없다 : 그렇게 잘났으면 왜 여기에 근무하겠나

→ 불합리하더라도 시시콜콜 따지지 말자. 사람마다 입장 차이가 있다. 또 완벽한 사람이 어디 있나? 나는 완벽한가?

9 무시당했다고 생각하지 말자 : 어느 곳에나 이상한 놈은 있다

→ 민원인들에게 무시당하고 또 갑질당했다고 속상해하지 말자. 말투가 사나운 민원인도 있고 가슴을 후벼 파는 민원인도 있고 쌍욕을 하는 민원인도 있다. 무시당했다고 생각하지 말고 마음속으로 미친 사람이라고 생각하자.

10 윗사람의 마음을 이해하자 : 관리자가 쉬운 게 아니다

→ 사무직이든 현장 근로자든 사장의 마음을 알면 사장을 할 수 있고, 소장의 마음을 알면 소장을 할 수 있다. 윗사람이 무슨 생각을 하는지, 무엇을 원하는지도 생각해보자.

50대 이후엔 거의 정해져 있다
| 가난이 일상화되고 대물림되는 이유 |

〈길 위의 인생〉과 〈세계의 극한 직업〉

EBS의 〈길 위의 인생〉과 OBS의 〈세계의 극한 직업〉을 즐겨 본다. 세계 곳곳에서 고달픈 삶을 사는 사람들의 일상을 보여주는 프로지만 두 프로의 관점은 좀 갈린다. 〈길 위의 인생〉이 개인의 일상에 초점을 맞춘다면 〈세계의 극한 직업〉은 국가가 개인의 삶에 어떤 영향을 주는가에 관점을 갖게 한다.

국가는 한 개인의 삶에 지대한 영향을 준다. 아프리카와 중동 지역 그리고 남미의 여러 나라를 보면 알 수 있다. 나라마다 여러 가지 이유로 국방, 경제, 사회, 행정, 사법 등의 부분이 제 기능을 못

하거나 상실돼 있다. 즉, 군부 독재거나 무정부 상태로 내전 중이거나, 좌파와 우파 간의 다툼으로 혼란스럽다. 거의 무법천지나 다름없다. 그래서 국민들은 앞다퉈 자신의 나라를 탈출하여 다른 나라로 가기 위해 생명을 걸기도 한다.

이런 나라들은 밥벌이할 수 있는 변변한 기업이 없고 필요한 물품을 구하기도 하늘의 별 따기다. 치솟는 물가로 인해 개인적인 시간의 대부분을 생필품 구하기와 물물거래를 위해 사용하다 보니 미래를 계획할 수도 없고 소박한 꿈도 못 꾸는 절망 속에서 암담한 생활을 이어간다. 치안이 엉망이라 체면이고 양심이고 도덕이고가 필요 없다. 남에게 해코지당하지 않으려면 항상 긴장해야 하고 남을 믿어서도 안 된다. 그러니 신뢰가 형성될 수 없고 불신과 의심이 일반화된다. 사회는 차갑게 얼어붙고 밖에 나와 거리를 활보할 수 있는 자유가 제한된다. 교도소와 다를 바 없다.

〈세계의 극한 직업〉을 보고 나면 현재 우리나라의 치안과 경제 상황을 무척 긍정적으로 평가할 수 있다. 그래서 현재의 생활에 만족하고 또 '감사하며 살아야지'란 생각을 해보지만 한편으로 가난한 나라는 무슨 이유로 그럴 수밖에 없는지를 생각해본다. 이런 물음은 철이 들면서 생긴 것이지만 한동안 그 이유와 답을 찾을 수 없었다. 백과사전에 나오는 것도 아니고 또 누구한테 물어보기에도 민망한 질문이었다. 그 후 책을 읽으면서 어느 정도 답은 구했지만 그럼에도 불구하고 찜찜한 기분은 어쩔 수 없다. 상당 부분 복불복의 성격을 띠고 있기 때문이다.

시스템과 체제 vs 개인의 자유와 선택

재레드 다이아몬드는 《총 균 쇠》에서 현대 문명의 발전과 부흥의 원인을 지리 또는 지형적인 차이라고 잘라 말했다. 문명이 발전하려면 사람들이 이동하면서 문물과 정보를 교환해야 하는데 가로축으로 같은 위도에 위치한 나라들이 유리하다는 거다. 그러니까 유럽과 아시아는 비슷한 위도에 위치해 있어 이동과 정보교환이 유리하지만 그렇지 않은 지역(아프리카, 인도, 남아메리카)은 사람과 물류의 이동을 저해하여 발전하기 힘들다는 것이다. 그러고 보면 가로축의 실크로드가 괜히 있었던 것이 아니다. 다행히도 우리나라는 동쪽 맨 끝에 있다. 문명과 기술 발전의 원동력이 지리적 요인 하나로 퉁치기는 다소 무리가 있어 보이지만 어느 정도 수긍은 간다.

그런가 하면 대런 애쓰모글루는 《국가는 왜 실패하는가》에서 선진국으로 가기 위한 조건으로 포용적인 경제, 정치 제도가 필요하다고 했다. 즉, 시스템과 체제가 중요하다는 것이다. 개인의 자유와 개인의 선택을 중요시하고 사유재산의 획득을 장려하는 열린 정치 체제와 열린 경제 체제가 발전의 원동력이라는 것이다. 그런데 이런 체제는 이슬람 국가보다는 기독교 국가에서, 독재 국가보다는 민주주의 국가에서 더 잘 작동한다. 다행인 것은 아직까지 한국은 열린 사회이고 민주국가라는 사실이다.

선진국과 후진국을 가르는 차이에 대해 좌승희는 《진화를 넘어 차별화로》에서 개인의 욕망을 최대로 끌어올릴 수 있는 시스템이 있어야 하고 또 그 성공의 열망을 국민에게 불어넣을 수 있어야 한다고 했다. 우리나라의 박정희 대통령과 싱가포르의 이광요 수상이 대표적인 사례라고 할 수 있다. 그러고 보면 우리나라는 불운과 행운을 모두 체험한 나라라고 할 만하다.

좋은 국가가 좋은 국민을 만드는가, 아니면 좋은 국민이 좋은 국가를 갖는가? 요즘은 국민 개개인의 자질이 더 중요하다는 생각을 하게 된다. "국가가 당신에게 무엇을 해줄 것인가를 바라기 전에, 당신이 국가를 위해 무엇을 할 것인가를 생각하라"라는 케네디 대통령의 말을 가슴에 새겨야 한다. 즉, 자신의 소임을 다하라는 얘기다. 각자 맡은 일을 꾀부리지 않고 묵묵히 할 때 위대한 나라의 위대한 국민이 될 수 있을 것이다.

개인의 삶도 자세히 들여다보면 누구에겐 행운이지만, 누구에겐 불운이다. 잘살고 못사는 것이 전적으로 개인의 책임은 아니지만 그렇더라도 가난한 사람들의 고단한 삶에 안타까움과 탄식이 쏟아지는 건 어쩔 수 없다. 마쓰시타 고노스케처럼 세 가지 불운을 세 가지 행운으로 생각하는 사람이 얼마나 될까?

가난은 궁핍하다는 이유 외에도 개인에게 커다란 상처를 남긴다. 자존감을 낮추고 자유를 구속한다. 어느 나라에 사느냐에 따라 절대적 빈곤이 있고 상대적 빈곤이 있다고 하지만 상대적 빈곤이 더 견디기 쉬운 건 아니다.

하늘은 스스로 돕는 자를 돕는다

2000년대에 들어서면서 빈부 격차가 더 벌어졌다. 가난한 사람은 더 가난해지고 부자는 더 부유해지는 이유는 무엇일까? 노동의 사회에서 정보화 사회로 들어섰기 때문이고, 승자가 모든 걸 독식하는 시스템이 문제고, 계층별 교육의 질이 다르기 때문이고, 금수저 혹은 흙수저로 태어난 때문이다. 사람 수만큼 이유가 있고 원인은 다양하다.

인간사 모든 문제가 그렇다. 나의 문제인지 너의 문제인지 가리려고 하면 미로 속에 갇힌다. 이럴 땐 비풍비번(非風非幡, 바람이 움직인 것도, 깃발이 움직인 것도 아니다. 다만 마음이 움직인 것이다) 육조 혜능의 지혜가 필요하다. 내가 이렇게 사는 건 너 때문도 아니고 또 나의 잘못도 아니다. 다만 마음이 만들어낸 괴로움이다. 의미를 부여할 필요도 없고 의미를 부여할 이유도 없다. 잘못된 질문에 빠져 스스로를 괴롭히지 말자. 각자 주어진 운명 앞에 무릎 꿇지 않고 열심히 살아내면 된다. 운명을 필연이라고 생각하면 자못 심각한 것이 되지만 운명을 우연으로 생각하면 가볍게 살 수 있다.

가난한 자와 부자를 나누고 또 가난한 자는 이래서 가난하고, 부자는 이래서 부자라는 원인을 진단하고 그 원인과 결과에서 인과 관계를 찾는 일은 이제 그만하자. 큰 불편함 없이 세상을 살아갈 수 있다면 부자는 의미가 없다. 극빈층만 아니라면 불편함은 돈 때문이 아니라 오히려 마음의 문제로 발생하는 경우가 많다. 그러니까 문제를 스스로 만드는 셈이다.

젊었을 때야 우상을 숭배하고 멘토를 받들고 스승을 찾아다녔지만, 50이 훌쩍 넘은 지금까지도 우러러보는 누군가가 있으면 스스로 초라해지고 정신적으로 가난해진다. 우상을 파괴하고 신을 보내버린 망치의 철학자 니체의 말마따나 우리는 초인이 되어야 한다. 또 소유하고자 하는 무언가가 있으면 생활이 가난해진다. 소유하는 삶 대신 존재하는 삶을 살려고 노력해보자. 우리 세대는 아버지 세대, 할아버지 세대보다 존재하는 데 큰 어려움이 없는 세상에 살고 있다. 오감 등의 신체 능력과 이성과 감수성을 최대한 동원해서 존재함으로써 느낄 수 있는 감사함, 만족감, 행복감 등을 고양시켜야 한다.

젊은이의 특권이 분노, 반항, 거부하는 몸짓이라면 50대의 덕목은 긍정이어야 한다. 생활이 자꾸만 뒷걸음질 치고 있다면 분노의 소모적인 에너지 대신 긍정의 생산적 에너지로 전환해야 한다. 인생이 50대로 접어들면 이젠 어느 정도 감이 온다. 발버둥 친다고 달라질 게 별로 없다. 해야 할 것보다 해서는 안 될 것에 집중하자.

한번 삐끗하면 낭떠러지다. 마음을 어지럽히지 말고, 누군가를 좇지 말고, 분수껏 살다 조용히 가자. 인생에 있어 가장 중요한 가르침은 '하늘은 스스로 돕는 자를 돕는다'라는 사실이다.

스스로의 삶

| 자조론 |

과거 나의 롤 모델은 성공한 사업가와 유명한 지식인 그리고 돈 좀 만지는 투자가였다. 내 분수도 모르고 말이다. 나의 지위와 나의 재산 그리고 나의 지적 수준을 고려해볼 때 얼토당토않은 목표였다. 시간이 지나면 롤 모델과의 간격이 가까워질 줄 알았는데 오히려 더 멀어지기만 했다.

물론 이런 사실은 나만의 문제가 아니고 대부분이 그럴 것이다. 유명세는 필요에 의해 만들어지는 경우가 많다. 행운인지 노력인지 명확하지 않은 성공이 자의 반 타의 반에 의해 인구에 회자되고 후광효과와 매스컴에 의해 증폭된다. 그에 비해 평범한 사람의 자잘한 성공은 무관심과 몰이해 그리고 편견으로 묻히는 것이 현실이다. 그렇지만 유명세를 치르는 성공한 사람이든 평범하게 자수성가한 사람이든 두 사람의 공통점은 남들보다 충실한 삶을 살아왔다는 사실이다. 충실한 삶을 살아온 것에 주목해야지 단순히 유명세를 치르는 것에 주목하면 미망에 빠지게 된다. 멘토를 찾고, 스승으로 모시고, 우상을 받드는 것은 스스로의 삶을 포기하는 것이고 허망하고 부질없는 짓이다. 그보단 그들의 삶에 대한 태도에 주목해야 한다.

철물점 사장님의 두 가지 행운

필요한 물품이 있어 동네 철물점에 갔다. 몇 달 전까지 우리 동네에 철물점 두 개가 있었는데 한 곳이 문을 닫았다. 건물 주인이 리모델링한다고 임차인들을 쫓아낸(?) 모양이다. 사장님과 그 사라진 철물점에 대해 이야기를 나누던 중이었다.

"철물점 10년이면 빌딩 하나 짓는다던데…."라고 말끝을 흐리며 물었다. 지금 가게가 사장님 가게인지를 우회적으로 물은 것이었다. "응, 2단지에 아파트 하나가 있는데 월세를 주고 나는 따로 살고 있어." 으음, 2단지면 내가 살고 있는 아파트 아닌가? 상가를 물었는데 아파트로 대응한 셈이다. 상가는 없지만 아파트는 한 채 있다는 말이라고 생각하고 계속 들었다.

2단지가 재개발되기 전에 단지 상가에서 인테리어 가게를 했는데 월세 내는 게 아까워 아파트 상가를 샀고, 재건축할 때 상가 대신 아파트를 신청해서 아파트로 받았다고 한다. 상가가 아파트로 바뀐 것이다. 그러면서 지금 생각하니 신의 한 수였다고 말씀하신다. 요즘 아파트 상가의 50%가 공실인 것을 감안하면 일생일대의 행운이 아닐 수 없다. 으음, 철물점 10년이면 빌딩 하나 짓는다는 오랜 속설이 헛말이 아니었다. 첫 번째 행운이다.

"그동안 고생하셨는데 이젠 편하게 노후를 보내셔야지요"라며 부러움 반, 걱정 반으로 물으니 40년 동안 철물점을 하면서 집수리 일을 해왔는데 집에서 놀면 뭐 하느냐며 가게에 나오는 게 마음이 편하다고 했다. 그러면서 과거 폐암으로 치료를 받아왔는데 최근에 완치 판정을 받았다며 제2의 인생을 살고 있고, 지금 나이가 칠십인데 하루하루가 행복하다고 했다. 두 번째 행운이다. 행운을 넘어 축복이다. 전생에 나라를 구한 분인지도 모른다. 사장님 얼굴을 보니 어린아이마냥 밝고 구김살이 없다. 이분에게 하루하루는 이래도 좋고 저래도 좋은 일상일 것 같다. 나도 그런 인생을 살고 싶다. 이래도 좋고 저래도 좋은….

아무 일 안 하고 한가하게 노는 인생이 제일인 것 같지만 이 분처럼 일이 놀이가 되고 재미있으면 금상첨화의 인생이다. 당신은 어떤 인생을 택할 것인가? 무위도식하는 인생과 일하면서 재미있는 인생 중 말이다. 즉, 돈을 축내면서 즐거운 인생과 돈을 벌면서 즐거운 인생으로 나뉜다.

음주 가무를 곁들이며 놀기를 좋아하는 분들은 "인생 별거 없다. 즐기기 위해 태어났는데 평생 일만 하다 갈 거냐"며 못마땅해할 수도 있지만 그런 생각은 아주 짧은 생각이다. 일하면서도 즐겁다는데 아무 일 안 하고 노는 것만 즐거움이라고 생각하는 것은 편견이다. 돈도 벌고 재미도 있는 삶은 비난 받을 일이 아니라 오히려 권장해야 하는 삶 아닌가?

자조의 삶 - 민폐를 끼치지 않고 떳떳하게

삶은 모든 영역에서 쉽지 않다. 삶이 쉽지 않은 이유는 다들 남보다 잘 살고자 하기 때문이다. 모든 사람이 양보를 미덕으로 알고 또 자신의 안위보다 타인의 안위를 먼저 챙긴다면 다툼도 없고 평화로울 것 같지만 그런 사람은 없다. 나부터가 남보다 잘 살고 싶지 않은가? 같이 잘 살면 되지 않겠나 싶지만 그게 가능한가? 다 같이 잘살아보자고 해서 나온 것이 평등이고 공정이고 정의 아닌가? 그렇지만 그런 달콤한 구호는 이미 사기임이 드러나고 있다. 바로 내로남불의 형태로 말이다.

인류의 4대 성인이라고 하는 예수, 붓다, 공자, 소크라테스가 평등, 공정, 정의를 들먹인 일이 있는가? 왜 그분들은 그런 가치보다 사랑, 자비, 예의, 성찰이란 가치를 더 중요하게 여겼을까? 자기로부터의 혁명 없이 타인을 끌어내리기 위한 혁명으로는 평등, 공정,

정의를 실현할 수 없음을 알았기 때문이다. 그러니까 세상을 뒤집어엎어 봐야 거기서 거기란 사실 말이다. 손바닥이나 손등이나 뒤집어봐야 결국 같은 손 아닌가?

자신의 것은 나눠주지 않으면서 남의 것을 나눠 먹자는 사람을 경계해야 한다. 남의 돈으로 선심 쓰듯 도와주고 퍼주겠다는 사람을 떠받들고 우러러보는 사람이 많다. 그렇게 쉬운 일을 못 할 사람이 어디에 있는가? 자기 돈은 꽁꽁 숨겨놓고 남의 돈을 가지고 돈잔치를 하는 나라엔 희망이 없다. 그런 나라가 베네수엘라이고 아르헨티나 아닌가? 사람들이 그런 사탕발림에 넘어가는 이유는 '스스로' 살겠다는 다짐이 없기 때문이다. 자조 정신이 없는 것이다. 남의 돈(세금)을 나눠 먹고 푼(공) 돈을 받으려고 여기저기를 기웃거리는 사람이 제대로 된 삶을 살고 있다고 말할 수 있는가?

아프리카 잠비아 출신의 담비사 모요의 《죽은 원조》라는 책에 따르면 원조는 도와주려는 애초의 의도와 다르게 빈곤의 악순환으로 이어진다고 한다. 개인의 자립심을 무력화하고, 원조 자금을 빼돌리는 부정부패를 심화시키며, 시장이 정상적으로 작동하지 않는 시장의 왜곡을 불러와 결국 더 가난해진다는 것이다. 좀 비약한 면이 있지만 국가의 과도한 복지 또한 비슷한 결과를 낳는다. 일부 저소득층은 국가의 도움을 받기 위해 일부러 직업을 안 갖고, 자금이 드러나는 예금 거래를 안 하고, 심지어 부정 수급을 받기도 한다. 결국 자립의 기초는 외부의 도움이 아니라 스스로 살겠다는 결연한 의지뿐이다.

젊었을 때 뜨거운 마음으로 사무엘 스마일스의 《자조론》을 읽었다. 패기에 찬 젊음과 자조론이 만났으니 얼마나 가슴이 뜨거웠겠는가? 상당 기간 가슴이 활활 타올랐다. 그러나 요즘엔 이런 자조 정신 얘길 하면 꼰대라는 소릴 듣기 십상이다. 시대가 바뀌었다 하고 구석기 시대에서나 할 법한 잠꼬대라고 비난할 사람들이 많다. 그러나 자조론과 자조 정신이란 게 별게 아니다. 자신의 인생을 자신이 책임지겠다는 생각이 자조론이다. 민폐를 끼치지 않는 삶, 남에게 짐이 되지 않는 삶이 자조론 아닌가? 그러니까 떳떳하게 살겠다는 것이 바로 자조 정신이다.

자조 정신은 단순히 잘 입고, 잘 먹고, 잘 자는 것에 국한된 것이 아니다. 사는 문제는 단순히 의식주로만 끝나는 것이 아니다. 자살한 수많은 사람들을 보라. 그들이 헐벗고 굶주리고 노숙을 해서 자살한 것이 아니다. 그보다는 삶의 의미를 찾는 데 실패한 것이다. 즉, 생존이 어려웠다기보다 생활이 못마땅하고, 하루하루가 기분 나쁘고, 할 일 없이 시간은 많고, 사람들이 무섭고, 세상이 두렵고, 의욕이 없고, 생기가 없는 사람들이 세상을 등진 것이다. 자조 정신은 단순히 먹고사는 문제뿐만 아니라 어떤 자세로 살 것인가의 문제도 중요하다. 어쩌면 두 번째가 더 중요하다.

잘 사는 방법이 재물을 모으고, 친구들과 어울리고, 맛난 것을 먹으러 다니는 것이 전부인 것 같지만 천만의 말씀이다. 그보다는 마음이 어지럽지 않게 잘 챙기고, 배우자를 잘 보필하고, 가정을 잘 관리하는 것이 더 중요하다. 자신과 주변을 먼저 정리해야 그다음이 순조롭다. 수신제가 치국평천하란 말이 괜히 나온 것이 아니다.

살아가면서 삶에 대한 태도에 대해 많이 생각한다. 어쩌면 자조 정신은 삶을 대하는 태도의 문제인지도 모른다. 마주치는 삶에 어떠한 태도를 취하는가는 사람마다 다르다.

도망치는 삶 - 두려움과 쪽팔림

무엇을 하기도 전에 지레 겁을 먹고 뒷걸음치는 사람이 있다. 두려움은 생각 속에서 더욱 증폭되고 커진다. 두려움은 두려움에 직면해야만 없어진다. 쪽팔림 또한 마찬가지다. 두려움과 쪽팔림은 이음동의어다. 도망치는 삶은 자조(自助)의 인생은 고사하고 자조(自嘲)의 인생을 사는 것이다.

뛰쳐나가는 삶 - 조급함

화끈한 걸 좋아하는 사람들은 조급하고 지루함을 못 견딘다. "인생 뭐 있어"와 "폼생폼사"를 입에 달고 사는 이들이 그렇다. 주변 사람에겐 호탕하고 재미있는 사람으로 통하지만 가까운 사람에겐 골칫덩어리다. 고통을 줄이는 것보다 즐거움을 추구하는 사람이다.

고통의 상당 부분은 가족의 몫이다.

견디는 삶 - 인내

자조의 삶 초입에 도달한 사람이다. 인생이 고해라는 사실을 인식하고 즐거움보다는 고통을 줄이려는 사람이다. 무거운 바위를 짊어지고 정상을 향해 오르는 시지프스의 후예들이다. 부조리한 세상을 거부하지 않고 기꺼이 받아들이는 용기 있는 사람이다. 제 몫을 하는 사람이다.

돌파하는 삶 - 비상

자신을 긍정하고, 주변 사람을 인정하고, 세상을 받아들일 때, 그러니까 삶을 뜨겁게 껴안을 때 비상의 날개가 돋는다. 돌파하는 삶은 거저 얻어지는 것이 아니다. 절망의 끝에 갔다온 사람이 역설적이지만 한줄기 희망을 발견한다. 절망의 끝이 허무가 아닌 해방이란 사실을 알아차린다.

물러나는 삶 - 비움

물러남은 소외와 체념이 아니다. 역할의 다함을 소외라고 생각하면 안 된다. 그보단 법정 스님이 말씀하신 텅 빈 충만이다. 역할을 다한 사람은 미련이 없다. 미련 없는 삶과 아쉬움 없는 삶을 살자. 떳떳한 삶이란 바로 이런 삶이다. 그러니까 사라지는 존재를 인정하는 삶이다. 이래도 좋고 저래도 좋은 삶이다. 자조 정신의 끝판왕이다.

삶은 시시각각 다른 모습으로 우리에게 다가온다. 작은 성공에 취해 있을 때는 환상 속에 살지만 작은 실패와 불운 때문에 세상이 곧 무너져 내릴 것 같은 상실감을 맛보기도 한다. 특별한 일 없는 밋밋한 일상에 짜증이 나기도 하고 평범하게 묻혀 사는 것이 답답할 때도 있다. 부족한 것이 별로 없는데도 자주 허한 느낌을 받는다. 자식들 생각하면 한숨이 나오고 노후를 생각하면 불안이 엄습한다. 불행하지 않지만 그렇다고 행복하지도 않은 정체된 느낌이다. 바로 이런 느낌과 생각들에 발목이 잡혀 타이타닉처럼 내 삶이 가라앉는다. 내 삶이 가라앉고 있다는 자각이 있을 때 그냥 널브러져 있으면 안 된다. 빨리 배에서 빠져나와야 한다. 몸을 던져 구명 튜브를 잡아야 한다. 무슨 수를 써서라도 삶을 고양시켜야 한다.

삶을 고양시키는 방법은 일단 뭐든 해보는 것이다. 일체의 생각을 긍정적으로 바꾸고, 몸을 움직이고, 하찮은 것이라도 실행하는 것이다. 그래도 삶이 떠오르지 않으면? 다시 해보는 것이다. 떠오를 때까지.

지금 이 순간, 야생의 세렝게티에선 가젤과 사자가 달린다. 두 마리 모두 재미있어 달리는 게 아니다. 달리는 이유는 같다. 죽지 않기 위해서다. 가젤은 잡아먹히지 않기 위해, 사자는 굶어 죽지 않기 위해. 자칫 한눈팔다간 둘 다 죽는다. 먹혀 죽거나, 굶어 죽거나. 우리 인생도 그렇다. 한눈팔다간 험한 꼴을 당한다. 모든 생명은 태어나서 살다가 죽는다. 사람이든 동물이든 태어나서 죽는 건 이미 정해져 있다. 다만, 어떻게 사느냐만 다르다. 당신은 어떻게 살고 싶은가?

이순신 장군 어록으로 마지막을 대신하고자 한다. '사나이로 태어나 국가에 쓰이면 목숨을 바쳐 충성을 다할 것이요, 그렇지 않으면 밭에 나가 밭갈이하는 것으로도 족하다.'

정돈된 인격의 크기가 느껴진다. 중요함과 사소함을 같은 수준으로 일치시킨 고매한 인격을 느낄 수 있다. 중요한 일은 무겁게, 사소한 일도 충실하게 그렇게 일상을 살고 싶다.

3부

◆

잘살고 싶은 욕망에 대하여

| 재물론 |

빅 퀘스천 ─ 나는 누구인가?

땅을 물들인 단풍

누구나 산 흔적을 남기고 싶어 한다.

담장을 부여잡고···

누구의 삶이든 다 절박하다.

살아야 할 이유는 사람 수만큼 다르다.

달도 차면 기운다

우리 인생도 그러하리라.

마지막은 찬란하다

그렇지 않다면 저녁놀이 저렇게 아름다울 리 없다.

빅 퀘스천

나는 누구인가? 영원히 풀리지 않는 화두.

재테크가 어려운 이유

| 돈 버는 일이 쉽다면 그게 더 이상하다 |

사는 건 어렵다. 붓다가 살아생전 화두로 삼았던 부분이 왜 세상은 고해인가라는 물음이었다. 사는 문제는 재벌이라고 더 쉽지 않다. 쉬워 보일 뿐이다. 그런데 사는 것보다 더 어려운 것이 있다. 바로 재테크 투자다. 사람들은 재테크를 쉽게 생각한다. 조금 공부하고 또 여가 시간을 조금만 할애하면 나름의 성과를 낼 수 있다고 믿는 모양이다. 과연 그럴까?

호시절엔 시간이 빨리 간다. 2020년부터 2021년까지가 그랬다. 하루 자고 나면 신고가, 하루 자고 나면 신기록이었다. 다들 자산시장의 호황에 들떠 아직 실현되지 않은 이익을 계산기로 두드리기 바빴다. 그러나 2022년 들어서는 내리막길이고 고통의 연속이다. 고통의 시기에는 시간이 늦게 간다. 김영삼 대통령이 청와대를 떠나면서 한 말을 새겨들어야 한다. "영광의 순간은 짧고, 고뇌와 고통의 시간은 길었다."

자산 시장 상승기에 여럿이 모여 자신들의 무용담을 얘기할 때 고평가와 하락장에 대한 대비를 얘기하면 다들 코웃음을 친다. 하락하기 전에 팔고 나오면 될 거 아니냐는 말부터 그때 가서 생각하지 뭘 벌써부터 사서 걱정이냐는 비아냥까지. 재테크에 관심을 가진 것까지는 뭐라 할 생각은 없지만 재테크에 사활을 건 사람들을 보면 좀 우려스럽다. 특히 잘 다니던 직장을 때려치우고 전업 투자자로 먹고살겠다는 사람과 파이어족을 목표로 하루하루 치열하게 전투하듯 사는 사람들을 보면 좀 안타깝다.

강세장에 취해 모두 비틀거릴 때, 자신만은 온전히 깨어 있을 거라고 철석같이 믿지만 일단 하락장으로 접어들면 다들 우왕좌왕이다. 예수님이 겟세마네 동산에서 마지막 기도를 드리고 내려와 졸고 있는 베드로를 책망하신 말씀을 명심해야 한다. "마음은 원이로되 육신이 약하도다." 생각으론 모든 게 가능하지만 메타버스의 세계에 살지 않는 이상 생각만으로 이룰 수 있는 일은 없다. 공부를 게을리하지 않아야 하고 계획을 세워야 하고, 그에 따른 실천이 필요하고 또 인내도 필요하다.

재테크를 하려면 인내도 필요하고 공부도 필요하고 또 깨어 있어야 한다. 다 알겠다. 그럼에도 불구하고 돈 좀 벌어보려는데 왜 안 되는 걸까?

1 | 고통의 순간이 오면 두 손 들고 떠나버린다

내가 아파트 바닥 미장을 배울 때다. 당시는 직장을 다니고 있었기 때문에 토요일과 공휴일에 배울 수밖에 없었다. 한여름에 바람도 안 통하는 아파트 방 안에서 허리를 숙이고 시멘트 바닥을 밀었다. 하루 종일 땀이 비 오듯 했다. 뭐든 해보지 않고는 그 힘듦을 이해할 수 없다. 몇 개월 배우면 기능을 습득할 줄 알았는데 오히려 제자리걸음이더라. 띄엄띄엄 배우다 보니 근육도 생기지 않고 기술도 안 늘었다. 문제는 근육이다. 근육이 생겨야 지탱하는 힘이 생길 텐데….

재테크도 마찬가지가 아닐까? 근육이 생겨야 한다. 나이테와 같이 견고한 근육이. 그 근육은 호시절에 생기는 것이 아니다. 어려운 시기에 생긴다. 그러니 고통의 시절을 잘 견디고 배워야 한다. 그러나 사람들은 호시절에 반짝 배웠다 고난의 시절이 오면 썰물 빠지듯 다 빠져나간다. 다시는 주식이나 부동산을 안 할 것처럼. 그러다 호시절이 오면 다시 뒤늦게 얼굴을 내비친다. 그리고 다시 또 반복.

자포자기하지 말아야 한다. 와신상담의 자세가 필요하다. 주변의 냉대와 조롱 그리고 자책으로부터 도망치지 말고 견뎌내고 돌파해야 한다. 투자는 결코 즐겁고 재미있는 과정이 아니다. 외롭고 고독한 과정이다. 삼삼오오 모여 자신의 무용담을 자랑하고 또 술 한 잔 기울이며 위로받는 것이 투자가 아니다. 투자에 있어 가장 치명적인 것은 작은 성공을 떠벌이고 싶은 가벼움과 실패를 위로받으려는 나약함이다.

2 | 조급하기 때문이다

기다릴 줄 모른다. 화끈한 한 방을 노리지만 번번이 삼진 아웃이다. 아직도 개인연금을 들지 않고 푼돈으로 주식 투자를 하고 있다면 우선순위가 잘못됐다고 말하고 싶다. 세액공제가 되는 개인연금은 연말정산 때 불입금의 15%를 되돌려준다. 근로소득세를 어느 정도 내는 사람은 앉은 자리에서 아무것도 안 하고 연말정산에서 30만~40만원을 돌려받는다. 연 10% 이상의 고수익이다.

개인연금은 55세 이후에 일시불이 아닌 연금 형태로 찾을 수 있다. 그때까지 자금이 묶이니 단점이라고 할 수 있지만 오히려 장기 투자를 유도하는 장점이 더 크다. 안전한 채권혼합형이나 인덱스 펀드를 가입하면 별다른 노력 없이 종합주가지수에 맞먹는 수익을 거둘 수 있다. 젊은이라면 결코 지나치면 안 되는 상품이다. 그러나 푼돈이라고 안 하는 사람이 대부분이다. 조급함 때문이다.

최소 10년을 바라보고 우량주(인덱스 펀드)에 장기 투자를 하라고 하면 몇 푼 안 되는 돈으로 언제 차 뽑고 언제 집 사느냐며 오히려 역정을 낸다. 조급함을 간절함으로 오해하는 사람이 꽤 많다. 조급함은 욕심에서 잉태되지만 간절함은 기다림으로 숙성된다.

워런 버핏이 말한 눈덩이 효과를 믿고 기다려야 한다. 자신의 눈덩이가 작다고 불평할 것이 아니라 긴 시간을 굴리면 나도 옆 사람의 눈덩이처럼 커질 것을 믿어야 한다.

3 | 배우자의 비협조

배우자 몰래 투자하다 들통이 난 경험이 다들 있을 것이다. 들통이 났다는 얘기는 투자 성과가 시원치 않았다는 얘기다. 이를 만회하기 위해 주식, 경매, 부동산, 코인 같은 걸 해보려고 하면 사사건건 배우자가 딴죽을 건다. 원대한 계획을 몰라준다고 또는 나 혼자 잘 먹고 잘 살자는 것이 아니라고 달래보고, 화내보고, 회유해보고, 애원해보기도 하지만 결국 배우자의 장벽에 막혀 포기해버린다.

배우자에게 신뢰받는 것이 어디 쉬운 일인가? 인류의 4대 성인이라 하는 소크라테스도 아내에게 매일 구박받는 처지였다. 소크라테스도 그러한데 하물며 평범한 우리야 더 말할 것이 없다. 배우자에게 존경은 고사하고 존중도 못 받는 것은 그동안 투자를 몰래 했거나, 성과가 시원치 않았거나, 투자한답시고 집안일을 나 몰라라 했거나, 빚까지 내서 깡통을 찼기 때문일 것이다.

그러니 자신을 뒤돌아보라. 신뢰 잃을 짓을 하지 않았는지…. 신뢰가 인간관계에서 매우 중요하다는 것을 알지만 부부 관계에서도 그 이상 중요하다는 것을 모르는 사람이 꽤 많다. 배우자의 응원과 지지가 없다면 재테크를 향한 길은 가시밭길이다. 그 가시밭길을 가다 대부분 포기한다. 그리고 자신의 원대한 꿈을 뭉개버린 배우자를 원망하기 십상이다. 좀 시간이 걸리더라도 배우자의 응원과 지지를 얻은 후에 가는 것이 좋다. 그럼 어떻게 해야 배우자의 응원과 지지를 얻을 수 있을까? 너무나도 간단하다. 어제까지 배우자에게 했던 것과 반대로 하면 된다.

4 | 책으로 결판 나지 않는다

투자 관련 서적 몇 권 읽고 또 유튜브 몇 번 보고 투자에 나서는 사람이 있다. 책 많이 읽은 순서로 돈을 번다면 얼마나 좋을까. 책은 길이요 진리요 생명이다. 하지만 건성으로 읽거나 얄팍하게 읽으면 사망의 구렁텅이로 떨어진다.

워런 버핏, 피터 린치, 조지 소로스, 짐 로저스, 필립 피셔, 하워드 막스… 이들의 책을 읽으면서 가슴 뛴 경험이 한두 번은 있을 것이다. 유명한 투자가의 책을 읽었다고 내가 그들과 같은 선견지명과 혜안이 생길 거라는 생각은 희망일까, 망상일까, 아니면 착각일까? 워런 버핏의 책을 읽었는데 나의 투자는 왜 신통치 않을까? 똑같이 공부해놓고 나는 왜 서울대를 가지 못했는지를 생각해보라. 서울대는 시험을 쳐서 가지만 투자의 세계는 진입 장벽이 없다. 그래서 다들 자신의 실력을 모른다. 그게 문제다.

책장에 꽂혀 있는 투자 서적 순으로 수익률이 결정되는 것이 아니다. 책을 읽는 것보다 더 중요한 것은 무엇일까? 책대로 하는 것이다. 그러나 대부분의 사람은 운용의 묘를 살린다며 이리 해보고 저리 해보고 자기 마음대로 한다. 위대함과 평범함은 크게 다른 것이 아니다. 투자는 지루하고(장기 투자) 재미없고(우량주) 미지근한(분할 매수) 것이란 걸 알고 견뎌내야 한다. 그러나 그걸 알면서도 안 된다. 도박 중독자가 돈 잃을 걸 알면서 자신도 모르게 하우스에 가는 것처럼 투자도 본능에 이끌려 간다. 본능을 극복해야 한다.

왜 워런 버핏이 인덱스 펀드나 ETF에 투자하라고 노래를 불러도 이를 무시하고 직접 투자에 목을 맬까? 아마도 지루하고 재미없고 시간이 많이 걸리기 때문일 것이다. 그러나 보통 위대한 일은 지루하고 재미없고 시간도 많이 걸린다.

5 | 나 자신을 정확히 알고 있나?

책보다 더 중요한 것이 있다. 바로 사람이다. 그리고 자기 자신이다. 자신을 한 번 들여다보라. 얼마나 욕심이 많은지, 얼마나 참을성이 없는지, 얼마나 말을 쉽게 바꾸는지, 얼마나 질투심이 강한지,

얼마나 표리부동한지, 얼마나 나약한지, 얼마나 비양심적인지, 얼마나 이해타산이 심한지, 얼마나 이기적인지.

자신을 먼저 들여다봐야 한다. 순간에 격해지고 순간에 들뜨고 순간에 침울해지는 자신을 통제하지 못하면 말짱 도루묵이다. 평정심이 뭐 어렵나 싶지만 생각보다 힘들다. 이해관계가 얽히고설키면 평정심은 요동치기 시작한다. 상상을 하고, 공상을 하고, 심지어 환상을 보기도 한다. 상승장 꼭대기에서는 천국을, 하락장 바닥에서는 지옥을 경험한다. 일체유심조라고 하지 않던가? 모든 건 마음이 짓는 것. 마음이 들뜨거나 평온하지 못한 상태에서 투자를 하는 건 태풍이 오는데 배를 띄우는 것과 같다.

자신의 위치 즉 실력을 정확히 알아야 한다. 나도 투자해서 돈을 벌 수 있다는 생각에 대해 객관적으로 분석해보라. 투자로 돈을 벌기 위해서는 남보다 더 똑똑해야 한다. 그 똑똑함을 어떻게 확인해볼 수 있을까? 남보다 학벌이 좋은가? 남보다 재산이 많은가? 남보다 월급이 많은가? 남보다 진급이 빠른가?

이러한 기준의 앞줄에 있지 않으면 재테크를 하지 말라는 것이 아니다. 조심스럽게, 천천히, 잃지 않는 보수적인 투자를 하라는 것이다. 자신보다 똑똑한 남들이 몇억을 먹더라도 엉덩이 들썩이지 말고 자신의 페이스대로 가야 한다. 즉, 분수를 알라는 것이다. 실력은 따라주지 않은데 의욕만 앞선다면 결과는 자명하다. 패가망신이다.

6 | 전문가에 매달리고 있나?

　책 읽는 시간이 아까워 전문가에게 비싼 돈을 주고 투자 방법을 배우는 사람도 있고 유료로 종목을 추천받는 사람도 있다. 이런 사람이 최악이다. 대부분 나약한 사람들이 남에게 의존하여 돈을 쉽게 벌려 한다. 그리고 잘되면 내 탓이고 잘못되면 전문가 탓이다. 물론 책임에서 자유롭다는 장점이 있다.

　전문가에 의존하는 사람은 평생 전문가를 찾아다닌다. 즉, 이 전문가가 아니다 싶으면 다른 전문가를 찾는다. 자신에게 문제가 있다는 사실을 까맣게 모른 채. 파랑새를 찾으려 1년 동안 많은 곳을 찾아다녔으나 결국 못 찾고 집에 돌아와 자신의 새장에 있다는 사실을 알았다는 동화처럼 말이다. 전문가는 자신이 되어야 한다. 왜? 책임지는 사람은 나니까.

　한때 전문가를 맹종하면서 아무 생각 없이 살았다. 책에서 신문에서 방송에서 전문가가 하는 얘길 정신 차려 듣고 따라 했지만 결과는 신통치 않았다. 전문가를 추종하는 것은 시험에서 커닝하는 것과 흡사하다. 답을 쓰면서도 왜 답인지 모른다. 주식을 사면서도 왜 사는지 모르고 언제 팔지도 모른다. 더 큰 문제는 오답인지도 모르고 커닝하는 경우다. 전문가의 얘기를 잘못 해석하는 경우도 많고, 또 전문가의 전망이나 예측이 틀린 경우도 비일비재하다. 전문가를 찾는 심리는 점쟁이를 찾는 것과 비슷하다. 점괘가 안 좋으면 다른 점쟁이를 찾는다.

"우리 가운데 인물이 없는 것은, 인물이 되려고 마음먹고 힘쓰는 사람이 없기 때문이다." 일찍이 도산 안창호 선생이 말한 인물론을 마음에 새겨야 한다. 스스로 인물(전문가)이 되어야 한다. 그래야 안창호 선생이 살아생전 염원했던 독립(자립)을 쟁취할 수 있다. 국가의 독립이든 개인의 자립이든 뭐든 만만한 게 없다.

7 | 빚내서 투자하기 때문이다

자본주의는 빚을 권하는 사회다. 빚도 자산이라면서 긍정적으로 보는 사람이 많다. 빚 없이, 그러니까 레버리지 없이 어떻게 투자를 하느냐는 사람도 있다. 빚도 좋은 빚과 나쁜 빚이 있다며 좋은 빚은 과감히 내라고 한다. 그러나 성공하면 좋은 빚이고 실패하면 나쁜 빚이다. 빚을 내는 것은 악마에게 영혼을 파는 것이다.

존경받는 투자가 중에 빚을 내서 투자하라는 사람은 못 봤다. 수익보다 안전을 중시하기 때문이고 평온한 투자를 위한 조건이라고 생각하기 때문이다. 자본주의가 빚에 의해 돌아가고 또 빚은 경제에 역동성을 주지만 빚이 순기능만 하는 것은 아니다. 부작용 또한 만만치 않다. 역동성과 순기능만 생각했다간 언제 파산할지 모른다.

빚내서 주식 투자를 한다면 도시락을 싸 가지고 다니며 말리고 싶다. 그러나 부동산 투자를 위한 빚은 적당한 선이라면 굳이 말리고 싶지는 않다. 나의 경우 은행 빚을 내가며 투자를 해본 적은 없다. 아니, 젊을 때 딱 한 번 있었다. 집 담보로 대출을 받아 주식에 투자하여 집을 날렸다. 그때의 트라우마 때문인지 그 후론 은행 문턱을 넘지 않았다. 일찍이 경험을 해서 그나마 다행이라고 생각한다.

※ 죄송하다. 요즘 다들 힘들고 답답한데 이상한 소리만 했으니. "그래 너는 돈 좀 벌었니?"라며 따갑게 쏘아붙이는 분도 있을 듯싶다. 돈 좀 번 놈이 바른 소릴 해도 해야 하는데 변변히 벌지도 못하는 주제에 감히 지적질이나 하고…. 그냥 30여 년간 금융업에서 일하며 얻은 경험이라고 생각해주면 좋겠다. 암튼, 죄송하다.

※ 돈 버는 일에 크게 신경을 안 쓰기 때문에 이런 글을 쓰는지도 모른다. 나는 일상을 평온하게 보내고 싶다. 나의 소박한 바람은 커다란 감정의 동요 없이 평정심을 유지하고 적당히 힘든 일을 한 후 밤에 걱정 없이 잘 자는 것이다. 즉, 단순하게 하루하루를 사는 것이다. 단조롭다고 생각할 수 있지만 내겐 그것이 평화로운 삶이다.

돈, 있어도 문제! 없으면 더 문제!

| 돈에 대한 탐구 |

돈에 대한 탐구라고 하면 대부분 돈을 어떻게 벌어서 무엇으로 불릴까에 대한 방법론을 얘기하나 싶겠지만 아니다. 그보다는 돈은 하나의 관념이고 허상이라고 말하고 싶다. 즉, 돈은 나를 치장하는 장신구와 같다. 나라는 본질과 관련이 없는 비본질이 바로 돈이다. 명품 인생은 굳이 돈으로 치장할 필요가 없다. 반면 하류 인생은 온갖 명품으로 치장하고 싶어 한다. 그러나 그런 사람이라면 명품을 걸쳐도 돋보이지 않고 오히려 천박해 보인다. 본인만 모를 뿐이다. 돋보일 거라는 생각은 자기만족이고 남들이 부러워할 거라는 자기만의 착각이다. 그러나 살다 보면 그런 자기만족과 착각도 필요하다. 외부의 시선으로 자신의 존재가치를 인정받고 싶어 하

는 사람들이라면 말이다. 그런 사람에게 돈은 어느 정도 효용을 준다. 그러나 자신에게 쏠리는 이목과 부러움은 존중과 존경의 가치를 담보하지 않는다. 그럼에도 사람들은 기를 쓰고 돈을 좇는다.

어렸을 때 가난했지만 그 가난이 돈하고 바로 연결되지 않았다. 좁은 세계에 살았으니 돈으로 할 수 있는 일과 돈으로도 못 하는 일, 돈이 없어서 하고 싶어도 못 하는 일과 돈이 없어서 하기 싫어도 해야 하는 일에 대해 깊이 생각해보지 않았다. 철이 들면서 돈은 금욕주의의 대상으로 바뀌었다. 우리 집을 포함한 어느 누구에게도 돈에 대해 공식적으로 좋게 얘기하는 걸 들은 기억이 없다. 돈 없어 죽겠다는 얘긴 들었어도 돈은 좋은 것이니 많이 벌라는 얘긴 못 듣고 자랐다. 그래서 돈은 왠지 멀리해야 할 대상이었고 불편한 그 무엇이었다. 최영 장군의 "황금을 보기를 돌같이 하라"라는 말씀을 좌우명처럼 모시고 살았다. 아니면 여우와 신포도 우화처럼 어차피 가질 수 없을 거라면 멀리하고 꺼림직한 그 무엇으로 규정하는 것이 마음 편했는지도 모른다.

결혼하고부터는 돈은 생계를 위한 필요악이었다. 현실과 적당히 타협을 하면서 먹고살 만큼 벌고 싶었다. 그러나 조급함 뒤에는 항상 무언가 악착같이 따라붙는다. 바로 탐욕이다. 돈을 빨리 벌고 싶은 마음에 허겁지겁 내달리는데 탐욕이 뒤에서 발목을 잡는다. 그래서 재테크는 항상 제자리걸음이었다. 그렇게 40대를 보냈다. 그러다 때가 되었는지 아니면 운이 좋았는지 50대 중반부터 돈이 모이기 시작했다. 지금 생각해도 알 수 없는 일이지만 그저 운이 좋았다고 생각한다. 심리적인 은퇴(65세)를 앞둔 현재는 돈을 떠나 평온하고 여유롭게 살고 싶다. 가끔 친구들과 만나면 다들 건강과 돈 얘기뿐이다. 돈과 건강이 중요한 것은 알겠는데 전부는 아니다. 그러나 늙어서 돈이 없으면 추잡스러워 보인다. 남이 그렇게 생각하는 것이 아니라 내가 그렇게 생각한다. 그래서 돈은 필요한 만큼은 있어야 한다.

돈과 독서

돈과 관련된 책은 묻지도 따지지도 않고 무조건 읽는 편이다. 돈에 대한 트라우마가 있는 것은 아니지만 돈에 끌리기 때문이다. 태양이 지구와 그 밖의 행성을 끌어당기듯 돈 또한 우리의 마음과 영혼을 끌어당긴다. 돈이라는 주제는 죽을 때까지 따라다닌다. 돈만큼 인간의 삶에 지대한 영향을 주는 것이 또 있던가?

돈에 대한 초창기 독서는 주로 화폐의 역사와 화폐의 시스템에 관한 것이었다. 즉, 돈이 어떤 필요에 의해 만들어졌고 화폐의 기능은 무엇이고 어떤 재료의 돈들이 지금의 화폐로 발전해왔는가에 대한 역사적 고찰이었다. 그 후 은행이 만들어지고 신용이 창조되는 금융 시장에 관한 궁금증으로 이어졌다. 달러가 기축통화가 된 과정과 그에 따른 음모론(《화폐전쟁》과 《시대정신》과 같은)도 귀가 솔깃

한 흥미로운 주제였다. 그러나 그런 음모론적인 책들은 사실 아무 짝에도 쓸모없었다. 지식과 통찰을 주는 것이 아니라 제도권에 대한 부정적 선입관을 심어주고 세상을 이분법적으로 보게 만든다. 팩트보다는 상상력을 동원해 쓴 소설이다.

그런 음모론이 시들해질 무렵 《자본주의 이해하기》와 같은 책을 봤다. 자본주의가 움직이는 원리, 그러니까 사적 재산의 보호, 금융 시장과 자산 시장, 수요와 공급, 가격, 인센티브 등에 대한 이론에 관심을 갖게 됐다. 그리고 《맨큐의 경제학》과 이준구 이창용 공저의 《경제학원론》을 봤다. 경제학 이론을 공부하다 보니 경제학이 지금까지 걸어온 길과 그에 따른 이론들에도 관심이 갔다. 자본주의가 어떻게 지금의 위치까지 오게 됐는지도 궁금했다. 또 자본주의 역사와 변천, 경제학의 태동과 발전 과정에 대해 알고 싶어졌다. 그렇게 돈에 대한 관심이 경제학과 자본주의에 대한 궁금증으로 확장됐다. 힘들고 어려운 여정이었지만 의미 있고 흥미로운 모험과도 같았다.

지금까지 내가 읽은 돈에 대한 책들을 나열해보자면 찰스 윌런의 《돈의 정석》, 모건 하우절의 《돈의 심리학》, 보도 섀퍼의 《보도 섀퍼의 돈》, 홍춘욱의 《돈의 역사》, 앙드레 코스톨라니의 《돈, 뜨겁게 사랑하고 차갑게 다루어라》, 대니얼 코나한·댄 스미스의 《돈의 거의 모든 것》, 임석민의 《돈의 철학》, 김승호의 《돈의 속성》, 임경의 《돈은 어떻게 움직이는가?》, 다니엘 D. 엑케르트의 《화폐 트라우마》, 송인창 외 6인 공저 《화폐 이야기》, 오마타 간타의 《돈 버는 기술》, 쿠니토모 야스유키의 《돈이 울고 있다(만화)》, 애덤 퍼거슨의 《돈의 대폭락》, 김희상의 《돈 좀 벌어 봅시다》, 이명로의 《똑똑한 돈》, 윤채현의 《지금 당장 돈의 흐름 공부하라》, 박현주의 《돈은 아름다운 꽃이다》 등이다. 돈이라는 단어가 주는 속물성 때문에 이런 유의 책을 거리낌 없이 집어 드는 것이 불편하기도 하다. 그러나 불편함에 직면할 수 있어야 비로소 진실에 가까이 갈 수 있다.

이제 돈에 대한 책은 그만 봐야겠다. 돈에 대해 빠삭해서가 아니다. 돈에 대한 맹목적인 욕망이 불편하다. 그러나 솔직히 말하면 돈이 예전만큼 절실하지 않기 때문인지도 모른다. 돈과 권력은 욕망이라고 생각한다. 누가 얼마나 더 큰 욕망으로 키워내느냐에 따라 갑부 또는 재벌이 되고 권력의 정점에 올라선다. 그러나 욕망의 치명적인 약점은 적절히 통제하기 어렵다는 것이다. 그래서 재벌은 파산하고 권력자는 추락을 한다. 돈과 권력을 향해 무한 질주하는 욕망을 잘 달래서 같이 가는 사람만이 끝까지 돈과 권력을 지킬 수 있다.

돈을 벌기 위해서는 자본주의와 시장 경제를 이해하는 것이 제일 중요하다. 당신이 대통령이라면 인플레이션을 좋아할까 아니면 디플레이션을 좋아할까? 그리고 인플레이션과 디플레이션 때 유리한 자산은 무엇이 있을까? 이 딱 두 가지 고민만 깊이 있게 파고들면 소기의 성과를 거둘 수 있을 것이다. 지식이 많다고 지혜로워지는 것이 아니듯 투자 또한 똑똑하다고 돈을 버는 것이 아니다. 돈을 찍어내고 신용창조가 만들어지는 시스템과 그 과정을 알든 모르든, 달러가 기축통화가 되어 누리는 시뇨리지가 어떠하든, 이런 지식들이 돈을 버는 방법을 알려주지는 않는다. 돈을 버는 방법은 몸을 놀려 일하든가, 사업을 하든가, 아니면 투자를 하는 방법뿐이다. 단, 어떻게 하는가가 중요하다. 스스로 궁리하고 실행하고 찾아내야 한다. 세상은 잠자는 권리를 보호하지 않고 또 잠자는 토끼(당신)도 기다려주지 않는다.

돈, 얼마를 원하는가?

사람들은 돈 돈 하지만 막상 원하는 돈이 얼마인지에 대한 개념은 없다. 그저 다다익선이라고 한다. 그러니까 얼마를 벌고자 하는지 기준이 없다. 막연하게 100억 정도면 부자라고 느낄 것 같다는 생각만 있다. 겁대가리 없이. 100억이 얼마나 큰돈인 줄도 모른다. 사람들 입에 오르내리는 연예인, 스포츠 스타, 서민 갑부 등의 영향으로 100억원을 우습게 안다. 또 조금만 노력하고 운만 좋으면 그리될 것 같기도 하다. 과연 그럴까?

NH투자증권의 '2022년 대한민국 상위 1% 보고서'에 의하면 2021년 기준으로 우리나라 가구당 평균 순자산이 4.5억이고, 상위

10%의 순자산은 9억, 1%의 순자산은 29억, 0.1%의 순자산은 76억 정도라고 한다. '에계, 0.1%의 순자산이 100억도 안 되네'라고 생각할 수 있지만 (내가 생각했던 것보다 약소한 금액이긴 하다) 가슴에 손을 얹고 생각해보라. 당신은 학교에서 전교 1등(0.1%)을 해본 일이 있는가? 꿈을 꾸는 것은 자유지만 꿈을 이루는 것은 하늘의 별 따기다. 10억, 30억의 재산이 별거 아닌 것 같아도 대한민국에서 이 정도의 순자산이면 상위 10% 또는 상위 1%의 부자다. 100억 정도의 자산가를 꿈꾸는 사람은 반성해야 한다. 허황된 꿈을 좇지 말고 현실적인 계획을 세우자.

돈을 우습게 아는 사람은 없다. 그렇지만 돈을 벌기 위한 과정은 우습게 안다. 부자들이 얼마나 피땀 흘려 지금의 재산을 일구어냈는지를 주목하고 배우려는 사람들은 의외로 적다. 그러니까 결과에만 집중할 뿐 과정은 간과하는 경우가 대부분이다. 성공한 사업가 또는 서민갑부의 얘길 들으면 뭐 별거 아닌 것도 같다. 쉬워 보인다. 현재의 모습만 보기 때문이다. 과거 고생하고 절망하고 막막했던 시기는 보이지 않는다. 주인공의 과거 힘들었던 얘기에 주목하는 사람은 별로 없다.

미국 GE의 CEO 제프 이멜트가 불명예 퇴임을 하면서 후임자에게 독백인 듯 푸념인 듯 내뱉은 말을 새겨들어야 한다. "뭐든 밖에서 보면 쉬워 보이는 법이죠." 그렇다. 밖에서 보면 쉽다. 이건 이렇게 하면 되고, 저건 저렇게 하면 되고, 그건 그렇게 하면 된다고 훈수를 둔다. 〈백종원의 골목식당〉을 보면 기본도 모르고 또 기본도 안 지키면서 식당을 하는 사람들이 많다. 손님의 입장에서 보면 폐업하는 10가지 이유를 댈 수 있지만 정작 당사자는 모른다. 세상을 우습게 보고 장사를 시작한 사람은 정작 본인이 우스운 사람이란 걸 증명하는 데에 그리 오래 걸리지 않는다. 세상과 사람을 우습게 보는 사람치고 조그마한 성공이라도 한 걸 못 봤다. 우리가 새겨들어야 할 말은 '꿈은 이루어진다'와 같은 이상한 얘기가 아니고 '꿈은 이루기 어렵다'는 말이다. 제발 꿈에서 깨자.

돈은 인격을 드러내는 시금석이다

그 사람이 어떤 사람인지 알려면 권력과 돈을 줘보라고 한다. 돈과 권력은 그 사람이 누군인가를 극명하게 보여주는 시금석이다. 사람은 권력과 돈 앞에 본성을 드러낸다. 인성이 드러나고 인격을 가늠해볼 수 있다.

돈은 사용하기 나름이다. 누가 돈을 가지고 있느냐에 따라 돈의 품격이 달라진다. 칼을 들고 사람 목줄에 들이대면 강도지만 칼을 들고 요리하면 셰프가 된다. 그러니까 누가 칼을 어떻게 쓰느냐에 따라 흉기도 되고 도구도 된다. 돈도 마찬가지가 아닐까? 돈은 돈을 가지고 있는 사람의 품격을 발현시키는 수단이자 시금석이다.

돈이 있음에도 불구하고 겸손한 언행과 검소한 생활로 자발적 가난을 실천하고 산다면 품격 있는 인생이다. 돈만 있다고 거드름을 피우고 사람을 우습게 알면 졸부의 인생이다. 돈이 없다고 발악하고 매사가 불쾌하다면 개차반인 인생이다. 돈이 없어도 친절하고 정직하며 매사에 충실하다면 고매한 인격이다. 돈이 문제가 아니다. 사람이 문제다. 인간사 모두가 그렇다. 인격이 없다면 돈도 의미 없다. 반면, 인격이 있다면 돈은 부차적인 문제다. 돈은 아무것도 아니다. 돈을 부정할 필요도 돈을 숭배할 이유도 없다. 하지만 돈이 있으면 더 좋다. 더 좋은 걸 굳이 마다할 이유가 없지 않은가?

저마다 원하는 돈의 성격이 다르다. 어떤 사람은 과시용 돈을 원한다. 사람들의 이목을 받기를 위해서 그리고 자랑질을 하기 위해 돈이 필요하다. 성공을 담보하기 위한 돈 말이다. 돈에 대한 개념이 얕고 통속적이다. 과거의 나도 그랬다. 복수를 위한 돈도 있다. 어린 시절 돈 없는 설움에 마음속에 칼을 갈고 쟁취한 돈이다. 그런 트라우마가 있는 사람들은 그 칼에 마음을 베이지 않도록 조심 또 조심해야 한다. 욕망을 위한 돈도 있다. 최고가 되기 위해 위태로움도 무릅쓰고 목숨을 걸고 쟁취한 돈이다. 이런 사람들을 만나보면 섬뜩한 느낌을 받는다. 마지막으로 풍요로운 돈이다. 내가 추구하는 돈이다. 곳간에서 인심 난다는 말을 믿으며, 돈은 만물을 이롭게 한다고 생각한다. 돈보다 마음의 평화를 먼저 생각한다. 당신은 어떤 돈을 추구하는가?

돈벌이는 어렵다

가난은 다른 사람이 가르쳐주는 것이 아니라 본인이 먼저 스스로 깨치고 스스로 정신적 자해를 하고 스스로 마음을 닫게 만든다. 절대 가난에 몰려 있는 사람도 많지만 우리나라에서 그런 경우는 많지 않다. 실지로 대부분의 사람은 있으면 좋고 없으면 불편한 돈의 개념으로 살아가고 있다. 그러나 정작 불편함을 감수하는 것보다 주변 사람들이 자신을 냉대하고 또 무시할 거라는 피해의식이 더 문제다.

돈을 버는 건 어렵다. 쉽다면 모든 사람이 부자일 것이다. 돈은 어려운 주제다. 누구나 똑같이 돈을 나누어 가질 수 없기 때문이다. 돈이 골고루 나누어지지 않는 이유는 모든 사람이 가장 원하기 때문이다. 돈만 있다고 잘 사는 것은 아니지만 그러나 잘 살기 위해서 필요한 여러 가지 중에 돈의 비중이 생각보다 높지 않을까 싶다. 이걸 이해하는 것이 중요하다. 돈에 대한 부정적인 생각으로는 돈이 모이지도 않고 돈을 벌 수도 없다. 돈에 대한 의지도 돈을 벌기 위한 행동도 없기 때문이다.

젊었을 때 돈을 공평하게 나눌 수 있는 방법이 무엇일까 생각해 본 적이 있다. 혁명을 하는 방법이 있지만 피를 흘려야 한다. 결과는 좋지만 과정이 좋다고 할 수 없다. 더 좋은 방법이 없을까 고민하다가 각종 채소와 과일이 남으면 이웃에 나누어 주는 농촌의 후

한 인심에 착안하여 돈에 꼬리표를 달아 유통기한을 정해두면 어떨까 하는 생각을 해봤다. 즉, 일주일 안에 또는 한 달 안에 안 쓰면 폐기되는 것으로 하면 모든 사람이 그리 큰돈을 벌려 하지 않을 것이다. 또 벌었다고 하더라도 나누어 줄 수도 있을 것이다.

그러나 좀 더 생각해보고는 좋은 생각이지만 짧은 생각이란 것을 금방 알아차렸다. 나누어 주지 않을 개연성이 더 커 보인다. 왜? 남 잘 되는 꼴을 못 보기 때문이다. 당신이라면 힘들게 번 돈을 내일이면 없어진다고 해서 이웃에게 나누어 주겠는가? 힘들게 농사지은 양파, 배추를 제값을 못 받는다고 갈아엎는 것과 같다. 나보다 남이 잘사는 걸 반기는 사람은 없다. 그런 세상에 우리가 살고 있으니 힘들 수밖에.

자신이 번 돈은 피땀 흘려 번 돈이고 남이 얻은 소득은 불로소득이라고 평가절하하는 것이 사람 인심이다. 돈에 평등 공정 정의를 들이대는 것만큼 어리석은 것도 없다. 돈과 관련해서는 양보도 없고 수단과 방법을 가리지 않는다는 것이 동서고금을 통해 확인된 사실이다.

돈에 대한 얘기는 부자들에게 들어야 한다. 부자들이 돈이 필요 없다고 하면 수긍할 수 있다. 돈이 있어봤고 또 있으니까. 그러나 가난한 사람이 돈이 전부가 아니라고 하면 그 말은 진실이 아닐 가능성이 높다. 경험해보지 못한 것을 어디서 보고 들은 말로 옮기는 것에 불과하다.

돈이 그나마 공정하다

남보다 잘 사는 비결은 원시시대에는 힘이었다. 즉, 폭력과 공포심으로 상대방을 제압했다. 아직까지 그 잔재가 조폭이라는 흔적으로 남아 있다. 조선시대까지 잘 사는 비결은 신분이었다. 귀족의 특권으로 평민들을 수탈하여 호의호식했다. 현대 사회는 돈이다. 돈은 누구에게 폭력을 쓰지도 수탈하지도 않는다. 오히려 상대방이 자발적으로 주지 않던가? 돈은 상대방에게 만족을 주어야 벌 수 있다. 그런 의미에서 본다면 돈이 그나마 가장 공정하다고 할 수 있다. 물론 이런 유의 주장에 동조하는 분은 많지 않을 것이다.

돈을 버는 비결이 감수성이라고 하면 다들 갸우뚱할 것이다. 감수성은 타인의 아픔과 불편에 예민하게 반응하는 정서적 반응이다. 인류 공영과 공존을 위해 조금이라도 보탬이 되고 싶다는 생각이 곧 감수성이다. 당신은 그런 생각이 조금이라도 있는가? 그 출발점이 바로 맡은 바 소임을 다하는 자세라고 생각한다. 그런 것이 바로 정의가 아니면 무엇인가? 당신은 그런 삶을 살고 있는가?

돈을 버는 사람들은 타인의 불편과 아픔을 치유하고 해결해주고 행복과 기쁨을 주는 사람들이다. 그런 사람들에게 우리는 지갑을 기꺼이 열지 않던가? 당신은 타인의 아픔을 이해하고 다른 사람에게 기쁨과 행복을 주고 있는가? 잘 살기 위해선 남이 원하는 것을 줘야 한다.

그러니 아무나 성공할 수 없다. 세상과 사람에 대한 이해도 없고 타인의 불편과 아픔에 눈을 감고 사는 사람은 큰 것은 고사하고 구멍가게 하나도 제대로 꾸려나가기 어렵다. 아직까지 나는 작은 것에 최선을 다하지 않은 사람이 큰 성공은 고사하고 작은 성공 하나도 제대로 한 것을 본 적이 없다. 세상이 정의롭게 보이지 않아도 나름 정의롭게 움직인다.

나는 왜 돈에 집착했나

30대 중반 전에 결혼했다. 그 당시에는 다소 늦은 결혼이었다. 결혼하기 전까지는 대충 산 것 같다. 이리저리 휩쓸려 다니면서 목표도 야망도 없이 남들이 사는 만큼만 살면 되는 줄 알았다.

IMF 사태 때 모든 걸 잃었다. 살던 집도, 동고동락했던 친구도, 믿었던 후배도, 신뢰했던 선배도 그리고 남편으로서의 지위와 자격마저도 잃었다. 전세 얻을 돈이 없어 처가살이를 1년 정도 했다. 정신이 번쩍 들었다. 기억하고 싶지 않은 시기지만 나중에 알았다. 그 고통의 시간이 성장하는 시기였고, 그때의 아픔이 성장통이었다는 사실을.

그 후 뼈아픈 자기반성의 시간을 가졌다. 그리고 스스로에 다짐했다. 두 번 다시 속지 않는다. '믿을 건 자신뿐이다'라는 좌우명을 뼈에 새겼다. IMF 때 수많은 회사가 문을 닫았지만 다행히 우리 회사는 살아남았다. 야근을 밥 먹듯이 했지만 기사회생한 회사가 그저 고마울 따름이었다. 어떻게 해서든 회사에 오래 남아 있고 싶었다. 그렇게 10년간 자발적으로 열심히 일했다. 열심히 일한 만큼 회사에서 인정도 받고 우수 사원 표창도 몇 번 받았다.

본격적으로 돈을 벌어보겠다는 생각에 본사 근무를 그만두고 지점 영업직을 지원했다. 지금 생각하면 객기 반, 용기 반의 선택이었지만 운이 좋았다. 몇 년간 영업도 타의 추종을 불허할 정도로 잘했다. 나중에 계산해보니 22년간 받은 월급만큼의 인센티브를 받았다. 내 나이 40대 중반이었다. 가장 잘나가던 시기였고 자신감이 넘치던 때였다.

호사다마라고 그렇게 기고만장하다 실족하여 큰 부상을 당했다. 감독원 감사를 받고 곧이어 중징계를 받았다. 징계를 받은 사실보다도 임원들 관심 범위에서 멀어졌다는 생각이 더 괴로웠다. 잠시나마 임원을 꿈꾸던 직장인의 로망이 산산조각 나는 순간이었다.

임원의 꿈을 접고부터 일 대신 재테크에 더 관심이 갔다. 증권회사에 다녔으니 주식은 물론이고 펀드, 주가지수 선물과 옵션, 부동산 경매 그리고 금 투자까지 해볼 만한 것은 다 해봤다. 하지만 돈은 좀처럼 불어나지 않았다. 그러다 50대에 접어들고 투자한 지 10년이 지나면서 자산이 점점 불어나는 게 눈에 보였다. 여기저기 뿌려놓은 부동산 자산 덕분이었다. 지금 생각해보면 행운이었다.

내가 돈에 집착한 이유를 생각해보면 가난 때문도 아니고 남들에게 자랑하고 싶어서도 아니다. 성공의 증거로서 돈이 필요했다. 부모님에게, 장인 장모님에게, 그리고 아내에게 나락으로 떨어진 위상을 회복하고 싶었다. IMF 사태로 한없이 떨어진 자존심을 돈으로 회복하고 싶었다. 그러니까 재기의 증거로서 돈이 필요했던 거다. 그 당시에는 돈 외에 모든 게 다 부차적인 문제로 보였다.

마무리

돈, 필요한 만큼은 있어야 한다. 그래야 돈 돈 하지 않는다. 그러나 돈이 필요한 만큼 있다고 안심하면 안 된다. 돈 이외의 다른 결핍이 곧바로 찾아올 것이다. 명예도 갖고 싶고 인구에 회자되는 유명세도 치르고 싶고, 또 자랑도 하고 싶을 것이다. 세상과 사람이 만만해 보이기 시작한다. 돈이 넘쳐나는 사람들의 후유증이다. 무엇이든 적당히가 필요하다. 자신의 그릇은 작은데 주체할 수 없는 돈이 들어오면 차고 넘친다. 넘치면 그때부터 문제가 생긴다. 들어올 돈보다 그릇을 키워나가는 것이 먼저다. 그리고 그 돈보다 중요한 건 평정심이고 평온한 일상이다. 그러나 돈이 없을 땐 그걸 모른다. 또 돈이 넘칠 땐 이를 간과한다. 비극과 불행은 그렇게 잉태된다.

인생 2막을 살고 있는 지금, 일을 하다 보면 가끔 짜증이 날 때도 있고, 힘들 때도 있고, 더운 열기에 얼굴이 화끈거릴 때도 있다. 또 이 일을 계속해야 하는가에 대한 회의가 들기도 한다. 그럼에도 불구하고 내가 일을 계속하는 힘은 내가 좋아서 선택한 것이라는 긍정이다. 그리고 살아서 행하는 모든 것이 수행이라는 불교적 가르침도 늘 되새기고 있다. 세상살이가 그렇다. 태어났으니 살아야 하고 살아야 한다면 최선을 찾아야 한다. 그 최선이 긍정이다. 내가 좋아서 하는 일이라고 생각하고 또 이것도 수행이라고 생각하면 그런대로 할 만하다. 삶은 처음과 다르게 매번 나의 생각을 시험하고 기만하고 심지어 배반하기도 한다. 그럴 때마다 길 잃은 생각과 신념을 다시 제자리에 올려놓아야 한다. 생각은 변질되기 쉽다. 의지는 약해지고 처음의 결심과 생각은 희미해진다.

돈에 대한 생각도 예외일 수 없다. 수시로 바뀐다. 원망의 돈이었다가 간절한 돈으로 바뀐다. 없어도 그만인 돈이었다가 꼭 필요한 돈으로 바뀐다. 인생의 시기마다 나이에 따라 돈에 대한 욕망은 밀물과 썰물처럼 들어왔다 물러났다를 반복한다. 그래서 돈은 풍족하면 풍족한 대로 부족하면 부족한 대로 잘 관리되어야 한다. 돈은 방치하면 안 될 중요한 부분이고 절대시하면 오히려 위태로워진다. 그래서 잘 관리하는 것이 중요하다. 가볍지도 무겁지도 않게.

남보다 좀 더 잘살고 싶은 욕망에 따라 여러 가지 일을 도모하며 사는 것이 흠이 될 수는 없다. 경제적 자유를 확장하는 일도 중요하다. 하지만 오로지 물질적인 욕망에만 몰두하면 정신이 피폐해진다. 나머지 반은 정신적인 것으로 채워야 한다. 감사, 긍휼한 마음, 관용, 겸손, 사랑, 자존, 공존, 친절과 같은 것 말이다.

평범한 주식 고수 이야기

| 서두를 것 없다 |

인물 스케치

그는 나와 한 회사에서 근무했던 직장 후배다. 그의 이미지를 떠올리면 평범함과 밋밋함이다. 별로 드러나지 않는 스타일이다. 음주 가무 별로, 사람 많은 곳 별로, 수다 별로, 잡기 별로인 사람이다. 그러니까 까부는 것을 극도로 싫어한다. 이런 사람들은 맡은 바 소임을 다할 뿐 자신을 드러내지 않는다.

그가 화를 내는 걸 본 일이 없다. 누굴 비난하는 것도 못 봤다. 그는 혼자 있어도 별로 외롭지 않아 보였다. 먼저 다가가는 스타일이 아니다. 그런 관계로 직장 동료들에게도 상사에게도 또 후배들에게도 무심한 사람으로 비췄을 것이다. 혼자 생각하는 걸 좋아하고 여럿이 모여 떠벌리는 걸 극도로 싫어한다. 부끄러움과 수줍음을 타고난 것 같다. 그래서 그와 알고 지낸 지가 오래됐지만 나는 그에 대해 너무 몰랐다. 그가 대한민국 0.1% 부자인 줄도 말이다.

그를 설명하기 위해선 따로 고민할 필요가 없다. 바로 내 얘길 쓰면 되기 때문이다. 그는 나와 많은 부분에서 겹친다. 체격도, 키도, 성격도, 사색하는 취미도, 식성도 그리고 부끄러움을 타는 내성적인 기질도.

고수 인터뷰

일 년에 몇 번 그와 만난다. 많으면 두세 번, 적게는 한두 번 정도. 특별한 일이 없어도 그냥 만날 때가 됐다 싶으면 내가 먼저 연락을 한다. 그와 만날 때면 내가 좀 더 말 많은 적극적인 사람이 된다. 내가 원래 말이 많아서가 아니라 그보다 연장자라서 그런 것 같다.

그와 만날 때마다 그는 주식 얘기를 하고 나는 부동산 얘기를 한다. 그는 나의 부동산 얘기를 듣고 나는 그의 주식 얘기를 듣는다. 그는 나의 부동산 얘길 듣지만 부동산에 투자할 마음은 그다지 없는 것 같다. 나 또한 그의 주식 얘길 듣지만 고개를 끄떡일 뿐 주식 할 생각은 별로 없다. 서로 다른 얘기를 하면서 왜 만나나 싶지만 그는 나의 얘길 이해하고 나 또한 그의 얘기를 이해할 수 있고 공감

한다. 그러면 된 것 아닌가? 서로 다른 얘길 해도 위화감이 없다. 부끄럽지만 공자가 말한 '화이부동'의 경지라고 말하고 싶다. 공자는 《논어》 자로 편에서 '군자는 화이부동(和而不同) 하고 소인은 동이불화(同而不和) 한다'라고 했다. 다른 사람과 생각을 같이하지는 않지만 이들과 화목할 수 있는 것이 군자이고, 겉으로는 같은 생각을 가진 것처럼 보이나 실은 화목하지 못한 것이 소인이라고 했다.

나와 똑같은 생각, 나와 똑같은 처지, 나와 똑같은 생활을 공유하고 강요하는 게 평등, 공정, 정의가 아니다. 세상은 어떤 시대, 어떤 조직, 어떤 제도, 어떤 장소에서도 평등하고 공정하고 정의로웠던 적이 없다. 왜? 모든 구성원이 동의하고 만족하는 그런 환상적인 시스템은 없기 때문이다. 사람마다 위 세 가지 기준이 다 제각각이다. 세상이 그렇게 단순하지 않다. 사람들은 처한 상황에 따라 생각과 행동이 변화무쌍하게 바뀐다. 아직도 위 세 가지에 매달리는 사람이 있다면 험난한 인생이 기다리고 있을 것이다.

며칠 전, 그를 만났다. 이번 만남에서는 그동안 무심하게 지나쳤던 그의 과거를 조명해보고 싶었다. 방관자에서 관찰자로 전환하여 그의 투자 과정 전반에 대해 이야기를 들었다. 그도 그동안 물어봐주지 않은 나를 책망하듯 솔직하고 진솔하게 화답해주었다.

1 | 부자의 기준은 무엇인가?

생활하는 데 큰 불편이 없는 상태가 곧 부자다. 편안하게 쉴 집이 있고 자식을 교육하는 데 어려움이 없고 합리적인 소비를 충분히 할 수 있으면 부자 아닌가? 세상을 살아가는데 나를 보호할 수 있는 안전장치 가운데 하나가 돈이고 그 돈 때문에 제약을 받지 않아야 한다. 돈의 역할은 딱 거기까지다.

주식을 하는 목적이 재테크와 부를 획득하기 위함이 아니다. 투자는 흥미로운 일이고 또 자신의 존재를 고양시키는 것이기 때문에 하는 것이다. 그래서 투자의 목적을 부를 증식하는 것에 두지 않는다. 부의 증가는 투자 활동 과정에서 나온 결과일 뿐이다. 즉, 결과보다는 과정을 중시한다. 순자산은 부동산 3채(아파트 2채, 오피스텔 하나)와 지금 보유하고 있는 주식을 합치면 100억 정도 되는 것 같다.

2 | 부자라서 좋은 점은?

그런 생각은 굳이 안 해봤지만 정서적으로 안정감을 느낀다. 마음의 여유가 생기니 그동안 보이지 않은 것도 보이고 사람에 대해 관대해진다. 그리고 매사가 긍정적으로 바뀌는 것 같다. 인생의 상당 부분의 고민이 돈과 관련된 것인데 그 돈에 대한 고민을 덜어서 다행이고 홀가분하다. 조선시대까지 양반을 제외하고 일반 평민들이 제 뜻을 펼치지 못한 원인이 신분이라는 족쇄였다면 현대 사회는 돈이 아닐까? 그 속박에서 해방된 느낌이라고 할까?

평범한 부자가 되면서 부자에 대한 인식이 좀 더 긍정적으로 바뀌었다. 부자는 누군가의 몫을 착취한 결과가 아니며 또 불법과 비리로 재물을 축적한 것도 아니다. 정당한 투자 행위로 얻은 것이라 떳떳하다. 뭘 모르는 사람들은 불로소득이라고 하지만 그런 말에 크게 신경 쓰지 않는다. 그런 사람의 생각을 바꾸거나 변화시키는 것이 불가능함을 알기 때문이다. 소모적인 일에 정력을 낭비하지 않으려 한다.

3 | 회사를 떠난 이유는?

2013년 11월에 퇴사했다. 이제나 저제나 퇴직할 기회를 보고 있던 차에 때마침 회사에서 명예퇴직자를 모집한다는 공고가 떠서 몸값을 높게 받고 퇴직했다. 퇴직할 때 벌써 16억 이상의 주식 잔고를 가지고 있었다. 퇴직금을 마중물로 이용해서 자산을 불려보겠다는 생각으로 퇴직하는 파이어족이 있다면 도시락을 싸 들고 말리고 싶다. 또 주식 투자를 하면서 그 자체가 스트레스가 된다면 전업 투자자가 되면 안 된다. 어느 날 갑자기 전업 투자자가 되기로 결심한 것이 아니다. 젊었을 때부터 주식 투자가 좋았다. 퇴직을 결심하게 된 동기는 주식으로 번 돈이 연봉보다 더 많아지기 시작한 시기였다. 즉, 회사를 나가도 상당 기간 먹고살 정도가 된다고 판단했기 때문이다.

주식을 분석하고 좋은 주식을 발굴하고 매수해서 적정 가치를 받는 과정이 흥미롭고 재미있었다. 주식에서 오는 스트레스보다 주식을 찾는 과정이 마치 어렸을 때 하던 보물찾기와 같았다. 마침내 보물을 찾았을 때의 흥분과 희열이 주식을 탐구할 수 있는 힘의 원천이었다. 돈을 좇은 것이 아니라, 주식을 분석하고 세상의 변화를 공부하고 사람들의 심리에 대해 탐구하다 보니 어느새 자산이 늘어났고 남들이 부러워하는 자산가가 되어 있었다. 즉, 재테크 자체가 목적이 아니었다.

4 | 파이어 족에게 한마디

증권회사에 들어왔을 때 IPO 부분에서 커리어를 쌓고 싶었는데 지점에 발령이 났다. 주식을 분석하고 연구하다 보니 주식이 좋아졌다. 신입사원 때 몇백만원으로 주식 투자를 시작했다. 그리고 30대 중반부터 자산이 불어나기 시작했다. 이대로 가면 4, 5년 후에 내가 목표한 금액에 도달할 것으로 예상됐다. 그래서 목표 금액 이상에 도달한 42살에 회사를 나왔다.

회사 면접 때의 장면이 떠오른다. 면접관이 화투를 잘 치는지를 물었다. 못한다고 하니까 화투도 못 치는 사람이 주식을 잘할 수 있겠느냐며 걱정스럽게 말했다. 화투를 잘 치는 사람이 이른바 '메사끼(직관, 감, 촉)'도 있지 않을까 생각했던 모양이다. 과거의 투자 문화가 얼마나 엉성했는지를 가늠해볼 수 있다.

주식은 '메사끼'보다 호기심과 위험을 잘 관리하는 능력에 성패가 갈린다. 또 주식을 1~2년 반짝 잘했다고 파이어족이 되면 안 된다. 특히 우연히 산 종목이 대박이 난 경우가 가장 위험하다. 최소 5~6년 이상 꾸준히 자산을 불려야 소질이 있는 것이라고 말하고 싶다.

단순히 돈을 벌기 위해 직장을 뛰쳐나오면 안 된다. 직장을 다닐 때 그러니까 현금 흐름이 있을 때 투자를 해서 더 벌어놓아야 한다. 파이어족이 된 후 투자한 돈을 헐어 생활비를 쓰게 되면 충분한 복리 효과(눈덩이 효과)를 못 본다. 회사에 있는 동안 충분히 테스트를 해보고 어느 정도 돈을 모은 다음에 나와야 후회가 없다. 빠듯한 돈으로 나오면 투자도, 생각도, 생활도 빠듯해진다. 확신이 들 때, 돈이 두둑이 모였을 때 그리고 마음이 여유로워질 때 나와야 한다. 서두를 것 없다.

5 | 투자 방법은?

나의 투자 방법은 가치 투자가 아니다. 그렇다고 하루가 멀다 하고 매매하는 데이트레이더는 더더욱 아니다. 모멘텀 투자를 한다. 종목을 사면 짧게는 2~3개월 길게는 1년 이상 가져갈 때도 있다.

시장에서 먹히는 모멘텀 재료들을 주기적으로 체크하면서 모멘텀이 살아 있다고 판단되는 종목은 계속 홀딩한다.

내 지인 중에 가치 투자를 하는 분도 있다. 한번 매수한 종목을 웬만해서는 바꾸지 않는다. 주식 투자 규모가 100억이 넘어 배당금만 일 년에 몇억이 들어온다. 이 분은 부동산에 대해서는 부정적이다. 아직도 월세를 살고 있다. 우리나라 부동산이 고평가라고 생각하고 있다. 간혹 만나 골프도 치고 주식 얘기도 많이 나누지만 나는 나의 스타일을 바꾸지 않는다. 계속 돈을 벌고 있는데 더 벌겠다고 잘 모르는 다른 방법을 기웃거리지 않는다. 일 년에 20~30% 수익이면 만족한다.

미국 투자도 생각했으나 국내에서도 수익이 나는데 군이 투자할 필요를 느끼지 못했다. 그러나 미국에 투자했으면 하는 아쉬움은 있다. 우리나라는 계단식 상승, 중국은 횡보하는 시장, 유럽도 좀 밋밋하지만 미국은 꾸준히 우상향하는 매력적인 시장이다. 투자할 만한 나라라고 생각한다.

6 | 주식 vs 부동산

주식이 부동산보다 좋은 점은 재미있고 다이내믹하다는 거다. 호기심이 많고 보물을 찾는 모험가적인 꿈을 이루고 싶다면 당연히 주식을 해야 한다. 주식은 새로운 비즈니스에 대한 공부를 하게 만들고, 내가 세상의 변화와 함께한다는 지적인 욕구를 충족시켜 주고, 내가 발굴한 종목이 오르고 시세를 분출할 때 큰 희열을 느낀다. 젊었을 때 거의 주식에 빠져 살았다. 주말과 공휴일에도 주식 시장이 열렸으면 좋겠다고 생각했다. 매일 회사에 남아 상장된 모든 종목을 분석했다. 멀리서 누가 차트를 보고 있으면 어떤 종목인지를 맞출 수 있을 정도로 주식에 미쳤던 것 같다. 차트 분석은 매수 타이밍과 매도 타이밍을 위한 정도로 활용하지 종목 선정을 위해 사용하진 않는다.

부동산과 다르게 개별 주식은 제각각이다. 부동산처럼 큰 방향성이 없고 오르내림이 다 다르다. 그걸 염두에 두고 투자해야 한다. 리스크 관리가 무엇보다 중요하다. 워런 버핏의 말마따나 잃지 않는 투자를 해야 한다.

오직 재테크만을 목적으로 한다면 주식보다는 부동산이 유리하다. 주식은 레버리지를 일으키기가 쉽지 않다. 오히려 돈을 빌려 투자했다간 패가망신할 수 있다. 위험이 크기 때문에 그렇다. 반면 부동산은 적당한 레버리지는 좋다고 할 수 없지만 필요하다. 전세를 끼고 투자를 할 경우 주식보다 위험도가 한참 떨어진다. 그렇지만 전세도 끼고 은행 대출을 받아서 갭투자를 하면 주식 투자와 다를 바 없다. 부동산의 장점은 레버리지가 그래도 주식보다 안전하다는 것이다. 오직 안전하게 돈만 벌기 위한 목적의 투자라면 당연히 주식보다는 부동산을 해야 한다.

주식과 부동산은 장기적으로 보면 거의 같은 방향으로 움직이지만 부동산이 주식보다 레버리지가 더 큼에도 주식보다 안전하다는 것이 부동산 투자의 핵심이다. 주식 고수 피터 린치가 한 말을 새겨들어야 한다. "주식 투자는 부동산 다음으로 좋은 투자입니다"

7 | 하루 일과는?

다른 전업 투자자와 다르게 집에서 매매를 하고 시장 상황을 살핀다. 아이들 학교 보내고 아내를 출근시키고 나면 간섭할 사람도 없고 소음도 없으니 굳이 집이라 하더라도 불편한 것이 없다.

하루 종일 시세판을 보고 있는 것이 아니다. 미국과 국내의 증시 이벤트가 있을 때만 주의 깊게 보고 나머지 시간은 느슨하게 관리한다. 신문도 보고, 밥도 먹고, 운동도 다녀온다. 세월아 네월아 세월을 낚는 가치 투자와 분초를 다투는 데이트레이딩의 중간 정도에 모멘텀 투자가 있는 것 같다. 적당한 긴장감과 적당히 여유로운 그런 위치다. 내 성격과도 일치하는 투자 방법이다.

사람에 따라 매매 방법과 기법 등이 다 다르다. 모멘텀 투자, 가치 투자, CB, BW와 같은 주식형 증권 투자, 공모주 투자 등. 그리고 그 각각의 위험은 저마다 다 다르다. 각각의 투자를 꽤 오래 해야 그 위험을 인식하고 또 측정할 수 있다. 꾸준한 기록과 복기를 통해 자기만의 투자 방법을 만들어가야 한다.

성장을 위해서는 성공 사례와 실패 사례에 대한 복기가 반드시 필요하다. 성공 사례의 복기는 비교적 쉽지만 실패 사례의 복기는 고통스럽기 때문이 잘 안 한다. 그러나 이를 피하면 똑같은 실패를 반복할 수 있다. 성공 사례를 복기할 때도 자아도취에 빠지면 안 된다. 한 번의 성공이 두 번의 성공을 담보하지 않는다. 맹신하지 말고 참고 정도로 생각해야 한다.

가장 중요한 얘기다. 자기가 하는 투자 행위가 어떻게 위험한지를 알아야 한다. 그래야 투자의 강약을 조절할 수 있고 무모한 투자가 아닌 계획된 투자를 할 수 있다.

8 | 은퇴 계획은?

구체적으로 생각 안 해봤다. 하지만 집중력이 떨어지거나 주식이 예전만큼 매력적이지 않거나 그냥 단순하게 살고 싶어질 때가 은퇴 시점일 것이다. 은퇴하게 되면 변두리의 조용한 집을 사서 소일거리 정도의 일을 하며 평화롭게 보내고 싶다. 아내가 동행해주기를 바라지 않는다. 혼자라도 족하다.

9 | 그 외

'불광불급(不狂不及)' 미쳐야 미친다고 했다. 주식의 매력에 빠져든 사람과 주식에 중독된 사람은 다르다. 호기심과 지적 욕구 없이 단순히 돈을 벌기 위해 주식을 하는 사람은 한계에 부딪힌다. 실패를 통해 배우지도 못하고 또 자잘한 성공에도 성장하지 못한다.

워런 버핏이 애플과 코카콜라 몇 종목에 꽂혀 있고 그 종목들만 편애하는 것 같지만 아니다. 버핏은 매일 읽고 생각하고 또 읽고 생각하는 게 하루 일과다. 가지고 있는 종목의 리포트를 읽는 것이 아니라 다른 종목을 리포트를 읽는다. 자기가 가지고 있는 종목의 비교 우위를 가늠하기 위함이다. 하나만 아는 사람이 가장 위험한 사람이다.

성공한 사람은 극소수다. 유명세를 탄다고 성공한 사람이 아니다. 성공한 사람처럼 보이는 정체불명의 사람들이 더 많은 것 같다. 그래서 성공한 사람이 꽤 있는 것 같지만 내 주변에서 쉽게 볼 수 없는 것이다.

직장에 다닐 때가 가장 중요하다. 소홀하게 보내면 안 된다. 돈을 많이 모아야 하고 투자에 대해 충분히 공부하고 테스트해야 한다. 투자 분석도 중요하지만 투자론과 같은 거시적 안목도 중요하다. 자본주의 작동 원리에 대해 탐구하고 인간과 세상에 대한 이해도 필요하다. 철학 공부도 필요하다. 공부는 끝이 없다. 그리고 그 과정이 어느 정도 재밌고 즐거워야 한다.

편안함 속에서도 긴장감을 유지해야 한다. 지금 돈을 벌었다고 앞으로도 벌 거란 생각은 금물이다. 늘 긴장하고 대비하고 공부해야 한다. 책은 참고만 할 뿐 절대적인 것은 없다. 나에게 필요한 부분만 받아들이면 된다. 투자론이든 투자 분석이든 모든 것의 기초는 주식 시장이 우상향할 거라는 믿음이다.

고정된 관념이 제일 무섭다. 과거의 분석 방법으로 요즘의 주가를 설명하기 어렵다. 가치주와 성장주의 경계가 모호하고 둘 모두가 짬뽕되기도 한다. 단순히 PER 하나로 가치주를 말하는 시대가 지났다. 우리 시대의 가치주 전도사들이 하나둘 물러나는 이유다.

변해야 한다. 1세대 펀드매니저들이 지금의 시장에서 버티지 못하고 줄줄이 사라지고 있다. 과거의 고정된 투자 방법이 먹히지 않기 때문이다. 경험이 편견으로 굳어지면 최악이다. 변해야 하고 항상 열려 있는 오픈 마인드가 필요하다. 특히 주식 시장은 온고지신이 잘 통하지 않는다. 오히려 역효과일 때가 많다.

마무리

신입 사원 시절에 상사가 야근하고 있는 내게 물었다.

"월급 많이 받지 않나?"

본인이 월급을 주는 것도 아닌데 웬 생색인가 싶었지만, 실제 월급을 많이 받고 있다고 생각했다.

"네, 많이 받습니다."

"월급 많이 받는 건 참는 대가야."

모든 회사가 넉넉한 돈을 주는 건 아니지만 돈을 주는 목적은 재미없음, 힘듦, 피곤함 등을 보상하기 위함이 아닌가? 당장 때려치우고 뛰쳐나오기 싫어도 아직은 아니라고 생각하자. 조금만 더 견뎌내자.

성공한 투자가에 대한 환상을 버리자. 투자가는 되고 싶다고 되는 것이 아니라, 오랜 투자 결과로 자연스럽게 되어지는 것이다. 되고 싶다고 되는 것이라면 모든 사람이 성공한 투자가일 것이다.

인터뷰 후기

'투자 고수라고 해봐야 뭐 별거 없네'라고 생각하실 분들이 많을 것 같다. 투자 비법을 내심 기대하신 분들에게는 정말 면목 없는 일이다. 그러나 그 말이 어느 정도 진실을 담고 있다. 우리가 성공했다는 사람들의 말과 책을 통해 확인하게 되는 것은, 성공의 비결이라는 게 뭐 별거 아니라는 것이다. 어디 처음 듣는 얘기가 있던가? 아니면 우리가 이해하지 못하는 특별함이 있던가? 우리가 성공한 투자가가 되지 못하는 것은 힘들이지 않고 성공하고자 하기 때문이다. 즉, 타인에게 묻어가려는 의존적인 사고방식 때문이다. 돈을 받고 투자 비법과 종목을 찍어주는 곳도 있지만 알고 보면 다 사기다. 그런 곳에 한 달에 몇백만원씩 피 같은 돈을 꼬라박는다. 그런 정신머리로 돈을 버는 건 요원한 일이다. 다시 한번 강조하지만 도

산 안창호 선생의 인물론을 마음에 새기자. "우리 가운데 인물이 없는 것은, 인물이 되려고 마음먹고 힘쓰는 사람이 없기 때문이다."

후배와 헤어져 집에 돌아오는 늦은 밤에, 역시 주식은 나와 안 맞는다는 생각을 했다. 챙길 게 너무 많고 내 머리로는 역부족이다. 단순한 것을 좋아하는 내겐 복잡한 주식 시장이 안 맞다. 또 바쁜 직장인으로서 주식에 할애할 짬이 없다. 집에 오면 널브러져 있다가 해가 지기 전에 잠자리에 드는 일도 많은데 언제 시간을 내서 공부할 것인가? 그냥 인덱스 펀드나 ETF 투자로 만족하자. 윤동주 시인의 독백처럼 그냥 이렇게 나에게 주어진 길을 걸어가야겠다.

오늘 밤에도 별이 바람에 스치운다….

돈 버는 재미, 돈 쓰는 재미

| 돈보다 마음의 평화 |

미장 친구에게 전화가 왔다. 요즘 화물연대 파업으로 집에서 쉬고 있는 모양이다. 이번 겨울에 허리 수술을 받아야 하는데 화물연대 파업으로 공사가 연기돼 비수기인 1월까지 일을 해야 할지도 모른다. 그럼 허리 수술도 차질을 빚는다.

설상가상으로 십몇 년을 같이 일해온 기계 사장이 간암 말기로 비상등이 켜졌다. 지금까지 그쪽에서 일감을 받아 일해왔는데 속된 말로 물주가 오늘내일하는 것이다. 기계 사장이 운영하는 2대의 기계 중 하나는 같이 일하는 기계팀 반장에게, 그리고 다른 하나는 친동생에게 싸게 넘긴 모양이다. 미장팀 반장인 친구와 기계팀 반장 사이가 안 좋다. 몇 년 전부터 이해관계가 얽혀 견원지간이 됐다. 얼마 전까지는 기계팀 반장과 미장팀 반장으로 대등한 관계였다가 이젠 사장과 반장으로 상하 관계가 바뀐 것도 영 껄끄러운 상황이다.

기계 사장의 나이가 70이란다. 세상을 뜨기엔 다소 이른 나이다. 병에 걸린 사장의 안위보다 모두들 갑자기 바뀌어버린 지금의 상황에 전전긍긍이다. 앞으로 일감이 꾸준히 확보되리란 보장이 없기 때문이다. 그동안 기계 사장이 영업을 해서 일감을 따왔는데 그 빈자리를 기계를 인수받은 기계 반장이 해야 한다. 사장이 일궈놓은 거래처에서 새로운 사람에게 일거리를 줄 확률은 50%도 안 된다고 봐야 한다. 그럼 친구 일이 50%로 줄어드는 셈이니 바짝 긴장하지 않을 수 없다.

말기 암이기 때문에 기적이 없는 한 오래 살지는 못할 것이다. 친구가 돈만 많으면 뭐 하냐며 그 많은 돈 써보지도 못하고 바보처럼 일만 하고 간다며 안타까워했다. 맞는 말 같지만 곰곰이 생각해보면 꼭 그렇지도 않은 것 같다. 병에 걸린 게 돈을 많이 벌어 그리된 것도 아니지 않은가? 건강검진도 꼬박꼬박 받았다고 한다. 방광에서 발병한 암이 간으로 전이됐다고 하니 돈과는 무관한 일이고 또 평소에 건강에 소홀한 것도 아닌 것 같다.

그분을 변호하는 것은 아니지만 그분이 바보라서 돈 쓰는 일보다 돈 버는 일에 급급했던 것이 아니다. 단지, 돈 버는 재미가 돈 쓰는 재미보다 더 쏠쏠했기 때문일 것이다. 그뿐이다. 특별히 돈독이 올라서 그런 것이 아니다. 돈을 벌어본 사람들은 안다. 돈을 벌 때의 그 짜릿함과 쾌감을. 반대로 돈 쓰는 재미가 있는 사람들은 돈을 쓸 때의 재미와 쾌감이 더 클 것이다. 그러니까 환경에 따라 돈을 쓰는 사람과 돈을 버는 사람이 갈리는 것 같다.

결국 그 많은 돈은 아들만 좋은 일 시켰다고 다들 말한다. 그 돈으로 아들 빌딩 사주고 외제차 사주고…. 내가 그분의 대변인은 아니지만 아들에게 빌딩을 사주고 외제차를 사주었을 때 그분은 뿌듯했을 것이다. 즉, 그 돈으로 자선사업을 하거나, 장학 사업을 하거나, 자신을 위해 쓰거나, 불우 이웃을 도울 때보다 아들을 위해 썼을 때가 더 기쁘고 즐거웠던 것이다. 그분에게 왜 자선 사업을 하지 않느냐고 비난할 수 없다. 남의 돈을 이렇게 저렇게 쓰라고 요구할 수 없지 않은가?

나는 그분이 돈밖에 몰랐거나 또는 몸을 챙기지 않아 병에 걸렸다고 생각하지 않는다. 나는 그분에게 자식을 위해 돈을 쓰는 것보다 자선사업을 하는 것이 더 보람된 일이라고 말하고 싶지 않다.

인생이 그렇다. 내 기준으로 이렇게 저렇게 되어야 한다고 하는 것은 섣부른 짓이고 주제넘은 짓이다. 그보단 내가 잘 살아야 한다. 내가 어떻게 해야 행복하고, 돈을 벌고, 자립을 할 수 있을지를 곰곰이 생각해야 한다.

돈이 있어도 마음의 평화가 없다면 그 돈은 다 소용없다. 그러나 돈이 없어야 마음의 평화가 생기는 것도 아니다. 그리고 돈이 많아도 마음이 평화로울 수 있다. 돈은 마음의 평화와 아무 상관이 없다. 그렇지만 돈이 있으면 없는 것보다 장점이 많다. 적어도 돈으로 인한 갈등과 불화는 막을 수 있다. 돈이 할 수 있는 역할은 딱 거기까지다. 중요한 건 마음의 평화가 먼저다.

※ 이런 얘기 하면 "재벌가들 한번 봐. 돈으로 인한 갈등과 불화가 얼마나 많은데…"라고 하는 분들이 있다. 이런 분들에게는 정말이지 더 할 얘기가 없다.

처남에게 쓴 투자 조언

| 주식, 부동산, 재테크 |

누구 하나 의지할 곳 없는 먼 이국 땅에서 네 명의 식솔을 거느리고 살려니 얼마나 고생이 많은가? 이제 처남도 어느덧 50을 바라보는 나이가 됐네. 정신없이 살아온 날을 뒤돌아보고 다가올 미래에 대해 좀 더 생각을 하게 되는 시점이 아닌가 생각하네. 매형이라고 따뜻한 말 한마디 건네지 못한 점 항상 미안하게 생각하네. 투자에 대해 얘기해달라고 해서 두서없이 몇 자 적었네.

주식에 대하여…

재테크를 위한 경제 공부라고 하면 주식과 부동산이 있는데, 33

년간 증권회사에 있으면서 주식으로 돈을 번 것보다 부동산으로 돈 번 것이 많음. 주식은 본전 정도. 주식이 쉬운 것 같으면서도 어려움. 주식 계좌를 온라인으로 만들고 또 푼돈으로 시작할 수 있어서 주식을 쉽다고 생각하는 사람이 있는데 이는 초보 마인드임.

주식 대가들의 책을 보고 또 전문가의 얘기를 들으면 고개가 끄덕이지만 실제로 해보면 어려움. 종목을 선택하기 어렵고 언제 사고팔지도 어려움. 쌀 때 사고 비쌀 때 팔면 되지 하겠지만 언제가 싸고 언제가 비싼지 모름. 주식 차트를 보고 과거 이때에 샀으면 엄청 먹었을 텐데 하는 생각은 아무짝에도 쓸모없음.

주식 시장에서 살아남아 성공을 거둔 사람은 1%도 안 됨. 방송에 나오거나 책을 써서 무용담을 자랑하는 사람들은 피해야 함. 진짜 고수는 소문을 안 냄. 성공 투자 법칙을 남에게 또는 자식들에게 전수해줄 수 없음. 워런 버핏의 자손들이 대를 이어 전문 투자가가 아닌 것으로 봐서 대물림이 어려움. 책을 많이 읽는다고 실력이 느는 것도 아님. 주식 투자는 타고나는 것이라고 생각함. 기질(참을성, 인문학적인 소양)과 머리 두 가지를 타고나야 함.

그래도 주식을 하고 싶으면 인덱스 펀드를 사거나 코스피 200 ETF를 사면 됨. 즉, 종합주가지수에 투자하는 것임. 먹을 때 남보다 조금 적게 먹고 깨질 때 남보다 조금 덜 깨짐. 그리고 한꺼번에 몽땅 투자하는 것보다 매월 일정 금액을 적금하듯 불입하면 좋을 것임. 통계에 의하면 아무리 유능한 펀드 매니저라고 하더라도 장기적으로 종합주가지수를 능가하기 힘듦.

　일본 주식 시장이 그동안 30년간의 부진을 털고 최근 상승 흐름을 보이고 있음. 일본의 미래가 밝은 것은 아니지만 어쨌든 개별 종목보다는 니케이 지수에 투자하는 것이 좋음. 아니면 한국과 미국의 주가지수에 투자하든가. 그러나 화끈한 걸 좋아하는 우리나라 사람들에게 인덱스 펀드는 성에 차지 않음. 개별 종목에 투자하면 여러 가지로 불리함. 종목에 대한 공부도 해야 하고, 수시로 주가를 확인하고, 팔지 살지를 저울질하게 됨. 그때 샀어야 했는데 그때 팔았어야 했는데 하는 자책을 수없이 반복하게 됨. 그 스트레스는 상상 이상임. 삶의 질을 떨어뜨림. 내가 개별 주식을 안 하고 펀드나 ETF만 하는 이유임.

　이 세상에서 가장 똑똑한 사람들이 들어와 겨루는 시장이 주식 시장이라고 보면 됨. 돈과 권력은 골고루 나누어 가질 수 없음. 돈과 권력은 사람들이 가장 선호하는 가치이기 때문임. 사람들은 대통령, 국회의원, 검사, 판사, 증권회사 사장, 펀드 매니저, 슈퍼 개미는 될 수 없지만 주식으로 돈을 벌 수 있다고 생각함. 그러나 현실은 그리 호락호락하지 않음.

　부동산에 대하여…

　그에 비해 부동산은 주식보다 승률이 높음. 펀드매니저인 피터 린치는 "주식은 부동산 다음으로 좋은 투자 대상이다"라고 하였음. 즉, 부동산이 가장 좋은 투자 대상이라는 것임. 부동산이 주식보다 그나마 유리한 것은 1) 강제로 장기 투자를 유도하고, 2) 살아가는 데 있어 필수재이며, 3) 부동산 시장엔 외국인과 기관투자 같은 전문가가 없고 4) 레버리지(전세를 끼고 사는 경우) 효과가 크기 때문임.

그러나 부동산도 공부가 필요함. 요즘엔 카페도 많고 세미나도 많음. 2006년부터 내가 부동산에 관심을 갖고 배울 때, 같이 공부하는 사람들이 나보다 나이가 많았지만 요즘 세미나에 가보면 나보다 다 젊음. 부동산은 책도 많이 읽었지만 유료 강의를 들은 것이 더 유익하였음. 좋은 멘토를 찾아 그의 책을 읽고 강의를 듣다 보면 점차 성장해 나가는 자신을 발견하게 됨. 투자에 가장 큰 걸림돌은 조급함임. 빨리 부자가 되고 싶은 조급함 때문에 무리를 하게 되고 성급하게 판단하게 됨.

부동산 투자를 생각할 때 일본의 사례를 들먹이며 폭락과 침체를 떠벌리는 사람들이 제일 한심함. 일본의 사례는 100개 나라 중 딱 한 나라의 사례일 뿐임. 왜 99%의 나라에 주목하지 않고 1%인 일본에 주목하는지. 부동산에 대한 부정적인 편견을 깨뜨리기 위해 일본에 왜 버블이 발생했고, 그 버블이 얼마나 컸는지, 그리고 어떤 이유로 그 침체가 30년간 계속됐는지를 알아야 함.

재테크를 해야 하는 이유

직장생활만으로 원하는 만큼의 돈을 벌 수 없음. 직장생활로는 밥 먹고 사는 정도임. 특히 노동 소득으로는 일부 전문 경영인을 빼고는 부자가 되기 어려움. 본인이 목표로 하는 돈을 벌어 부자가 되는 방법으로는 사업을 하는 방법과 투자를 하는 방법이 있음. 사업을 하는 방법을 제외하면 투자를 통해 돈을 버는 방법밖에 없음. 토마 피케티가 쓴 《21세기 자본》에 보면 어느 시대, 어느 지역을 불문하고 자본(주식, 부동산) 소득이 노동 소득을 앞선다고 했음.

일본은 금리가 낮으니 빚을 낼 수 있다면 그 빚을 이용해 한국의 부동산을 사두는 것도 나쁘지 않을 것임. 통상적으로 빚을 내서 갚는 이자 비용보다 부동산 가격이 훨씬 더 많이 오르니까 빚을 내서 투자하는 것을 겁낼 필요는 없음. 단, 무리하지 않는 수준이어야 함. 한국은 모든 경제 활동의 중심이 서울에 몰려 있기 때문에 서울에 투자를 하는 것이 좋음. 또는 서울의 핵심인 강남으로의 접근성이 좋은 수도권(경부 라인)에 투자해야 함.

주식이든 부동산이든 우리가 실물 자산에 투자해야 하는 이유는 자본주의에서 살아남기 위함임. 1971년, 미국의 닉슨 대통령이 금태환(달러를 금으로 바꿔줌)을 포기하면서 인플레이션이 일상화되기 시작함. 즉, 과거에는 금이 있어야 화폐를 발행할 수 있었는데 1971년부터 국가가 마음만 먹으면 돈을 발행할 수 있음. 남의 나라 얘기를 왜 하나 싶겠지만 지금은 전 세계가 하나로 연결돼 있고 또 미국만큼 중요한 나라가 없기 때문임. 우리는 지금 금본위제 대신 달러 본위제에 살고 있음.

모든 정치인은 국민들의 환심을 사기 위해 복지에 치중하고 세금으로 충당이 안 되면 중앙은행을 동원해서 돈을 찍어냄. 지금 전 세계적인 인플레이션(주식 및 집값 급등)은 돈을 찍어내기 때문임. 일반 사람들은 인플레이션이 뭔지는 대충 알지만 어떻게 물가를 끌어올리고 집값을 끌어올리는지 잘 모름. 복잡하고 어렵기 때문임. 또 학교에서 자세히 배우지 않기 때문임.

사실 주식이든 부동산이든 실물 자산은 인플레이션을 보고 투자하는 것임. 그러니까 시간의 문제이지 장기적(10년의 기간으로 보면 주식이든 부동산이든 항상 올라 있었음. 일본만 예외)으로 인플레이션은 계속될 것이고 그에 따라 실물 자산인 부동산과 주식은 계속 오를 것임. 이 사실을 정확하게 인식해야 현재의 자본주의 본질을 이해할 수 있음.

1990년에 발생한 일본의 대침체는 일본만의 특수성에 기인한 이례적인 사례라고 봐야 함. 일본의 사례를 한국과 기타 다른 나라에 적용하는 것은 경제적 무지함을 자인하는 것임. 무엇이든 투자에 성공하기 위해서는 10년 정도의 시간이 필요함. 주식이든 부동산이든 아무리 꼭대기에 샀어도 10년 정도면 그보다는 올라 있을 것임을 믿고 투자해야 함. 투자자는 항상 미래를 긍정적으로 봐야 함. '내일 지구가 망할지도 모르는데'와 같은 비관주의로는 성공할 수 없음. 장기적으로 자산 시장이 우상향한다는 믿음이 전제되어야 느긋하게 기다릴 수 있음.

재테크를 위한 방법으로 주식과 부동산 공부만 한다고 만사가 아님. 그보단 세상과 사람에 대한 이해가 우선되어야 함. 특히 경제가 돌아가는 원리를 알아내고 캐내려고 하는 노력이 필요함. 세상을 직관적으로 이해하려 하거나 자신의 얄팍한 경험 하나로 다 알았다는 생각은 금물임. 세상과 사람을 주관적으로 인식하거나 평균에 묻어가려는 생각 또한 자신에게 득이 안 됨. 그보다는 세상을 객관적으로 보고 다수보다는 소수의 의견을 경청해야 함.

자신의 위치(재산, 급여, 사는 곳, 학력 등)가 대한민국 또는 전 세계적으로 어느 위치에 있는가를 평가해봐야 함. 대한민국을 기준으로 줄을 세우면 별것 아니라는 사실에 낙담하지 말고 분발의 기회로 삼아야 함. 또 전 세계로 줄을 세우면 꽤 괜찮은 수준이지만 위안으로 삼지 말고 감사하고 겸손해야 함. 즉, 현재를 긍정해야 앞으로 나아갈 수 있음. 세상과 사람을 포용하고 또 자기 자신을 긍정하는 것이야말로 시작이자 끝이라고 할 수 있음.

부자가 되면 무엇이 좋을까?

| 돈이 중요한 이유 몇 가지 |

부자의 기준은 뭘까? 얼마나 재산을 가지고 있어야 부자라고 할 수 있을까? 사람마다 기준이 다르겠지만 순자산 기준으로 대한민국 1%에 들면 부자라고 할 수 있지 않을까? 2021년 기준 대한민국 1%의 순자산은 29억원이다. 서민들은 그 정도를 목표로 하는 것 같다. 그 정도면 먹고살 만하지 않을까? 물론 부의 속성이 욕망과 같아서 무한 증식하기 때문에 10억이면 족하다고 한 사람도 10억이 모이면 바로 20억으로 목표를 바꾼다. 그리고 그 20억은 다시 40억, 80억으로 곱절로 증식한다. 부란 원래 그런 모양이다.

우리나라에서 부자에 대한 점수는 매우 박하다. 일부 나대는 부자들의 잘못도 있지만, 잘못된 편견도 한몫한다. 부자들의 갑질이든 부자들에 대한 편견이든 그럼에도 불구하고 다들 부자가 되고 싶어 한다. 나는 돈에 대한 욕망과 염원이 놀부라는 이미지에 잘 나타난다고 생각한다. 착하고 부지런하지만 가난한 흥부를 닮고 싶어 하는 사람은 없다. 욕심 많고 게으르지만 부자인 놀부를 원한다. 우리는 놀부라는 프랜차이즈점에 들러 아무 거리낌 없이 부대찌개를 먹고 순댓국을 목구멍으로 넘긴다. 즉, 놀부에 대한 거부감이 전혀 없는 것 같다. 이상하지 않은가? 우리의 정서라면 망해도 벌써 망해야 할 프랜차이즈 아닌가?

사람들은 부자를 미워하지만 역설적으로 돈을 갈망한다. 어떤 사람은 돈에 대한 욕심을 드러내놓고 살고 또 어떤 사람은 돈에 대한 욕망을 감추고 살 뿐이다. 유독 부자를 미워하는 사람일수록 더욱 부자를 갈망한다고 할 수 있다. 원래 그렇다. 미움은 결핍을 감추기 위한 페르소나(가면)니까. 그리고 결핍이 생기면 마음이 비뚤어지기 시작한다. TV 프로 〈슈퍼맨이 돌아왔다〉의 벤틀리를 생각해보라. 관심을 끌기 위해 괜히 심술을 부리고 일부러 사고를 친다. 윌리엄 동생 벤틀리의 심술은 귀엽게 받아줄 수 있지만 어른이 되고서도 그러면 좀 곤란하지 않을까?

부자가 된, 혹은 되려는 자는 그렇지 않은 사람들의 투정과 심술을 받아줄 생각을 하고 사는 것이 편하다. 설마 이런 것 때문에 부자가 되는 것을 포기한 사람은 없을 것이다. 그럼 부자가 되면 무엇이 좋을까? 부자가 되면 어떤 장점이 있을까? 여기서는 물질적인 풍요와 같은 형이하학적인 것은 제외하자. 너무나 당연한 거니까.

1 | 행복하다

잘사니까 당연히 행복할 거라고 생각하겠지만 아니다. 그냥 잘
사는 것보다 남보다 잘산다는 것이 중요하다. 행복은 비교를 통해
가능하다. 저질의 행복이라고 폄하할 수 있지만 말이다. 우리 모두
는 이기적인 인간이고 박애주의자가 아니다. 보통 사람들은 남들
보다 잘산다는 사실에 행복감을 느낀다. 이걸 부정하면 그분은 '테
스' 형 버금가는 분일 거다.

이 저질의 행복을 거쳐서 형이상학적인 행복으로 갈 수 있다고
나는 생각한다. 그러니까 구도자나 청빈한 지식인이 아니고서는
궁핍함 속에 행복을 느끼기는 쉽지 않다. 물론 경쟁이 없는 산속으
로 들어가 혼자 살면 가능하다. 그렇다고 우리 모두가 산속으로 들
어가 살 수는 없지 않은가?

또 돈이 있으면 더 행복한지는 모르겠지만 확실히 덜 불행하다.
어느 책에 의하면 행복은 50%가 유전자라고 했다. 그러니까 타고
난다는 것이다. 그런 유전자를 타고나지 않은 나와 같은 사람은 좀
실망스럽겠지만 어찌하겠는가? 행복을 연구한 학자가 그렇게 말했
으니. 하지만 나머지 50%는 개선의 여지가 있지 않은가? 그 개선의
여지가 사람마다 다 다를 것이지만 나는 돈이라고 생각하고 싶다.

즉, 돈이 불행의 하방 압력을 막아주는 느낌이랄까?

행복은 성취감이라 생각한다. 무언가를 이룬 것(돈이든 아니면 목표든)에 대한 자기만족이 아닐까? 또 자기가 성장하고 있다는 느낌 또한 성취감의 일종이다. 물론 물질적인 성장 못지않게 정신적인 성장도 무시할 수 없다. 그러나 정신 일변도의 성장은 본인은 행복할 수 있지만 가족의 지지까지는 얻을 수 없을 것이다. 사실 가족의 지지 기반이 행복의 요소 중 50% 이상 되지 않을까?

2 | 좀 더 관대해진다

곳간에서 인심 난다는 말이 괜히 있는 말이 아니다. 등 따습고 배부르면 조금 더 관대해진다. 비로소 주변을 돌아볼 여유가 생긴다. 주변을 돌아보며 그동안 보이지 않았던 풍경들이 보이고 이웃도 보인다. 그러면서 이룬 것에 비해 과도하게 누리며 사는 운 좋은 놈이란 생각도 해본다. 누가 짜증을 내도 사는 게 팍팍한가 보다 하고 이해할 수 있다.

이 세상에 가난하게 살고 싶은 사람이 어디 있겠나? 다들 떵떵거리고 살고 싶은데 그러지 못할 사정이 있음을 알면 누구를 향해 이러쿵저러쿵 바른 소릴 할 입장이 아니다. 그걸 진즉 알고 있었으면 지금 저렇게 살겠는가? 다들 어쩔 수 없어서 그렇게 사는 것이다. 아무리 좋은 말이라도 상대방이 원하지 않은 충고나 조언은 공허한 것이고 그 사람을 두 번 죽이는 거다. 그러니 남에게 입바른 소리 하지 말고 그냥 내 현실에 고마워하면 된다. 나보다 못한 누군가에 대해 그냥 연민을 가지고 보자. 그러나 상대방에게 충고나 조언이 유효한 경우도 있다. 바로 당사자 본인이 원하는 경우다. 그러나 그런 경우는 거의 없다.

《단순한 기쁨》이라는 책을 쓴 프랑스의 피에르 신부님이 이렇게 말했다.

"고통받는 사람들은 멋진 충고나 바른 소리로 위로받거나 변화되는 것이 아니라 이해받고 있다는 따뜻한 감정이 전달될 때 기꺼이 마음을 바꾼다."

독설과 뼈 때리는 말은 고개를 끄덕이게 할 수는 있어도 행동으로까지 발전하기는 힘들다.

3 | 좀 검소하게 살아도 떳떳하다

남의 이목에 덜 신경 쓰게 된다. 명품이 없어도, 후진 차를 몰고 다녀도 별로 창피하지 않다. 난 명품 의류도, 구두도, 가방도 없다. 체질적으로 그런 걸 좋아하지 않는다. 아니, 원래 옷걸이가 안 좋아서 명품을 둘러도 티가 나지 않기 때문인지도 모른다. 주변 사람들 말로는 나 정도 되면 제네시스나 외제차를 탄다지만 난 13년 동안 준중형차를 타고 있다. 남들은 궁상이라고 하지만 난 솔직히 차 사는 돈이 아깝다. 그 정도의 값어치가 없다고 생각하기 때문이다. 남에게 보여주려고 사는 삶이 아니니까.

그러나 이런 떳떳함도 어느 정도 가진 후부터 생겼다. 그전에는 남들 앞에 내 차를 보여주기가 싫었다. "여태까지 뭐 하셨어요?"란 소리를 들을 것이 뻔하기 때문이었다. 그러고 보면 없는 사람들이 남의 이목에 더 신경 쓰는 것 같다. 대부분 무시당하지 않기 위해서 라고 한다. 그렇게 말하지만 인정받고 싶다는 것이 정확한 표현일 것이다. 인정받지 못하면 버림을 받았다는 이분법적인 사고다. 그 만큼 멘탈이 약하다고 해야 할 것이다. 겪어보니 없을 때 무시당하 는 것과 있을 때 무시당하는 것은 많은 차이가 있었다. 없을 때 무 시당하면 기분이 나쁘고 불쾌했지만 지금은 그 정도까지는 아니 다. 자발적 가난과 그냥 가난은 살아가는 모습은 비슷하지만 그 질 은 하늘과 땅 차이다.

4 | 체면을 차리고 살 수 있다

일단 배고프고 가난하면 체면이고 뭐고 없다. 이건 내가 겪어봐 서 안다. 가난하면 시야가 좁아지고 당장의 유불리만 가지고 모든 일을 판단한다. 생각이 짧으니 타인을 배려할 여유가 없다. 당장 끼니가 걱정인 사람에게는 인내심을 가지고 기다릴 시간이 없다.

항상 배고팠던 사람에게 마시멜로 하나를 주면서 내일까지 안 먹고 기다리면 마시멜로 하나를 더 주겠다는 제안은 잔인한 실험이다. 기다리면 더 큰 대가가 있다는 걸 학습한 사람과 기다려봐야 배고픔뿐이라는 사람은 조건부터가 다르다. 체면이란 놈은 등 따습고 배불러야 가질 수 있는 고약한 놈이다. 배고픈 사람은 이런 DNA가 없다.

역설적이지만 많이 배우고 먹고살 만한 사람들 중에 혁명가적인 사상가가 많다. 전태일 열사 같은 사람이 예외다. 이들은 노동판에서 또는 공장에서 고단하게 성장한 사람이 아니다. 다들 남부럽지 않은 환경에서 자란 사람들이다. 춥고 배고픈 사람들이 인류와 사회를 위한 거대한 담론을 만들기는 쉽지 않다. 당장 춥고 배고픈데 그런 형이상학적인 일에 몰두할 에너지가 없다. 이런 일들은 체면치레 정도는 할 수 있는 사람들에 의해 발전해온 것이다. 그러니 체면치레할 수 있다는 것이 인류를 위해 또는 사회를 위해 얼마나 중요한지를 알아야 한다. 좀 비약한 느낌은 있지만 아무튼 체면을 차리고 살 수 있어야 개인은 물론 사회에도 좋다는 얘기다.

5 | 배울 수 있는 시간이 많다

배움은 중요하다. 많이 배운 사람이 더 행복하고, 더 부자로 살고, 더 관대하다. 그런데 배움을 위해서는 세 가지 조건이 필요하다. 첫째, 시간이 많아야 한다. 너무나도 당연한 얘기다. 대부분 부자가 시간이 더 많다. 예외도 있지만 정말 필요하다고 생각하면 뺄 수 있는 시간을 말한다. 가난한 사람은 생계 때문에 필요한 시간이라고 하더라도 후순위로 밀릴 가능성이 많다. 둘째, 습관이 되어야 한다. 습관은 제2의 천성이라는 말도 있듯이 배움은 꾸준해야 그 효과를 볼 수 있다. 어쩌다 하는 공부가 아닌 꾸준한 공부 또한 부자가 유리하다. 쪼들리는 살림을 팽개치고 꾸준히 공부할 수 있는 사람은 별로 없다. 셋째, 공부도 마음이 평화로워야 집중할 수 있다. 주변에 소음이 많고 불화가 많은 조건에서 공부에 집중하기 힘들다. 인생을 사는 데 문제가 없는 사람이 있겠냐마는 확률적으로 가난한 사람이 더 많을 것이다.

부자는 더 부유하게 되고 가난한 자는 더 가난하게 된다는 마태복음은 어느 정도 진리에 가깝다. 배움과 부는 정비례한다. 로또를 사는 것보다 그 돈을 모아 책을 사고 친구들과 어울려 술을 마시며 한풀이하는 시간에 공부를 하면 우리도 마태복음 효과에 올라탈 수 있지 않을까?

6 | 남의 눈치를 살필 필요가 없다

직장생활을 하면서 가장 굴욕스러웠던 것은 자의반 타의 반으로 '목구멍이 포도청'이라는 말을 되뇔 때였다. 또 생사여탈권을 남의 손에 쥐버린 나약함도 굴욕스러웠다. 인사철만 되면 진급과 이동 소식에 신경을 곤두세우고 삼삼오오 모여 누구 라인을 운운하고 누구와의 학연과 인맥을 들먹일 때마다 그 둘 모두가 없는 나는 비를 맞으며 혼자 서 있는 초라함을 경험하곤 했다.

밥벌이가 힘든 건 누군가의 눈치와 안색을 살펴야 하기 때문이다. 알랑방귀도 뀌어야 하고 입에 발린 소리도 해야 한다. 내가 사회 초년생일 때는 내 윗분들은 명절 때 선물을 사 들고 상사의 집을 방문하기도 했다. 지금이야 많이 달라졌지만 그래도 윗분들의 심기를 알아차리고 기분을 맞추어야 하는 것은 예나 지금이나 비슷하다. 이런 걸 잘하는 사람도 있지만 그렇지 못한 사람이 훨씬 더 많다. 말과 표정이 다른 어정쩡한 상태에서 어설픈 멘트를 날릴 때의 자괴지심은 두고두고 씁쓸한 여운을 남긴다.

처세에 능하지 않은 사람들이 조직 내에서 받는 스트레스는 상상 이상이다. 이런 스트레스 때문에 조기에 퇴직한 사람도 있고, 조기 퇴직을 생각하고 있지만 여건이 맞지 않아 고민하고 있는 사람도 있다. 일단 먹고살 만하면 남에게 아쉬운 소릴 안 해도 된다. 그러니까 인간다운 삶을 영위하기 위해서는 교양이나 양심, 도덕보다도 돈이 더 앞서는 셈이다. 돈이면 어느 정도 해결될 문제니까.

7 | 훌륭한 남편이자 아빠가 된 듯한 착각?

언제부턴가 아내와 아이들에게 내 말이 먹히는 이상한 현상이 나타났다. 전에는 내가 한 말이 튕겨 나왔는데 언제부턴가 받아들여지는 경험을 하게 된 것이다. 속된 말로 가족들이 고분고분해진 느낌이다. 아마 그 시점이 강남으로 이사온 직후인 것 같다. 그때부터 아내와 아이들 모두 우리 집이 부자라는 생각을 한 것 같다. 그 생각을 스스로 한 것이 아니라 주변 사람들로부터 오는 반응으로 느낀 것이다. 즉, 강남에 살면 사람들의 시선이 달라지고 관심을 받게 된다. 그러니까 강남에 살면 일단 하나를 먹고 들어간다. 주변에서 먼저 반응하니까. 이런 주변의 반응 때문에 다들 과소비를 하고 외제차를 뽑는지 모르겠다.

사실 우리는 자존감 운운하지만 타인이 자신을 어떻게 평가하는지에 더 민감하다. 우리가 생각하는 자존감의 80%는 타인의 평가에서 오는 타존감의 일부에 지나지 않는다. 주변의 평가가 박한 사람이 자존감이 높을 리 없다. 그렇다고 나와 우리 가족 모두 자존감이 높다는 것이 아니다. 내가 느낀 것은 자존감보다 질이 한참 낮은 우월감에 지나지 않는다.

이런 가족의 반응은 나에게도 선순환으로 작동한다. 가족의 신뢰와 존경을 받고 있다는 생각은 더 좋은 남편과 아빠가 되어야겠다는 다짐으로 승화된다. 그러니까 가족의 지지와 응원이 책임감

을 더 배가시키고 더 잘해야겠다는 생각으로 이어진다. 이른바, 피
그말리온 효과다.

※ 어떤 분들은 이렇게 말하고 싶을지도 모르겠다. "잘났어 정말…. 그래
서 부자가 되려면 어떻게 해야 하는 건데?" 하지만 이렇게 묻는 분이
라면 도돌이표 인생일 것이다. 몰라서 묻는 것이 아님을 본인이 더 잘
알 것이다. 그저 손쉬운 방법을 찾고 있는 것이니까.

집 사기 어려운 이유 & 집 사야 하는 이유
| 뫼비우스의 띠 |

집 사기 어려운 이유

집을 살 때 망설이는 이유는 여러 가지가 있다. 비싸기도 하지만 불화를 일으키는 애물덩어리이기 때문이다. 특히나 여럿이 모였을 때 부동산 얘기는 금기시되는 주제다. 논리와 근거를 떠나 각자의 주장과 의견을 앞세우다 보니 배가 산으로 가고 감정이 격해진다. 무주택자는 주거의 안전성과 불평등에 초점을 맞춘다. 1주택자는 상급지로 갈아탈 기회만 보며 나를 괴롭히지 않으면 이래도 좋고 저래도 좋다. 다주택자는 아예 입을 닫는다. 어차피 투기꾼으로 공인된 마당에 얘기하면 할수록 손해다. 온 국민이 부동산이라는 비생산적인 재화에 너무나 많은 시간과 에너지를 쏟고 있다. 누더기 세법과 쉴 새 없이 바뀌는 정책으로 집을 사고팔기 위해선 고도의 정신력과 지식이 필요한 시대가 되어버렸다. 국가적으로 너무나 큰 손실이다.

사람들의 관심사 중 가장 첨예한 것이 돈과 권력이다. 인간의 생존에 가장 강력한 수단이기 때문이다. 그러니 돈과 권력이 되는 것이라면 물불 안 가리고 체면도 내팽개친다. 확실하게 돈이 되는 것이라면 재난 지원금이든 아파트 청약이든 기를 쓰고 달려든다. 권력 또한 다르지 않다. 욕을 먹으면서도 대통령과 국회의원이 되려하고, 하다못해 아파트 동대표라도 하겠다고 설친다. 안중근 의사는 이로움을 보면 의로운가를 생각하라고 했지만 우리는 이로움을 보면 불길 속이라도 뛰어들 기세다. 왜 그럴까? 돈과 권력은 욕망이기 때문이다. 욕망의 속성은 무한 증식이고 끝이 없다. 집 또한 그렇다. 집은 곧 돈이고 계급이기 때문이다.

내 집 마련이 어려운 건 편견과 몇 가지 장애물 때문이다. 이 편견과 장애물을 하루빨리 걷어차 버려야 한다.

1 | 정부를 믿는 순진성

마치 정부가 내 집 하나 줄 것 같은 착각을 하는 사람들이 있다. 주지는 않더라도 최소한 집값을 싹둑싹둑 잘라 반값에 살 수 있게 해줄 거라는 기대를 갖는다. 지금까지 그렇게 속았는데 아직도 정신을 못 차린다. 집값이 반값이 되면 이 나라가 어떻게 될까? 다시 IMF가 오는 것과 같다. IMF 때 어떻게 됐나? 내 알 바 아니라고? 젠장…. 이런 사람들이 일제시대 때 태어났으면 매국노가 되고 친일파가 되는 것이다. 사람들은 집값이 반 토막 나도 내 일자리와 내 생활은 평상시와 똑같을 거라고 생각한다. 순진해도 너무 순진한 생각이다.

누굴 믿는 순진성은 자신이 얼마나 나약한지를 자인하는 꼴이다. 다주택자들의 멱살을 잡고 목 조르기 전에 먼저 나약한 나 자신을 목 졸라 죽여야 한다. 그러나 자기혐오 없이는 할 수 없는 일이다.

2 | 고관여 상품이다

집이 차 한 대 값이라면 이런 고민도 없을 것이다. 차 한 대 고르는 것도 만만치 않은데 집은 차를 사는 것과는 차원이 다르다. 그러니 고민이 깊을 수밖에. 전 재산인 만큼 인생을 걸어야 한다. 또 내 꿈을 각오해야 한다. 충분히 그럴 만한 가치가 있다. 선택이 쉽고 누구나 할 수 있는 것에 가치가 있는 것이 있던가?

3 | 합의가 어렵다

남편이 아내를, 아내가 남편을 설득하기는 하늘의 별 따기만큼 어렵다. 배우자 서로에 대한 신뢰는 하루아침에 이루어지지 않는다. 그렇지만 집에 관한 문제라면 어느 정도의 불화는 감수하는 것이 좋을 것 같다. 그러나 불화를 감수하면서까지 집을 사겠다는 사람은 많지 않다. 돈이 남아돌아서 사는 것이라면 굳이 배우자의 동의 없이도 가능하지만 빠듯한 살림에 더구나 빚까지 내면서 집을 사는 사람이라면 더더욱 그렇다. 그래서 조금 의논해보다 아니다 싶으면 금방 포기한다. 그놈의 가정의 평화를 위해서. 그러나 그런 불안한 평화는 오래가지 않는다.

4 | 책임(비난)이 따른다

집을 사야겠다고 마음먹은 시점이라면 이미 상당히 많이 오른 시점일 것이다. 그 시점에 집을 사야 하니 고민이 깊다. 만에 하나 집값이 고꾸라지기라도 하면 여기저기서 성화가 빗발치기 십상이다. 배우자의 비난은 그런대로 감수할 만하지만 그 외 다른 사람들의 위로인지 조롱인지 모를 말에 태연하기는 쉽지 않다. 확신이 없는 상태에서 이런 모험을 감행할 간 큰 사람은 많지 않다. 무슨 일이든 책임지겠다는 각오 없이 되는 일은 없다. 책임지는 일은 외로운 법이다. 평소 외로움에 익숙하지 않은 사람에게는 더욱 어려운 일이다. 외롭다는 건 남들과 다르게 살고 있다는 것이다.

5 | 돈이 없다

아직도 집을 빚 없이 오로지 현찰로만 사야 한다는 사람이 있는 모양이다. 그러나 그런 사람은 극소수다. 적절한 빚은 나쁜 것이 아니다. 돈 떼먹는 사람이 나쁘지 돈 갚는 사람이 나쁘다는 건 금시 초문이다. 다만, 10년 동안 직장에 붙어 있을 것 같으면 빚을 내자. 10년 동안 직장에 붙어 있을 자신이 없어도 집을 사면 어떻게 해서라도 회사를 다닐 것이다. 돈이 적으면 눈높이를 낮추고 형편에 맞는 집을 사자. 그러니까 상급지 말고 중급지에서 시작하자. 또 중대형 말고 중소형으로 시작하자. 급하게 먹으면 체한다. 각자 자신의 상황에 맞게 생각해야 한다. 고생할 각오를 하면 고생은 고생이 아니다. 우리 부모님 세대에 비하면 가소로운 일이다.

위 글에 동의해도 그래도 집을 사기는 여전히 힘들다. 무슨 말인지는 알겠는데 그냥 손과 발이 안 나간다. 집을 사야 하는 이유 열 가지보다 집을 사지 말아야 할 한 가지 이유에 더 주목한다. 알다가도 모를 일이다. 그럼 이렇게 생각해보자.

집 사야 하는 이유

1 | 밑져야 본전이다

어차피 거주할 집은 하나 있어야 하지 않나? 집값이 당장 떨어지든 오르든 팔 집이 아니다. 집으로 팔자를 고치겠다는 생각부터 접어야 한다. 어차피 우리 가족이 살 집이라면 좀 비싸게 샀다 한들 무엇이 문제인가?

2 | 장기 투자하면 필승이다

10년을 주기로 보면 아무리 고점에 샀더라도 산 가격 밑으로 빠지지 않는다. 그러면 꼭 일본의 사례를 들며 딴죽을 거는 사람이 있다. 하기야 20년이 지나도 전 고점을 회복하지 못했으니 장기 투자하면 필승이란 말은 정확한 말은 아닐 것이다. 하지만 일본의 사례는 100가지 사례 중 하나에 해당하는 예외적인 경우다. 일본의 버블이 어떠했는지는 책 몇 권을 보면 잘 나와 있다. 그 책들을 꼼꼼히 읽어보고 불안을 떨쳐버려라. 1%의 확률을 왜 99% 확률보다 더 주목해야 하는가? 집을 사고 10년 이상 된 주변 사람들에게 물어보라. 집값이 떨어졌는지.

3 | 집은 연금보험이다

은퇴해서 자식들에게 물려줄 유산은 고사하고 자식들에게 짐이 되지 않아야 한다. 그럴 때 요긴한 것이 주택연금이다. 미국에서는 중산층들의 노후 대비로 퇴직연금과 역모기지론(주택연금)이 중요한 수단이다. 우리나라는 국민연금이라고 있지만 품위 유지를 위해서는 턱도 없다. 퇴직연금, 개인연금을 별도로 준비하지만 그건 퇴직 후 국민연금을 받기까지의 기간을 벌충하기 위한 수단밖에 안 된다. 이럴 때 요긴한 것이 주택연금이다. 젊을 때 노후를 준비하기란 관념적으로 잘 와닿지 않는다. 20년 30년 후의 미래를 진지하게 생각하는 사람은 별로 없다. 죽는다는 건 알지만 죽음에 대비하는 사람이 없는 것처럼. 이 세상에서 세금과 죽음은 피해 갈 수 없다고 한 프랭클린의 말을 새겨 들어야 한다.

4 | 집테크가 그나마 가장 안전하다

재테크로 주식과 부동산이 대표적 수단이다. 경마나 가상화폐를 생각하는 분은 없을 것이다. 주식 투자는 쉽다. 누구나 할 수 있고 또 시작도 쉽다. 그러나 경과가 신통한 사람은 많지 않다. 주식으로 돈 벌었다는 사람이 드문 건 사람들이 겸손해서가 아니다. 주식시장에서 30년간 일한 경험에 의하면 잠깐은 벌 수 있지만 꾸준히 버는 사람은 극소수다. 그러나 사람들은 그 극소수에 자신이 포함될 수 있다고 생각한다. 앞에서 얘기했지만 돈과 권력에 관련된 직업엔 똑똑한 사람들이 득실거린다. 당신은 당신이 현명하고 똑똑하다고 생각하는가? 그렇다면 당신 생활 수준을 되돌아보라. 당신의 생활 수준이 당신의 수준이다. 주식 시장에서 개미가 살아남을 확률은 애초에 제로에 가깝다. 매수하고 오를 확률이 50%인데 뭐 어렵냐고? 으음…, 하기야 무모함을 자신감으로 착각하는 건 자유지만 그 대가는 자못 쓰라릴 것이다.

하루빨리 복리 효과를 주는 자산을 찾아 굴려야 한다. 누군가는 10년 전부터 굴렸다. 지금 굴려 언제 눈사람을 만드느냐고 하소연만 하고 있을 것인가? 출발점이 다르다고 불평만 하고 있을 것인가? 그럼 또 10년이 가고 다른 사람은 20년 전부터 눈을 굴리고 있을 것이다. 세상은 당신의 하소연을 들어줄 만큼 인내심이 없다. 집으로 굴리든, 주식으로 굴리든, 금으로 굴리든, 가상화폐로 굴리든, 방법이야 각자의 자유지만 어쨌든 무언가를 굴려야 한다. 그렇지만 나는 집이 가장 잘 굴러간다고 생각한다. 한평생 부와 불평등에 대해서 연구해온 토마 피케티도 《21세기 자본》에서 부동산이 안전성과 수익성을 가진 탁월한 자산이라고 하지 않았나.

※ 진솔하게 말했든 아니면 지적질을 했든 누군가에게 내 생각을 전달하는 건 어렵고도 부끄러운 일이다. 내가 무슨 자격으로? 내 생활도 온전히 감당하지 못하는데 누구에게 〈전지적 참견 시점〉처럼 끼어들 수 있는가라는 물음에 자괴지심이 불쑥불쑥 고개를 든다. 사람의 마음은 쉽게 동하지 않는다. 글을 읽고 고개를 끄덕인다고 마음이 동한 것은 아니다. 그런 식으로 마음이 동하면 모든 사람이 집 하나씩은 가지고 있어야 한다. 벤 S. 버냉키의 자서전 《행동하는 용기》의 제목처럼 '행동하는 용기'가 필요하다.

※ 젊었을 때, 꿈과 이상은 원대한데 초라한 현실에 한탄과 울분으로 시간을 보낸 것 같다. 그 울분과 한탄은 타인에 대한 분노와 시기심으로 발현됐다. 타인에 대한 미움과 증오는 목마를 때 마시는 소금물과 같다. 갈증만 더 커질 뿐이다. 역설적이게도 배아픔과 시기, 증오, 질투의 감정은 결국 자해하는 것과 같다. 이런 사람들의 가슴은 딴딴하게 얼어 있고 마음은 황무지와 같이 메말라 있다. 미움과 증오는 타인을 향해 가지만 뫼비우스 띠처럼 결국 자기 자신에게 돌아온다.

그 비싼 아파트에 누가 살까?

| 운과 우직함 |

아내는 새 아파트 입주가 썩 마음에 내키지 않았다. 나도 어느 정도는 그랬다. 강남 끝이라 그랬고 재건축 지구 중 처음 입주하는 단지라 주변이 썰렁해서 더욱 그랬다. 먼저 살던 집은 종로구 효자동에 있었는데 교통이 편했고 각종 문화시설이 많아 좋았다. 인왕산과 수성동 계곡 그리고 윤동주 시인의 언덕이 그리웠고 수시로 드나들던 경복궁 옆 민속박물관 정원이 생각났다. 청와대 사랑채 뜰과 그 옆의 무궁화 공원에서 수시로 산책하던 추억도 아련했다. 이사해서 한 가지 좋은 점도 있었다. 바로 집회로 인한 소음 문제에서 해방된 것은 좋았다. 당시 코로나19로 집회가 사전 봉쇄되었지만 그전까지 매일 이어지는 태극기 집회의 소음과 소란 때문에 하루도 편한 날이 없었다.

내가 아파트 내에 아이들이 잘 보이지 않는다고 하자 아내 왈, 아파트 단지에 아이들이 잘 보이지 않는 것은 아파트가 비싸기 때문이라 했다. 즉, 신혼부부들이 이 비싼 아파트에 어떻게 들어오겠느냐는 것이다. 그러니까 신혼부부가 없으니 아이들도 없다는 논리였다. 하기야 신혼부부가 맞벌이를 한다고 쳐도 10년 치 월급으로는 어림도 없는 가격 아닌가? 그러니 아내의 말도 직관적으로 생각하면 옳은 얘기였다. 이런 논리라면 비단 신혼부부의 문제만은 아닐 것이다. 보통 대부분의 직장인이라면 이런 아파트에서 살 수 없음은 불문가지였다. 그러니까 이런 아파트는 직장생활을 꽤 오래한 중장년의 대기업 이사급 직장인이거나 아니면 개인사업을 하는 소수의 부자만 입주할 수 있다는 논리다. 그러나 입주하고 아이들의 모습을 보는 데는 그리 오래 걸리지 않았다. 늦겨울인 2월에 입주했으니 차가운 날씨에 아이들이 보이지 않는 것은 너무나도 당연한 일이었다. 봄이 오지 않는 거인 왕국의 뜰에 더 이상 뛰어노는 아이들을 볼 수 없었던 것은 동화 속에서나 현실에서나 똑같았다. 봄이 되자 단지 내 어린이집의 아이들이 선생님의 손을 잡고 아파트 주변을 옹기종기 걷는 모습을 볼 수 있었다. 또 어린이 놀이터에서 노는 아이들도 자주 보였다. 아파트 값이 비싼 강남에도 신혼부부는 있었고 사람들 살아가는 모습은 사는 곳만 다를 뿐 대동소이했다.

강남 아파트에 살지만 강남 아파트 가격이 다른 지역의 아파트 가격과 많은 차이가 나는 것이 이해가 안 됐다. 지금까지도 어느 정도는 그렇다. 사실 따지고 보면 경기도에 있는 아파트나 서울에 있는 아파트의 품질이 결코 다르지 않다. 쾌적하기로는 지방의 아파트가 더 공기도 좋고 자연 친화적일 것이다. 그럼에도 불구하고 가격 차이가 나는 것이 궁금했다. 입지의 차이고 땅값의 차이라는 교과서적인 얘기 말고 정서적으로 이해가 안 됐다. 아마도 많은 사람들이 나와 같은 생각일 것이다. 그리고 그 가격을 지불하고 거기에 사는 사람은 도대체 누구인가도 궁금했다. 어떻게 이 아파트에 입주했을까? 웬만한 봉급쟁이 월급으로는 어림없는 가격인데. 나와 같은 평범한 직장인을 기준으로 생각하면 도저히 알 수 없는 불가사의한 일이었다.

1년 정도 살면서 다는 아니지만 어느 정도는 궁금증이 풀렸다. 대략 입주민의 40%는 아마도 이곳에 오래전부터 살아온 원주민일 것이고 나머지 60% 정도가 외지인 같다. 20~30년의 세월 동안 원주민과 외지인이 나가고 들어오면서 오늘의 상황을 만들지 않았나 싶다. 3년 전 재건축 잔금 대출을 받기 위해 강남 소재 은행을 방문했을 때 앞의 두 어르신이 하는 얘길 들었다. 이분들도 재건축 대출을 받기 위해 왔다고 했다. 지금 살고 있는 집은 도곡 렉슬아파트고 재건축 아파트는 자식들에게 줄 계획이라고 했다. 또 나에게 집을 판 분도 주소가 서초구 반포동이었다. 그러니까 대부분 강남에 살면서 강남에 집을 하나 더 가지고 있는 것이다. 그들은 강남이 본격적으로 개발되기 전부터 살아왔을 거라는 게 내 생각이다. 그들과 함께 강남에 살았던 사람 중 60%는 발 빠르게 이익을 챙겨 나갔고 이들은 우직하게 그냥 남아 있던 사람들이다.

이들이 강남이 10년 또는 20년 후에 천지개벽할 것을 예상하고 이곳에 터를 잡은 것은 아닐 것이다. 선견지명보다는 운이라고 생각한다. 그 운과 우직함이 오늘의 부를 이룬 거라고 생각한다. 그런 면에서 보면 나의 부모님과 장인 장모님은 운이 없었던 거다. 나의 부모님은 중곡동, 봉천동, 경기도 광명, 일산을 거쳐 의정부로 거처를 옮기셨다. 장인 장모님도 마포구 서교동을 거쳐 불광동에서 30여 년을 사시다 경주로 내려가셨다. 두 집안 다 서울의 변두리만 전전하신 셈이다. 다들 사는 게 빠듯해서 사는 곳에 대해 깊이 생각을 안 하셨다. 그때에는 다들 그랬다. 나와 아내 또한 결혼해서 초반에는 경기도 일산과 은평구 불광동에서 10년을 보냈다. 그리고 종로구 효자동 주변에서 12년 정도를 살고 강남으로 넘어왔다. 이사도 많이 했다. 결혼 후 지금까지 이사를 9번 했으니 적지 않은 횟수다. 나름 잘 살아보려는 몸부림이었다고 자신을 미화해보지만 운이라는 사실 또한 부인하기 어렵다. 그렇지만 부모님이 지금 살아 계시면 아마도 자식이 대견하고 자랑스러울 것이다.

《소학》에서 효도의 시작은 부모님이 주신 몸을 잘 보존하는 것이고, 효도의 끝은 세상에 이름을 떨쳐 부모님 이름을 더 도드라지게 하는 것이라 했듯이 부모님보다 잘 살면 그게 바로 효도 아닌가? 장인 장모님께도 잘 해드린 것이 없어 죄송하지만 어쨌든 그래도 사위가 딸과 잘 살고 있으니 이것도 효도라고 생각하고 있다.

성공과 운

운을 어떻게 해석하느냐가 중요하다. 타인의 성공을 실력이 아닌 운으로 돌리면 마음은 편하지만 성장할 수 없다. 나의 성공을 실력이라 확신하면 자만에 빠지지만 운으로 돌리면 겸손해진다. 그러니까 남보다 좀 못하다 싶으면 발전의 기회로 삼고 남보다 좀 낫다 싶으면 감사하게 살면 삶이 좀 더 만족스럽지 않겠나 싶다. 이래도 좋고 저래도 좋은 삶, 그것이 가벼운 삶이다.

인생은 자신의 뜻대로 살아지지 않는다. 운인지 실력인지 가늠하기 어렵고 불운인지 팔자인지 헷갈릴 때가 많다. 젊었을 때는 잘사는 사람들은 다 운 덕분인 것 같고, 항상 쪼들리는 나는 불운한 탓이라고 생각했지만 뭔가 찜찜했다. 부조리한 현실에 분노했지만 돌아오는 것은 자기 연민뿐이었다. 자기 연민은 자포자기로 이어졌다.

30대를 전후해서 상당 기간을 특정할 수 없는 분노에 휩싸여 살았다. 분노의 대상이 특정되지 못하다 보니 소모적이고 부질없이 시간과 감정을 낭비했다. 그러던 어느 날 허망한 마음으로 집에 돌아와 거울 앞에 섰다. 그때, 그동안 특정할 수 없었던 분노의 실마리가 풀렸다. 염치없고 나약하고 비겁하기까지 한 한 남자가 거울 속에 초라하게 서 있었다. 바로 나였다.

거품의 한가운데서
집을 사면 어떻게 될까?

| 내 집 마련의 그 고단함과 어려움에 대하여… |

지금으로부터 16년 전인 2007년 11월에 집을 샀다. 더 정확히 말하면 전세를 살면서 투자 목적의 집을 하나 산 것이다. 즉, 주거와 투자를 분리한 셈이다. 당시는 이명박 서울시장의 뉴타운 정책으로 부동산에 대한 관심과 투자가 들불처럼 번지고 있었다. 또 이명박 시장이 대통령에 출마하면서 재건축을 활성화하여 수요가 있는 곳에 공급을 하겠다는 부동산 정책을 발표했다. 시장을 잘 아는 대통령이 당선되면 부동산 시장에 긍정적일 것임은 불문가지다. 그런 분위기 속에 이명박 후보가 대통령이 될 것으로 확신하고 11월에 내 집을 갖게 됐다. IMF 때 쫄딱 망해 집을 팔았으니 거의 10년 만에 다시 집을 마련한 셈이다. 2007년 12월에 이명박 후보가

대통령으로 당선됐다. 이제 앞으로 부동산 시장은 고고씽이라고 생각했다. 그러나….

집을 사기까지의 과정은 누구나 어렵고 힘들다. 특히나 부부가 일심동체로 의견을 맞추기가 어디 쉽던가? 지금이라도 사야 한다는 나와 좀 더 기다려보자는 아내의 의견이 팽팽히 엇갈렸다. 여자들은 매사에 안전한 것을 원한다. 이해 못 할 바도 아니지만 기다리다 보면 항상 차가 떠난 후였다. 그때 회사에서 퇴직금 중간 정산을 해 목돈을 손에 쥔 것도 결심을 하게 된 요인 중 하나였다. 반대하던 아내가 마지못해 동의해주었는데 아마도 부부 공동명의로 했기 때문이 아닐까 추측해본다.

나와 아내는 계약을 하러 부동산 중개소를 찾았다. 중개사무소에서 모두 알아서 해줬지만 처음 하는 계약이라 왠지 모르게 불안불안했다. 일생일대의 거금이 들어가는데 그렇지 않겠나? 그때 매도자인 여자분이 했던 말이 지금도 잊히지 않는다. 실평수 8평밖에 안 되는 아파트를 ○억원이나 주고 사는 내가 이해가 안 간다고 했다. 그때의 뜨악함이란…. 그 말을 굳이 내 앞에서 해야 했을까? 한심하다는 건지 아니면 대범하다는 건지 그 당시에는 알 수 없었지만, 한심하다는 뜻이라는 것을 아는 데는 그리 오래 걸리지 않았다. 나도 그분의 말이 어느 정도 수긍이 갔다. 강남 맨 끝에 그것도 지은 지 25년이 된 아파트였다. 집에 들어가 대충 살펴보니 살고 싶은 마음은 물론 사고 싶은 마음도 달아날 만큼 남루한 집이었다. 5층짜리 아파트인데 원룸 구조였고 강남에도 이런 곳에 이런 집이 있다는 게 신기했다.

2008년 금융위기가 시작되면서 주식 시장은 물론 부동산 시장도 찬물을 끼얹듯 싸늘히 식어버렸다. 바야흐로 지옥문이 열리는 순간이었다. 정책의 우선순위가 바뀌면서 재건축 사업은 지지부진했고 부동산 시장 또한 속절없이 미끄러졌다. 몇 년간 슬금슬금 빠지더니 내가 산 가격에서 30%가 떨어졌다. 내게 집을 판 분의 말이 옳았다. 나는 고점에, 그것도 버블의 최극단에서 집을 산 한심한 놈이었다. 2008년 미국발 금융위기로 한 방을 맞고 2011년 유럽의 재정위기로 마지막 카운터펀치를 맞아 부동산 시장은 그로기 상태에 있는 권투 선수와 다를 바 없었다. 이런 분위기에 자칭 타칭 전문가들의 폭락에 대한 주장은 나를 더욱 불안하게 만들었다. 음모론이든 전망이든 이 엄중한 시기에 쏟아지는 전문가들의 비관적인 인터뷰와 부동산 폭락에 관한 책을 가볍게 넘겨버릴 사람이 있을까?

실물 경제 주변에 계속 머문 이유

전문가들의 말을 들으니 우리나라가 정말 일본 꼴이 나는 것이 아닌가 하는 의심이 꼬리에 꼬리를 물고 이어졌다. 지금이라도 팔아야 하나 심각한 고민도 했다. 밤마다 잠을 설쳤다. 잠에서 깨면 더 이상 잠을 잘 수 없었다. 한밤중에 일어나 거실을 서성이거나 경제 관련 책들을 건성으로 뒤적였다. 모든 책이 하나같이 섬뜩하고 절망적인 내용이었다. 당연하다. 그런 책만 샀으니까. 특히 《불편한 경제학》 그리고 《착각의 경제학》은 그 절정이었다. 저자의 말대로 정말 집을 팔고 달러를 사볼까 심각하게 고민도 했다. 그러나 경제든 부동산이든 전문 서적을 읽고 또 그와 관련된 책을 수십 권을 읽는다고 바로 이해되지 않는다. 전문가 얘기 또한 이해는 되지만 확신이 없기는 마찬가지다. 그렇다. 책 몇 권 읽는다고 세상살이가 그렇게 쉬워지는 것은 아니다. 그렇지만 관심의 끈을 놓지 않고 경제와 부동산 주변을 서성거렸다. 경제 연구소에서 주최하는 경제학 강의도 들어보고 부동산 고수들의 부동산 강의도 수시로 들었다. 그리고 《맨큐의 경제학》과 이준구의 《경제학원론》을 회사에 1시간 먼저 출근하여 매일 공부했다. 강의를 듣고 공부할 때는 대충 무슨 말인지는 알겠는데 이런 지식을 나만의 원칙과 신념으로 만들기에는 기초가 너무나 부실했다. 답답했지만 중단하지 않고 경제와 부동산 주변에서 계속 남아 있었다. 힘든 시기를 그렇게 보냈다. 별달리 할 일이 없었다. 죽으나 사나 붙들고 가는 수밖에. 그렇게 4~5년이 흐른 것 같다. 30%까지 빠졌던 가격이 서서히 회복되기 시작하더니 드디어 원금을 회복했다. 그리고 재건축이 가시화되기 시작했다. 마침내 2019년 새 아파트가 완공되어 입주를 했다. 지금 생각하면 꿈같은 과정이었다.

몇 번의 부동산 투자에서 내가 깨달은 것은 부동산은 입지와 장기 투자였다. 중급지 이상의 아파트에 10년 이상의 장기 투자를 하면 잃지 않는 투자를 할 수 있다. 물론 앞으로 발전 가능성이 큰 지역에 투자하면 가장 좋겠지만 그건 나름의 노하우가 있어야 하는 문제이고 평범한 사람들은 그냥 중급지에 투자하면 평균의 수익을 거둘 수 있다. 즉, 주식 투자에 비유하자면 인덱스 펀드에 투자하는 것과 같다.

10년 정도의 장기 투자라면 아파트를 샀느냐 안 샀느냐가 중요하지 얼마에 샀느냐는 크게 중요하지 않다. 예를 들어 아파트를 5억원에 샀든 아니면 4.5억원에 샀든 장기 투자에서는 그리 중요하지 않다. 10억원에 팔아 매매차익이 5억원이라고 하면 5억원을 온전히 먹느냐 아니면 0.5억원 적은 4.5억원만 먹느냐의 문제로 대세에 큰 문제가 되지 않는다. 물론 싸게 사면 좋겠지만 사기로 마음 먹었으면 몇천만원 때문에 계약을 포기해서는 안 된다는 얘기다.

배우는 것보다 더 중요한 것

오늘도 내 집 마련 때문에 고민하는 사람들이 있을 것이다. 내 사례가 모든 사람에게 똑같이 적용될 수는 없음을 안다. 투자 금액도 다르고 지역도 다를 것이다. 짧은 배움에 비해 남들보다 조금 더 벌었고 또 투자 시점에 목돈이 생긴 운도 인정한다. 10년 후를 우리가 얼마나 알겠는가? 그러니까 내가 하고 싶은 말은 나같이 버블의 꼭대기에서 산 사람도 장기 투자하면 그런대로 만족할 만한 수익을 챙길 수 있다는 거다. 그러니 스트레스받지 말고 필요한 시점에 집을 사도 된다는 말을 하고 싶다. 앞으로 10년 동안 회사를 다닐 수 있다고 생각되면 자신이 부담할 수 있는 빚을 내어 집을 사면 된다. 맞벌이 부부라면 더 좋은 상황이다. 10년이면 아무리 고점에 샀더라도 중간 정도의 입지면 절대 밑지지는 않을 것이기 때문이다. 욕심과 조급함은 일을 그르치는 가장 큰 요인이다. 더 싸게 사고픈 욕심과 단기간에 결판을 짓겠다는 조급함만 통제할 수 있다면 자기 형편에 맞게 누구나 내 집 마련을 할 수 있다.

　그래도 우리는 불안하다. 생각이 하루하루 바뀌고 시간 단위로 감정이 변한다. 순간에 격해지고 또 순간에 호들갑을 떨기도 한다. 세상이 조금만 변해도 하늘이 무너질 것처럼 가슴이 콩닥콩닥 뛴다. 이기심으로 초조하고 시기심 때문에 평정심을 유지하기 힘들다. 나만 뒤처진 것 같다. 세상도 모르겠고 내 마음도 모르겠다. 뒤죽박죽이다. 이런 와중에도 우리는 인내심을 갖고 하나하나 배워야 한다. 내 마음에 대해서 그리고 세상에 대해서. 내 마음이 어떻게 작동하는지, 세상이 어떻게 돌아가는지를 배워야 한다. 어렵지만 배워야 한다. 세계 경제와 우리나라가 경제가 어떻게 돌아가는

지, 돈이 어떻게 만들어지는지, 인플레이션이 뭔지, 자본주의 역사와 발전에 대해 공부하다 보면 자본주의의 작동원리를 어느 정도 짐작할 수 있을 것이다. 자본주의 폐단에 주목할 것이 아니라 작동 원칙과 원리에 주목해서 그 위에 올라탈 수 있어야 한다. 조금씩 배우다 보면 언젠가는 안개가 걷히는 기분을 느낄 수 있을 것이다. 그러나 배우는 것보다 더 중요한 것이 있다. 바로 배움을 멈추지 않는 것이다.

4부

◆

삶의 의미를 찾아서

| 인생론 |

추풍낙엽

바스락 바스락…
나뭇잎 밟는 것도 조심스럽다.
우리도 언젠가는 낙엽이리라.

꽃길보다 눈부시다.
우리 인생길도 이러했으면….

정거장은 뫼비우스의 띠.

만남이면서 떠남이고 시작이면서 끝이다.

우리 인생에 목적지는 없다.

그냥 내리고 싶을 때 내리면 된다.

잿빛 하늘, 텅 빈 거리

바람은 차갑고

주체할 수 없는 그리움이

가슴팍으로 달려든다.

속수무책,

어디로 가야 하나….

길바닥에 나뒹구는 낙엽.
나도 한때 아무렇게나
나뒹굴던 때가 있었다.
부끄럽지만 눈물겹던 시절이었다.

잎의 절정은 푸르름이 아니다.
잎을 떨구기 전이다.
그렇다.
내 인생도 아직 절정이 아니다.

모든 걸 내려놓아야

비로소 이룬 걸 알 수 있다.

우리 인생의 마지막도 저리 눈부셔야 할 텐데….

고갱의 세 가지 질문

| 질문에 정답은 없으나 생각해볼 만하다 |

고갱도 고흐만큼 불우한 인생을 살다 간 화가였다. 어머니 쪽에 페루인의 피가 섞인 고갱은 주류에 속하지도 또 주목받지도 못한 생을 살았다. 뱃사람으로, 주식 중개인으로, 그리고 화가로 직업을 바꾼 그의 인생 여정을 보면 매우 충동적이고 불같은 성격의 소유자임을 짐작할 수 있다. 프랑스에서 태어나 페루, 파나마, 타히티 등을 떠돌며 방랑자와 나그네 같은 삶을 산 그는 사람과의 관계 또한 서툴러서 고흐와 같이 지내다 오히려 원수가 돼 헤어졌고 가족들에게도 소외된 채 혼자 외로운 생을 마감했다. 그는 죽기 전에 부조리로 가득 찬 세상을 이해하고 싶었고 또 알고 싶었다. 그는 운명이란 것이 있는지, 태어남과 죽음이 무엇인지를 알고 싶었다. 고갱

은 이런 풀리지 않는 의문과 불안을 죽기 몇 년 전에 그림으로 표현했는데 그게 바로 다음의 그림 〈우리는 어디서 왔는가? 우리는 무엇인가? 우리는 어디로 가는가?〉이다.

나는 어디서 왔고, 누구고, 어디로 가는가는 인생의 근원적인 질문이다. 다들 대충은 알지만 확신은 없다. 어떤 사람은 종교에서 물음을 풀려 하고 어떤 사람은 철학에서 답을 얻으려 한다. 위 세 가지 질문은 궁극적으로 왜 사는가와 어떻게 살아야 하는가에 대한 다른 질문일 것이다. 우리는 왜 사는 걸까? "태어났으니 살 수밖에, 그럼 죽으란 말이냐?"라고 되물으면 딱히 할 말은 없다. 그 말이 어느 정도 진실에 가깝다고도 생각한다.

'나는 누구고 어디서 와서 어디로 가는가?'란 물음은 좋은 질문은 아니다. 규명할 수 없는 것에 대한 물음은 잘못된 질문이다. 철학적으론 가능한 물음이지만 인생을 살아가야 하는 우리에게는 의미 없는 질문이다. 즉, 이 문제를 가지고 끙끙대는 것은 어리석은 짓이다. 부질없고 소모적인 논쟁을 가지고 인생을 낭비하는 것이다.

그러나 어떻게 살 것인가의 관점에서 한 번쯤 생각해볼 만하다. 100년 전에 태어났으면 아무 의미도 없는 질문이었고 설령 답을 찾았더라도 미신에 의지했거나 아니면 전통과 관습에 의한 답을 얻었겠지만 다행히도 우리는 과학적 지식과 소양으로 자연과 인간을 좀 더 자세히 알게 되었고 또 탐구할 수 있게 되었다.

우리는 어디서 왔는가?

1) 중학교 1학년 때, 봉천동 8부 능선 우리 집 골방으로 두 자매님이 찾아왔다. 여호와의 증인이었다. 그때 성경책을 처음 봤다. 두 분은 나에게 《파수대》와 《깨어라》라는 책을 주었고 복음과 천국에 대해서 얘기해주었다. 두 책에는 천국에서의 생활을 그린 아름다운 그림이 있었는데 사자와 어린아이가 같이 뛰노는 모습과 흑인과 백인이 같이 행복하게 웃는 그림이었다. 그러나 믿음이 약해서인지 아니면 의심이 많아서인지 내가 천국에 간다는 것도 또 천국이 있다는 것도 믿어지지 않았다. 성경에서 증거를 찾고 싶었지만 찾을 수 없었다.

그리고 이상한 건 태어나보니 내가 죄인이었다. 선악과가 어떻고, 아담과 하와가 어떻고, 뱀이 어떻고를 알려줬지만 잘 이해되지 않았다. 그게 나와 무슨 상관일까를 골똘히 생각해봤지만 알 수 없었다. 겉으론 믿는 척했지만 예수님의 제자인 도마와 같이 끊임없이 믿음과 의심 사이를 오갈 뿐 어느 곳에도 안착하지 못했다. 드디어 소정의 교육을 다 받고 왕국회관에 나갔지만 나의 믿음은 그다지 나아지지 않았다. 아직 살날이 많아서 천국과 구원이 절실하지 않았는지도 모른다. 다소 불안했지만 여호와의 증인에서 스스로 나왔다.

2) 10여 년 전부터 마음의 종교인 불교에 대한 관심이 커지면서 붓다의 깨달음을 이해하려고 했다. 특히 고집멸도의 사성제에 마음이 끌렸는데, 미망(迷妄) 속에 살고 있는 중생들의 생존은 그대로 괴로움이고(고제), 이 괴로움은 모두 망집(妄執)에서 생기며(집제), 이 망집을 완전히 극복한 상태가 열반이고(멸제), 열반의 경지에 도달하기 위해서는 팔정도(八正道, 도제)를 실천해야 한다는 가르침에 공감한 바가 컸다. 젊었을 때는 들리지 않던 내면의 소리도 들리고, 욕심을 움켜쥐고 세상적인 것에 매달리는 짓이 얼마나 부질없는지도 알 것 같았다. 신비로운 선 사상에 끌려 육조단경과 무문관을 읽고 달마로부터 이어진 선의 계보에 대해 공부했다. 어렸을 때 절에서 봤던 사천왕의 무시무시한 얼굴과 부처님 불상에서 느꼈던 고리타분함을 비로소 지울 수 있었다.

그 후 불교를 좀 더 공부하기 위해 정토회 불교대학에 몰래 입학하였으나 몇 번 다니다 가정불화로 중도에 그만두었다. 독실한 기독교 신자인 아내가 눈치를 챈 것이다. 다시는 얼씬거리지 않겠다는 다짐으로 일단락됐다. 싱겁게 아내에게 항복한 이유는 아내를 사랑하기 때문이다. 일부 사람들은 내가 아내의 눈치를 보는 소심한 사람이라고 생각할 수 있겠지만 아니다. 아내가 불편해하는 건 하고 싶지 않다. 진리를 찾는 과정이 아무리 숭고해도 아내를 포기하면서까지는 아니지 싶다.

3) 철학적으로 생과 사의 문제를 풀어보려고 했지만 역시나 잘 풀리지 않았다. 철학은 질문을 하는 것이지 답을 구하는 것이 아니었다. 철학은 오히려 우리가 알고 있는 것을 부정하고 자명한 것을 의심하도록 부추기고 사주하기까지 했다. 난해하고 말장난 같은 철학자들의 책을 넘기면 넘길수록 점점 더 미궁 속으로 빠져드는 느낌을 받았다. 철학에서 인생의 심오한 물음과 답을 찾고자 기대했으나 속된 말로 글렀음을 직감했다.

구구절절 난해하고 친절하지 않고 어려운 말만 하는 철학자들은 도대체 얼마나 잘 살았을까를 살펴봤는데, 실망 그 자체였다. 정말 도덕적이고 철학적으로 산 사람은 스피노자와 칸트 그리고 애덤 스미스(세 사람 모두 독신이었다) 정도였다. 나머지는 다 이상하게 살다 갔음을 알고 한동안 큰 실망과 상실감에 빠져 허우적거렸다. 철학이고 뭐고 다 때려치우려고 할 때, 어느 철학자가 한 말이 생각났다. "철학자는 옳은 삶을 사는 사람이 아니라 옳은 말을 하는 사람이다." 그렇다. 불완전한 인간에게 완벽함을 바라는 것부터가 애초에 잘못된 일이었다. 그리 생각하니 다시 철학 책을 집어 들 용기가 났다. 아무리 똑똑한 철학자라 해도 고갱의 세 가지 질문을 멋지게 설명해줄 수는 없었다.

※ 우리가 어디서 왔는가를 따지는 것보다 중요한 건 이 땅에서 잘 사는 일이다. 그리고 이 세상을 살아가는 것보다 더 중요한 건 이 세상을 이해하고 해석하는 것이다. 이해와 해석은 자신의 직관과 경험에 의해서 이루어지는 경우가 대부분이다. 그러나 그런 사람의 인생은 항상 위태롭고 아슬아슬하다. 직관과 경험은 자신이 보고 듣고 느끼고 경험한 것이라는 한계를 갖는다. 편협성에 빠질 수 있다. 하나만 아는 사람이 가장 무서운 법이다. 종교든 철학이든 이념이든 일방통행이 제일 위험하다. 다시 돌아올 수 없으니까. 복잡한 이 세상을 잘 이해하고 해석하기 위해서는 직관과 경험 이외에 지식과 탐구 그리고 사유가 필요하다. 즉, 공부하고 곰곰이 생각해야 한다. 인생이 쉬운 것 같으면서 어려운 이유다.

우리는 무엇(누구)인가?

며칠 전 아내와 종묘에 가서 가을의 정취를 만끽했다. 몇 번 가봤지만 한 바퀴 둘러보기에 정말 좋은 장소다. 아쉬운 건 정전이

2024년 6월까지 보수 중이라 구경할 수 없었다는 점이다. 문화 해설사에게 종묘 정전 제례에 대한 해설을 들었는데, 혼과 백(신)을 부르고, 신에게 음식과 술을 대접하고, 이를 자손이 음복하고, 신을 되돌려 보내는 절차로 진행된다고 한다. 종묘를 나오면서 든 생각은 '우리 신들은 그만한 예우를 받기에 합당한가?'였다. 임진왜란과 병자호란 같은 큰 난리를 겪고도 정신을 못 차리고 일본에 나라를 빼앗겼으니 말이다. 신을 기리고 제사를 지내는 이유는 무엇인가? 오늘의 나를 있게 해준 고마움인가, 아니면 앞으로 날 잘 보살펴달라는 기원인가? 종묘의 가을 정취는 아름다웠지만, 종묘 제례에 대한 느낌과 생각은 별로였다.

흔히 인간을 가리켜 신과 동물 사이에 있는 존재라고 정의한다. 인간은 정말 어떤 존재일까? 불멸하는 존재인가, 생각하는 존재인가, 만물을 지배하는 존재인가, 아니면 위대한 존재인가? 인간을 동물과 구분하여 위대하고 특별한 존재로 보는 근거는 여러 가지가 있다. 일단, 말을 하고 글을 읽고 사유를 할 수 있는 동물은 인간이 유일하다. 두 발로 걸어 다니는 특별한 존재인 인간을 네발로 기어 다니는 동물들과 동격으로 보는 건 매우 자존심 상하는 일이다. 또 먹이 사슬의 맨 마지막에 인간이 있다. 즉, 모든 생명체 중에 서열이 1위다. 그러니 모든 동물을 포함한 생명체가 인간에게 무릎을 꿇은 것은 당연지사다. 그리고 인간은 문명을 이루고 문화 예술을 발전시키고 또 수많은 유산을 남기고 유적을 만들지 않았는가? 이는 천지 창조에 버금가는 위대한 업적 아닌가?

위대함과 특별함은 어떻게 정의해야 하는가? 같은 인류 간의 전쟁으로 수많은 사람이 죽었는데 그래도 위대한가? 가축을 사육하여 먹을 고기를 얻는 것이 윤리적으로 바람직한 일인가? 문명을 이루고, 경제 발전으로 인간의 기대수명이 늘어났다고 하더라도 지구 생태계를 파괴하는 일이라면 그게 가치 있는 일인가? 인간을 생각하면 위대함과 추악함이 공존한다. 어떤 유형의 인간이 바람직한 인간인가? 내가 추구하는 인간은 (무언가의 희생 없이는 생존할 수 없으므로) 자신의 이로움(무언가의 희생)을 최소한으로 추구하는 인간이다. 나의 이로움은 다른 무엇(만물)에겐 수고로움(희생)이니까.

다윈의 진화론을 접하고, 칼 세이건, 에드워드 윌슨 그리고 리처드 도킨스의 책을 읽으면서 인간의 기원에 대해 궁금했던 많은 물음에 실마리가 풀렸다. 그동안 아무것도 보이지 않았던 시야가 새벽에 동이 트듯 서서히 밝아지는 느낌이었다. 어디서 왔고, 내가 누구고, 어디로 가는지를 알면 알수록 허무한 것도 잠시, 그보단 이상하게 마음이 편해졌다. 더 이상 목숨을 구걸하지 않고 그냥 죽으면 된다는 사실이 좋았다. 드디어 자유를 얻은 것이다. 《그리스인 조르바》의 작가 카잔차키스의 묘비명 '나는 아무것도 원하지 않는다. 나는 자유다'처럼 원하는 것이 없으면 자유인이다.

무언가를 붙들고 살면 추해진다. 자유가 별게 아니다. '죽어도 좋다'가 자유다. 죽음 앞에 모든 사람은 평등하고 공정하고 또 정의롭다. 그래서 죽음은 진리다.

우리는 어디로 가는가?

'우리는 민족중흥의 역사적 사명을 띠고 이 땅에 태어났다.' 국민
교육헌장의 첫 구절이다. 국민학교 때 선생님이 외우라고 해서 죽
기 살기로 외웠다. 어린 마음에도 매우 훌륭한 글이라고 생각했다.
나도 이런 삶을 살겠다고 다짐했다. 목적론적 인생관은 일방통행
이다. 목적이 훌륭하고 숭고하면 할수록 수단과 방법을 가리지 않
는 경향이 많다. 목적론적 인생은 작은 성공을 맛볼 수는 있지만 큰
후유증을 남긴다. 그 후유증은 대부분 타인에 대한 공격과 무참한
죽음으로 나타난다.

목적론적 인생관은 운명론과도 맞닿아 있다. 원인이 있으면 결
과가 있듯이 태어났으니 돌아가는 곳이 있을 거라는 거다. 인간과
같은 고상한 영혼은 어둠침침한 땅속 말고 눈부시고 찬란한 하늘
나라와 같은 은총이 있어야 하시 않겠는가? 그렇게 믿고 또 그렇게
생각하면 어쩔 수 없지만 생전에 부끄러운 짓과 크고 작은 죄가 많
은 나는 왠지 염치없고 면목 없고 또 쪽팔리기까지 하다. 뭐가 잘
났다고, 뭘 잘해서 그런 융숭한 대접을 받아야 하는가? 그래서 그
건 아닐 것 같다는 생각을 했다. 설령 있다고 해도 반납하거나 사양
하는 것이 최소한의 예의가 아닐까?

그럼 죽어서 어디로 가야 하지? 음침한 땅속에 묻혀 서서히 썩어 가야 하는 것일까? 아니다. 그보단 한 줌의 먼지로 바람에 날렸으면 좋겠다. 그래서 나무의 뿌리로 빨려 들어가 새순으로 잉태되어 빛나는 햇빛을 보면 좋겠다. 아니면 흐르는 물을 타고 굽이굽이 강을 따라 바다로 가서 해류를 타고 오대양 육대주를 여행하고 싶다. 그도 아니면 창공을 떠도는 공기 속의 먼지가 되어 공기가 도달할 수 있는 최고의 높이까지 올라 아름다운 지구를 내려다보고 싶기도 하다. 그래, 내 몸을 아주 잘게 부수어 수목원 어느 나무 밑에서, 지리산 천왕봉 꼭대기에서, 배를 띄워 무인도 갯바위에서 이른 새벽 아무도 몰래 내 몸을 허공에 뿌려다오.

영광스러운 순간도 없었던 내가, 자랑스럽게 산 것도 아닌 내가, 훌륭하게 산 것도 아닌 내가 떡하니 무덤이나 납골묘 한 자리를 차지하는 것은 부끄러운 짓이다. 인류 공영에 이바지한 삶도 아니고, 나라를 구한 훌륭한 삶도 아니고, 남을 위해 희생한 삶도 아니다. 단지, 혼자 잘 먹고 잘 살기 위해 애쓴 삶인데 뭐가 그리 대단하다고 묏자리를 쓴단 말인가. 그래, 내가 누군지도 모르게 영원히 기억 속에서 잊히고 싶다.

나는 세계 각국의 아름답고 장엄한 광경을 여행하고 느끼는 것보다 사람과 세상을 더 잘 알고 싶다. 내겐 그랜드 캐니언의 장관이나 북한산에서 본 전망이나 크게 다를 것 같지 않다. 또 파리의 몽마르트르 언덕을 거니는 즐거움이나 동네 한 바퀴를 도는 산책이나 별반 다르지 않을 것 같다. 전 세계를 돌아다니며 문화 유적과 자연을 즐기며 감탄을 하고 감동을 느끼는 것보다, 살면서 인생을 배우고 일하면서 사람을 알아가는 그런 생생한 경험과 느낌을 간직하고 싶다.

거창한 이념에 휩쓸리지 않고, 평등 공정 정의 이런 거에 목매지 않고, 그냥 욕심 안 내고 적당히 살고 싶다. 배고프지 않을 정도의 식사와, 살아가는 데 불편하지 않을 정도의 생활과, 쾌락과 중독에 빠지지 않을 정도의 적당한 여가를 즐기는 것으로 만족하며 살고 싶다. 그러니까 지구에 최소한의 (어쩔 수 없는) 민폐를 끼치며 조용히 살다 쥐도 새도 모르게 가고 싶다.

50대가 살아가는 원리
| 적당히… |

인내심이 한계에 다다랐을 때 짜증스러운 목소리로 상대방에게 쏘아붙일 때 쓰는 말이 있다. "적당히 좀 해라!" 넘지 말아야 할 선을 넘었을 때, 인내심이 바닥났을 때 이런 말을 내뱉는다. 과유불급이다. 지나치면 모자람만 못하다. 그러나 우리나라 사람은 모자라면 지나침만 못하다고 생각한다. 잔칫집에 음식이 모자라면 여기저기 원성이 빗발친다. 손님을 초대해놓고 손가락을 쪽쪽 빨게 하면 예의가 아니다. 그래서 허례허식이라도 좋으니 잔칫집에는 술과 음식이 차고 넘쳐야 한다. 사람들은 그 습성 때문인지 차고 넘치는 것을 좋아한다. 그러나 한평생 잔치만 치르는 집은 없다.

지나치다고 나쁜 것은 아니지만 그러나 사람들이 간과하는 것이 있다. 목적을 위해 수단과 방법을 가리지 않고 지나치다 싶으면 그때부터 일이 꼬이기 시작한다. 지난 정부 시절, 부동산을 잡기 위해 '때려잡자 투기꾼'이란 슬로건 아래 눈코 뜰 새 없이 투기꾼을 잡았지만 오히려 부동산은 폭등했고 서민들의 내 집 마련의 꿈은 산산조각 났다. 목적이 아무리 좋고 그럴듯하더라도 수단과 방법은 잘 가려서 써야 한다.

경제 용어에 골디락스가 있다. 경제가 차갑지도(적당한 성장) 뜨겁지도(적당한 인플레이션) 않은 상태를 말한다. 높은 성장은 필연적으로 높은 인플레이션을 야기한다. 이른바 공짜 점심은 없는 법이다. 높은 성장과 적당한 인플레이션을 목표로 경제 정책을 잘 운용하면 될 것 아니냐고 하겠지만, 생각으론 가능하지만 현실 세계에서는 거의 불가능한 이론이다. 지난 정부의 부동산 정책이 실패한 원인도 이와 같은 잘못된 생각 때문이다. 성장과 물가는 샴쌍둥이와 같이 붙어 다닌다.

저성장, 저물가보다 고성장, 고물가가 더 나을 것 같고 또 높은 성장으로 높은 인플레이션을 퉁치면 될 것 아니냐는 사람도 있다. 하나만 알고 둘은 모르는 사람이다. 인플레이션은 누구나 똑같이 당하지만 성장(월급)은 사이좋게 골고루 나누어 갖는 게 아니다. 남들 월급은 팍팍 오르는데 서민들 월급은 요지부동이다. 이래저래 돈에 항상 쪼들리는 서민들이 인플레이션의 가장 큰 피해자다. 그래서 모든 나라는 적당한 성장과 적당한 인플레이션을 목표로 한다. 그래야 서민들이 미래를 계획하고 목표를 세우며 동기 부여를 하기 때문이다.

적당히가 없었다면 오늘날 모든 생명체를 포함해서 인류는 존재하지 않았을 것이다. 다들 무슨 소리냐고 하겠지만, 지구가 태양과 적당한 거리(1억 5,000만km, 빛의 속도로 8분 20초)로 떨어져 있기 때문에 뜨겁지도 차갑지도 않은 살기 좋은 행성이 된 것 아닌가? 이런 지구가 최근에 급속히 뜨거워지고 있다. 지구 온난화 때문이고 뜨거운 세 남자(푸틴, 시진핑, 김정은) 때문이다. 적당히를 모르는 세 독재자의 핵폭탄 발언과 전쟁 발언으로 지구의 생태계는 위태롭고 아슬아슬하다.

부동산이든, 경제든, 생명체든 모든 걸 이롭게 하는 기본이 바로 적당히다. 적당히의 가장 큰 걸림돌은 갈 데까지 가보자는 하루살이 사고방식이다. 특히 인간관계와 일상생활에서 적당히를 모르면 나중에 험한 꼴을 당하기 십상이고 당사자 본인을 파멸에 몰아넣을 수도 있다.

적당한 거리

적당한 거리는 태양과 지구의 거리만 해당하는 것이 아니다. 사람과 사람과의 거리 또한 적당해야 한다. 거리라고 하는 것이 사람과 사람 사이의 물리적 거리를 말하기도 하지만 그보다는 심리적 거리를 말한다. 가까울수록 예의를 지켜야 하고, 가까울수록 과도한 관심을 줄여야 하고, 가까울수록 과잉 친절을 자제해야 한다.

20년 이상 사귄 친구도 때론 타인처럼 느껴질 때가 있다. 이해관계가 다르거나 이해타산이 안 맞으면 그렇다. 허심탄회하게 속마음을 털어놓을 수 있는 건 이해타산이 같거나 이해관계가 서로 맞아떨어질 때까지다. 그러니까 이해관계와 이해타산이 비교적 없었던 젊었을 때까지다. 직장을 갖고 명함을 갖고 결혼을 하면 서서히 이해관계와 이해타산이 달라진다. 그때부터 거리를 재야 하고 그에 맞게 말과 행동을 바꿔야 한다. 그렇지 않고 예전의 언행을 그대로 밀어붙일 경우 뜻하지 않은 화를 당하거나 깊은 상처를 입는다.

같이 있는 시간이 많아질수록 거리를 둬야 하는 첫 번째는 부부다. 젊은 시절엔 한여름에도 바짝 붙어 있고 싶지만 그 이후엔 거리를 두는 것이 좋다. 거리를 두라고 하니 각방을 쓰는 것으로 오해하면 안 된다. 은퇴 후 몸의 거리는 가까울 수밖에 없지만 그에 비례해서 마음의 거리는 적당히 멀어져야 한다.

마음의 거리를 적당히 둔다는 것은 상대방에게 자유를 주는 것이다. 젊었을 때는 자유보다는 사랑과 관심이 필요하지만 나이를 먹어가면서 사랑과 관심보다는 자유를 원한다. 사랑이 식었기 때문이 아니다. 사랑할 나이가 지났기 때문이라고 생각하자. 나이에 따라 사랑이 필요한 시기가 있고 관심이 부담스러운 때도 있다.

봄 여름 가을 겨울이란 계절이 있듯 우리 몸과 생각도 시기에 따라 변화를 갖는 것이 너무도 당연한 것 아닌가? 사랑은 영원히 변치 않는 것이 좋을 것 같지만 이 세상에 영원한 것은 없다. 사랑을 불변하는 그 무엇으로 생각하면 변심이 되지만, 이 세상에 영원한 것은 없다고 생각하면 변화로 받아들일 수 있다. 부부 싸움의 상당 부분이 변화를 변심이라고 오해하는 것에서 시작한다.

자식 또한 마찬가지다. 어릴 땐 아이들에게 부모가 전부지만 자라면서 부모는 아이에게 전부가 아닌 일부가 된다. 그때부터 거리를 둬야 한다. 그리고 중년 이후부터는 모든 관계망에서 조금씩 멀어지는 연습을 해야 한다. 섭섭하다고? 허전하다고? 처음엔 허전함과 섭섭함으로 빈 공간이 생기지만 곧 해방감, 자유로움 그리고 충만감이 밀물처럼 차오른다는 사실을 알려주고 싶다.

적당히 사는 것

아주 오래 사는 게 마냥 좋은 게 아니다. 그렇다고 빨리 죽으라는 게 아니다. 남자의 평균 기대 수명이 80세라고 하니 나도 그 정도는 살 준비를 하고 살아야겠다. 오래 살기 위해 그리고 젊어 보이기 위해 안간힘을 쓰는 모습을 보면 참 딱하다. 약골이거나 외모가 꿀리는 사람이 건강과 미용에 신경을 쓴다면 이해할 수 있지만, 적당히 건강한 사람이 불로장생의 음식을 찾아다니며 먹고 또 적당히 예쁜 사람인데도 더 예뻐 보이기 위해 얼굴에 칼을 대고 갈고 닦는 것을 보면 정말이지 추잡스럽다. 있는 사람이 더한다. 적당히를 모른다.

아버지와 어머니 모두 80세에 떠나셨다. 짧지 않은 세월이지만 마지막 몇 년은 두 분 모두 요양 기관 신세를 졌다. 두 분을 요양 시설에 맡긴 후 마음이 편치 않았다. 어르신들은 나이를 먹으면 점점 어린아이가 된다고 하는데, 보호와 애정이 더 필요했을 시기에 부모님을 요양 기관에 떠밀었으니 자식을 보육원에 맡기고 돌아선 매정한 보호자가 된 기분이었다.

적당히 살고 죽는 것보다 더 중요한 것이 있다. 바로 웰 다잉이다. 어떤 상태가 웰 다잉인가? 편안하게 눈을 감는 것이다. 미련이 없고, 여한이 없고, 죽음을 기꺼이 받아들이는 죽음 말이다. 내가 마지막을 보낼 곳은 요양 시설보다는 내가 살던 집이면 좋겠다. 다만 그럴 경우 가족들에게 불편함을 준다는 사실이 마음에 걸린다. 그래서 병수발은 가족이 아닌 간병 도우미의 도움을 받고 싶다. 좋은 일은 가족과 함께하지만 그 외의 경우는 타인의 도움을 받는 것이 좋겠다. 그래야 양쪽 모두에게 좋은 일이니까. 도우미에게 일자리를 주는 것이니 좋고 또 가족의 부담을 덜어주는 일이니 좋을 것이다. 그러기 위해선 그 정도의 돈을 벌어두어야 한다. 자신의 노후를 책임질 수 있는 돈 말이다. 긴 병에 효자 없다고 한다. 죽음에 이르는 기간(수족을 쓰지 못하고 걷지 못하는 기간) 동안 가족과 지인에게 심적인 고통과 육체적인 고통을 주면 편안한 죽음이 아니다. 죽는 날까지 뒤가 깨끗해야 한다.

　그러기 위해선 준비가 필요하고 그에 따른 실행도 필요하다. 내 경우엔 미리 유서를 써 둔다. 매년 유서를 갱신하고 있다. 그리고 아내와 아이들에게도 내가 죽은 뒤 또는 사람 구실을 못 하는 상황이 올 때 유서를 보라고 얘기도 해뒀다. 매년 유서를 갱신하면서 삶과 죽음의 의미를 상기해보고 있다. 처음 유서를 쓰는 분은 좀 꺼림칙하겠지만 모든 일이 그렇지만 해보면 별거 아니다. 인생을 살면서 불편함을 기꺼이 직면하겠다는 각오 없이는 항상 허둥지둥 살다 간다.

적당한 돈

　잘 사는 삶은 남 보란 듯이 사는 것이 아니다. 또 이만하면 잘 사는 것이라고 자위하는 삶 또한 잘 사는 삶이 아니다. 남과 비교하면서 사는 삶이 행복할 리 없다. 그리고 남보다 잘 살았다고 위안을 삼는 삶 또한 초라하다. 그보다는 자신이 생각하는 수준이 있어야 한다. 나는 그 기준을 우리 부모님보다 잘 사는 것이라고 정했다. 부모님보다 더 화목하고, 부모님보다 더 넉넉하게 살면 기본 이상은 한 것이다. 부모님도 그걸 기분 나빠하지 않을 것이다. 오히려 자식이 부모보다 못한 삶을 살면 속이 상할 것이다.

　우리가 추구해야 할 삶은 부모 보란 듯이 사는 삶 그리고 부모보다 잘 사는 삶이다. 그러니까 나와 부모 모두를 만족시키는 삶이다. 재벌 2세나 대통령의 아들로 태어나지 않은 것이 적당히 다행스러운 일이라는 생각이 든다. 부모가 평범하지 않은 그들의 삶이 실제로 어떤지는 모르겠지만, 편견인지는 몰라도 그다지 행복할 것 같지 않다.

돈과 재물은 그릇에 따라 정해져 있는 것 같다. 큰 그릇은 큰 재물을 모으고 작은 그릇은 작은 돈을 번다. 큰 그릇으로 태어났어야 한다는 말이 아니다. 큰 그릇, 작은 그릇이 중요한 것이 아니라 자신의 그릇을 얼마나 채웠느냐가 중요하다. 작으면 작은 대로 크면 큰 대로 적당한 양을 채우면 된다. 자신의 분수를 아는 것이다. 작은 그릇이라도 소기의 양을 듬뿍 채우면 잘 산 삶이다. 큰 그릇인데도 바닥이 보일 정도밖에 못 채우면 면목 없는 삶이다. 그릇을 못 채우고 덜 채우는 삶보다 더한 인생도 있다. 자신의 그릇을 내팽개쳐버리거나 그릇을 깨뜨려버리는 삶도 종종 목격한다. 당신의 그릇은 얼마나 차 있는가?

적당한 직업(월급)

퇴직 후 은퇴 시점까지의 과도기적인 직업을 고를 때도 적당한 직업이 좋다. 적당하다고 하면 적당히 쉬운 직업에 적당히 높은 급여를 말하나 싶겠지만 아니다. 적당히 힘든 직업에 적당한 급여가 좋다. 적당히 놀고먹는 직업을 생각한다면 그런 직업은 없다고 생각하는 것이 정신 건강에 좋다. 실제로 그런 곳은 없다.

기존의 조직에서 나오면 다시 이등병이라고 생각해야 한다. 과거의 직책과 인맥 그리고 위상은 물거품처럼 사라져버리기 때문이다. 월급을 적당한 수준 이상으로 후하게 주는 곳은 없다. 그럼 박하지도 후하지도 않은 적당한 급여의 기준은 뭘까? 구인 광고를 보고 이력서를 쓰고 취업해서 일을 해보면 대충 감이 올 것이다. 박하다고 생각하면 조금 다니다 그만둘 것이고 조금 덜 박하다고 생각하면 계속 다닐 것이다. 그게 바로 적당한 급여다. 이 세상에 나에게 후한 급여를 주는 자선 사업가는 없다. 세상이 매정한 게 아니다. 그게 세상 돌아가는 이치다.

적당히 힘든 직업이라 함은 정말 힘든 직업이라기보다 평균적인 일보다 좀 더 일하라는 개념이다. 좀 더 구체적으로 얘기하면 자발적으로 일을 찾아서 하는 것이다. 월급 정도만 일한다 생각하면 보람도 없고, 재미도 없고, 성취감도 없고, 시간도 안 간다. 특히 불평하면서 일하는 것은 누워서 침 뱉기다. 어떤 이유에서든 자신이 원해서 택한 직업이 아닌가? 본인이 선택한 것을 불평하는 것은 아직도 정신 상태가 철없는 어린아이 같다는 증거다.

적당한 휴식

휴식의 목적은 재충전이다. 그러나 대부분 재충전이 아닌 그냥 쉼을 목적으로 하는 경우가 많다. 휴식은 짧을수록 좋다. 좀 살벌하긴 하지만, 휴식은 죽고 나서 한 번이면 족하다는 각오로 살아야 한다. 살면서 쉬겠다는 생각은 일하기 싫다는 것과 이음동의어나 마찬가지다.

토요일, 일요일, 공휴일, 여름휴가 등 1년 365일 중 쉬는 시간은 이미 충분하다. 조영래 변호사의 《전태일 평전》을 읽어보라. 전태일 열사가 살았던 시기와 비교해보면 지금은 상전벽해의 변화다. 하루 잠자는 시간을 뺀 나머지 시간을 좁은 골방에서 옷감을 짜고 재단을 하고 쪽잠을 자야 했다. 즉, 포로수용소와 다를 바 없는 생활이었다.

지금 이런 얘길 하면 꼰대냐는 둥 일하려고 태어났느냐는 둥 워커홀릭이냐는 둥 일이 좋으면 내 일까지 하라는 둥 할 말이 많을 것이다. 내가 말하고 싶은 건 전태일 열사가 일했던 시기와 같이 몸을 축내는 혹독한 노동은 이젠 없다는 것이다. 대신 불편하고 기분 나쁜 노동이 있을 뿐이다. 일이 많고 적음의 문제가 아니라 일하는 태도와 일하는 방법 그리고 일에 대한 정성을 말하고 싶은 것이다. 즉, 불평하지 말고 일을 해보자.

휴식을 재충전을 위한 과정이라고 얘기하지만 1년 내내 재충전

중이거나 하루가 멀다 하고 실업급여를 타 먹는 게 재충전이라면 그 인생은 이미 글러 먹었다. 재충전은 자신을 돌아보고, 성찰하고, 반성하고, 새로운 결심을 하는 과정이다. 휴식 전과 후가 동일하다면 그건 휴식이 아니다. 시간을 죽이고 자신을 죽이는 일이다.

승자가 모든 걸 가져가는 승자독식 사회에서, 또 경쟁이 치열한 경쟁 사회에서 적당히는 미덕이 아닐지도 모른다. 매 순간 온 힘을 쏟아부어야 한다. 성공 스토리에 나오는 모든 사람이 하나같이 자신을 벼랑 끝까지 밀어붙였기에 오늘과 같은 영광을 쟁취하지 않았나? 말콤 글래드웰의 《아웃라이어》에서 1만 시간의 법칙을 숭배하듯이 성공하려면 적당히 하면 안 된다. 최선을 다해도 될까 말까 한데 적당히라니….

그러나 명예를 얻더라도 마음의 평화를 얻지 못하면 그 명예가 무슨 소용인가? 남들이 우러러보는 영광을 쟁취했어도 마음이 어지러우면 그 영광이 무슨 소용인가? 최고의 자리에 올랐더라도 밤마다 잠을 이루기 쉽지 않다면 그 자리가 무슨 소용인가? 재벌의 반열에 들었어도 많은 사람들에게 손가락질 당하면 그 재벌이 무슨 소용인가?

적당히가 상당히 쉬울 것 같지만 사실 그리 쉽지 않다. 야망 혹은 욕심을 내려놓기가 어디 쉽던가? 방 안에서는 상상의 유토피아가 가능하지만 문밖으로 나가면 현실의 디스토피아가 펼쳐진다. 그래서 끊임없이 갈등하고, 끊임없이 번뇌하고, 끊임없이 자책하고, 끊임없이 후회하고, 그리고 끊임없이 반복한다.

자신을 괴롭히는 사람은 그 누구도 아닌 바로 본인이라는 사실을 알아야 한다. 매번 후회와 자책으로 자신을 들들 볶아대고 있다. 그러면서 아내가, 자식이, 세상이 자신을 몰라준다고 한탄을 하지만 정작 자신이 아내를, 자식을, 세상을 알려고 하지 않는다.

적당히는 사람마다 다르다. 주관적이다. 누구에게 물어볼 수도 없다. 계량화하기 쉽지 않다. 그래도 기준을 잡아야 한다. 그 기준은 남을 흉내 내거나 따라서 정하는 것이 아니라 자신이 정하는 것이다. 그리고 기준을 정할 때는 마음이 편한 쪽을 택해야 한다. 특히 50대라면 말이다.

남의 시선에 신경 쓰지 않고 분수에 맞게 살고 또 곁눈질하지 않으면 적당히는 생각보다 쉽다.

믿을 건 자신뿐

| 인간에 대한 이해 |

　사람은 서로 관계를 맺고 살아간다. 그 관계가 깊고 얕음이 있지만 깊다고 더 믿을 만하거나 얕다고 덜 미더운 것이 아니다. 살아보면 알게 된다. 관계가 깊다고 하는 부부, 가족, 친구, 직장 동료 등이 더 믿을 만하고, 관계가 얕다고 하는 이웃, 지인, 동호회 등의 사람이 못 미더운 것이 아니라는 사실을. 사람과의 관계 맺기는 생각보다 어렵다. 필요 없는 사람과 불편한 사람들과의 관계는 청산하면 그만이지만, 도리상 또는 체면 때문에 울며 겨자 먹기 식으로 관계를 이어갈 수밖에 없을 때는 꽤 난감하다.

　인간을 온전히 이해한다는 것은 어쩌면 불가능의 영역일 것이다. 아이작 뉴턴의 말대로 천체의 운행을 계산하는 일이 더 쉬울 수도 있다. 다들 사람에 데거나 믿는 도끼에 발등을 찍힌 경험이 한두 번은 있을 것이다. '열 길 물속은 알아도 한 길 사람 속은 모른다'는 말이 괜히 있는 게 아니다.

인간관계가 어려운 것은 상대방이 나와 생각, 기질, 습관, 환경, 가치관, 종교, 체험 등이 다르기 때문이다. 이를 간과하고 상대방을 변화시켜 나에게 맞추려는 시도와 노력은 시간 낭비라는 사실을 알아야 한다. 이런 차이를 인정하지 않고 상대방을 바꾸려고 하거나 버릇을 고쳐놓겠다는 결심과 다짐은 다 쓸데없는 짓이고 어리석음의 극치다. 사도세자의 비극은 바로 이런 아버지의 결심에서 비롯된 것 아닌가? 그래서 악처의 바가지와 등쌀을 묵묵히 견뎌낸 소크라테스를 위대한 철학자로 손꼽는 모양이다.

인간관계는 피를 나눈 가족이라고 더 쉽지 않다. 나 자신부터 생각해보자. 어디 누구의 훈계나 지적으로 바뀌던가? 오히려 반발심과 오기만 생긴다. 자신을 진정 변화시켜주는 것은 자신이 존경하는 사람에게 듣는 조언과 꾸지람뿐이다. 조용히 가슴에 손을 얹고 생각해보라. 자신이 누구에게 존경받을 만한 사람인지. 그러니 남이든 가족이든 애초에 누굴 변화시키겠다는 야무진 생각은 던져버리는 것이 정신 건강에 좋다.

이런 얘길 하면 카네기의 《인간관계론》을 말하며 사람과의 관계 개선은 이렇게 하는 것이라며 훈수를 두는 분들이 있다. 카네기 처세술의 핵심은 자신의 의도와 본심을 숨기고 상대방의 기분에 맞취주고 칭찬을 아끼지 말라는 것인데 그렇게 할 수 있는 사람이라면 굳이 이 글을 읽을 필요는 없을 것이다. 인생이 어려운 건 아는 것과 행하는 것이 별개이기 때문이다. 아는 대로 또는 배운 대로 행했다면 다들 위인의 반열에 들어섰을 것이다.

부부

갓 결혼했을 때 아내와 아이들에게 존경받는 남편과 아버지가 되는 게 꿈이었다. 그러나 그 목표가 대통령이 되는 것만큼이나 이루기 힘든 꿈이라는 걸 알았다. 존경은 고사하고 한 조각의 존중이라도 받은 걸 감사하게 생각해야 한다는 사실을 알았다. 오히려 아내를 통해 나 자신의 작음과 옹졸함을 발견했다. 존경은 아무나 받는 것이 아니었다.

부부는 일심동체라고 하지만 그보다는 동상이몽인 경우가 많다. 사랑은 고사하고 남남보다 못한 경우도 있다. 결혼할 때 '성혼 선언문'을 낭독하며 백년해로를 약속하지만 건성으로 대답한 부부가 많은지 이혼 건수는 점점 증가 추세다. 이런 결과가 나타나는 건 결혼을 상대방의 덕을 보려고 하기 때문이다. 평탄한 결혼생활을 유지하려면 덕 보는 것 말고 덕 쌓는 쪽을 택해야 한다. 그러나 그 과정은 결코 녹록지 않다.

홍상수 영화감독과 배우 김민희 씨의 관계는 매우 독특하다. 같이 살지만 부부가 아니다. 성인 남녀가 같이 살면 다들 부부라고 생각하지만 그들은 그냥 동거인이다. 사람들의 지탄을 받으면서도 같이 살고 있는 이유를 처음엔 몰랐는데 김민희 씨가 홍 감독을 존경한다는 얘길 듣고 이해할 수 있었다. 존경은 사상과 인품에 반했다는 표현 아닌가? 남자가 들을 수 있는 최고의 찬사다. 홍 감독이 숱한 비난을 감수하면서도 그 고난의 짐(불륜이라는 멍에)을 기꺼이 지고자 한 이유일 것이다.

가족

피는 물보다 진하다는 말은 혈육의 정을 말할 때 사용한다. 진하다고 모든 게 좋은 것은 아니다. 진하면 탁하다. 탁하면 썩고 곪는다. 역사 이래로 보면 형제간, 부자간의 다툼은 흔한 일이다. 카인이 그의 동생인 아벨을 죽이고, 태조 이성계가 아들 이방원과 권력을 가지고 다툰 얘기는 이를 극명하게 보여준다. 핏줄은 부차적인 문제다. 질투와 반항심 그리고 권력과 재물에 대한 탐욕이 사람을 그렇게 만든다. 이런 사례는 동서고금을 막론하고 대동소이하다.

나를 포함해 주변을 둘러보면 친인척 간에 관계가 곪아 터진 경우를 많이 볼 수 있다. 차라리 남남인 경우가 좋았을 사례도 많다. 정치인 누구도 형(형수)과 원수가 되지 않았나? 이런 사례는 물론 흔한 경우는 아니지만 아주 드문 경우도 아니다. 밥을 같이 먹는다는 가족(식구)의 의미도, 혼밥이 대세인 요즘의 세태와 반려동물을 가족의 범위로 확장하는 추세를 보면 기존의 고정관념들이 얼마나 허약한 기반 위에 있는지를 확인하게 된다. 인간의 생각과 관념을 한 가지의 잣대로 규정하는 것은 매우 위험하다. 모든 것에서 열려 있어야 한다. 가족이라 하더라도.

아직도 혈육의 정을 믿거나 믿을 건 핏줄밖에 없다는 생각에 사로잡혀 있다면 인간에 대한 이해가 바르지 않은 것이다. 나 이외의 모든 사람은 타인이라고 생각하는 것이 마음이 편하다. 부모, 형제, 자매라고 하더라도…. 혈육을 매정하게 대하라는 말이 아니다. 혈육의 정을 믿기보다는 후일 분란이 없도록 매사에 일 처리를 바르게 하고 상대방의 인격을 존중하며 시기와 질투가 일지 않도록 선심을 쓰며 살라는 말이다.

친구

친구 간에도 알게 모르게 서열이 있다. 그 서열은 나이가 들수록 점점 더 고착화된다. 친구는 우정을 나누는 사이이면서 또한 경쟁을 하는 사이다. 호시절엔 우정을 나누지만 상황이 바뀌거나 어려워지면 본성을 드러낸다.

우정이 계속될 수 있는 건 두 사람의 형편이 비슷할 때까지다. 재력과 권력이 어느 한쪽으로 기울기 시작하면 우정도 서서히 기울기 시작한다. 젊었을 땐 우정이 평생 갈 거라고 생각한다. 이해타산이 없기 때문이다. 그러나 시간이 흘러 결혼을 하고, 지위와 명예를 얻고, 자산을 축적하면 그때부터 이해타산이 개입되기 시작한다. 영화 〈벤허〉와 〈친구〉를 본 사람은 알 것이다. 이해타산 앞에 우정이 얼마나 가벼운지.

50대 중후반을 넘어가면 하나둘 떨어져 나간다. 가장 먼저 어깨에 걸린 계급장이 떨어져 나간다. 부모님도 그즈음 세상을 뜨신다. 뒤이어 자식이 분가를 한다. 우정이라고 예외일 수 없다. 친구도 하나둘 연락이 끊긴다. 사면초가이고 속수무책이다. 그렇게 썰물처럼 빠져나간 자리엔 슬픔과 자기 연민 그리고 분노가 쓰레기처럼 쌓인다. 그러나 생자필멸과 인생무상을 생각하면 화낼 일도 한탄할 일도 아니다. 유행가 가사처럼 알몸으로 태어나서 옷 한 벌은 건졌지 않은가? 생각을 바꾸자 비로소 밀물이 들어차기 시작했다. 평화로움과 충만함 그리고 넉넉함의 밀물이. 모든 걸 비우고 내려놓으니 가볍게 살 수 있어 좋다. 나중에 알았다. 세상은 있으면 있는 대로 없으면 없는 대로 좋은 것이라는 사실을.

직장 동료

33년 가까이 직장생활을 하면서 많은 동료와 상관 그리고 부하직원들과 생활했다. 직장생활의 50%는 주어진 일을 하는 것이고 나머지 50%는 누가 실세고 어느 라인이 튼튼한 동아줄인지 찾는 게임이다. 즉, 잘난 누군가에게 묻어가려는 심리다. 열이면 열 다들 진급에 밀리지 않고 주류에 편승하기 위해 머리를 굴리고 아첨을 하고 누군가의 안색을 살핀다. 윗사람에게 어떻게 잘 보일까? 아랫사람을 어떻게 휘어잡을까? 딱 이 두 가지 생각뿐이다.

타 부서의 동료는 협력 관계지만 같은 부서의 동료는 경쟁관계다. 진급 시기가 되면 다들 신경이 곤두선다. 진급에서 떨어지면 졸지에 부서장의 선택을 받지 못한 홍길동의 신분으로 전락한다. 서자라는 천한 신분을 확인하는 순간 타인으로부터 받는 쪽팔림의 수모는 덤으로 감수해야 한다. '조진조퇴 즉, 빨리 진급한 사람이 빨리 나간다'라는 위로인지 조롱인지 모를 말에 다시 한번 좌절한다.

큰 시련이 있기까지 직장생활은 일만 잘하면 되는 줄 알았다. 제때에 진급하고 우수 직원 표창도 두 번을 받다 보니 이런 확증 편향이 고착됐다. 그래서 필요 이상으로 튀었고 적을 만들고 남들과 어울리지 못하고 밖에서 혼자 겉돌았다. 징계를 받을 때도 떳떳했다. 피감사인 주제에 감사인에게 핏대를 세우고 대들었으니 검사 앞에다 삿대질한 것과 무엇이 다른가? 힘센 사람 앞에 호연지기를 보여줄 수는 있었지만 '또라이'라는 낙인이 찍혔던 것 같다. 그 결과 외부 감사를 받을 때 나를 변호해주어야 할 감사팀이 오히려 나를 낭떠러지로 내몰았다. 그들에게는 일에 대한 시시비비보다는 사람에 대한 호불호가 먼저였다.

징계를 당하고 집에서 한 달간 쉬면서 인간은 기계가 아니라는 사실을 깨달았다. 사람은 논리나 상식 그리고 도덕으로 움직이지 않는다. 그보다는 감정에 더 좌우된다. 직원들 하나하나를 내 편으로 만들 수는 없지만 최소한 적으로 만들지는 말아야 했다. 업무에서 옳고 그름을 판별하는 것이나 인간 세상에서 정의를 판별하는 것처럼 어려운 것도 없다.

"내가 이 지경이 된 것은 모든 사람이 더러운데 나만 깨끗했기 때문이고, 모든 사람이 취했는데 나만 깨어 있었기 때문이라네." 사마천의 《사기열전》 속 초나라 인물인 굴원의 말처럼 나도 징계를 받고 분을 삭이지 못했다. 굴원이 주변의 시샘과 모함을 못 견뎌 자살로 끝맺은 심정을 이해하고도 남았다. 하지만 그보다는 어부의 조언대로 시류를 받아들여 물이 혼탁하면 발을 씻고 물이 깨끗하면 갓끈을 씻으면 됐을걸 하는 생각도 해본다.

미지근한 삶도 좋은 삶이다

| 좋은 삶이란? |

다음은 존경하는 윤석철 교수님이 제시한 4가지 삶의 모형이다.

구분	나 살고	나 죽고
너 살고	1) 나 살고 너 살고	3) 나 죽고 너 살고
너 죽고	2) 나 살고 너 죽고	4) 나 죽고 너 죽고

1) 나 살고 너 살고는 꽃과 꿀벌의 상생 모형이다. 기브 앤 테이크적인 생각과 세상에 공짜 점심은 없다는 철학이 깔려 있다. 많이 들어본 것이기 때문에 새삼스러울 것 없는 삶의 모형으로 생각하기 쉽다. 그리고 누구나 이런 삶을 살고 있다고 착각하지만 현실

은 그렇지 않다. 그 이유는 다들 받은 만큼 주겠다는 생각이 앞서기 때문이다. 그러나 좀 생각이 있는 이들은 먼저 주는 것부터 생각한다. 둘은 비슷한 것 같지만 천지 차이다.

2) 나 살고 너 죽고는 뺑소니 운전사 모형으로 바둑에서 아생연후살타 전법이다. 일단 나부터 살고 후일을 도모하자는 것이다. 혹시 얻어먹을 것이 없나 여기저기를 기웃거리는 하이에나식 인생이다. 이보다 더한 사람도 있다. 자기 것은 숨겨놓고 남의 것을 나눠 먹자는 사람이다.

3) 나 죽고 너 살고는 예수 그리스도 모형으로 아무나 흉내 낼 수 없는 삶이다. 보통 사람은 따라 할 수 없다. 의로운 삶이지만 역설적으로 권장할 만한, 그리고 바람직한 삶은 아니다. 하지만 인류는 이런 이들의 희생으로 발전해왔다. 이순신 장군, 전태일 열사, 강재규 소령 등. 그러나 위대한 삶이 모두에게 좋은 것만은 아니다. 그 가족들에게 지울 수 없는 상처를 남긴다.

4) 나 죽고 너 죽고는 부부 싸움 모형으로 마이너스 섬의 가장 극단적인 유형이다. 사람은 막다른 골목에 몰리면 대구 변호사 사무실 방화범처럼 몹쓸 짓도 서슴지 않는다. 막다른 골목에 몰린다고 다 그렇지는 않지만 그럴 가능성이 커진다. 《벼랑 끝에 나를 세워

라》라는 책 제목도 있지만 절대 그러면 안 된다.

1)은 좋은 삶이다. 2)는 이기적인 삶이다. 3)은 위대한 삶이다. 4)는 무모한 삶이다. 젊은 시절, 좋은 삶 정도로는 만족을 못 했다. 좋은 삶이든, 이기적인 삶이든, 무모한 삶이든, 위대한 삶이 아니면 모두 거기서 거기라고 생각했다. 그래서 영웅적인 삶을 흠모했고 인류 공영의 여러 문제를 가지고 고뇌하는 지식인의 삶을 우러러 봤다. 그러나 그런 삶을 살기에는 환경도, 자격도, 배움도, 능력도 모두 미달이었다. 위대한 삶을 살 수 없다는 사실에 한동안 의기소침했지만 대부분의 사람이 소시민으로 살아가고 있음에 위안을 얻었다. 화끈한 삶만이 가치 있는 것이 아니라 미지근한 삶도 나름 좋은 삶이라 생각했다. 내가 생각하는 좋은 삶이란 다음과 같다.

1 | 역할에 충실한 것이 좋은 삶이다

역할에 충실하다는 것이 뭐 거창한 것은 아니다. 자신의 맡은 바 소임을 다하는 것이다. 꾀부리지 않고 정직하게 일하는 것이다. 건성으로 하지 않고 정성을 다하는 것이다. 월급 받아먹으려고 일하는 것이 아니라 소명 의식을 갖고 일하는 것이다. 일의 개념을 돈을 받고 하는 것으로 국한하면 안 된다. 일상을 영위하는 모든 행동과 노동 그리고 여가 활동까지 확장시켜야 한다. 은퇴 후의 역할과 소임이 무엇일까를 생각해봤다. 아직 이거라는 생각은 떠오르지 않지만 놓지는 않을 것이다.

2 │ 남한테 이래라저래라 하지 않는 것이 좋은 삶이다

사람들은 세상을 보는 창이 다 다르다. 그 다름은 태어난 기질과 환경에 의해서 만들어진다. 그걸 인정하지 않고 타인을 변화시키겠다거나 버르장머리를 고쳐놓겠다는 생각은 망상이다. 자신부터 생각해보라. 누구로 인해 변화되었거나, 누군가 나의 버르장머리를 고쳤는지.

인생 후반으로 갈수록 쓸데없는 데 에너지를 낭비하지 않아야 한다. 참견과 간섭을 조언과 관심이라고 생각하면 돌아오는 것은 냉소와 조소뿐이다. 내가 없어도 이 세상은 잘 돌아가고 또 인류와 사회가 끊임없이 진화하고 발전한다는 사실을 불쾌해하지 말고 기쁘게 받아들여야 한다.

3 │ 지배하지 않고 지배당하지 않는 것이 좋은 삶이다

강자의 지배 논리는 '너를 위해서', '나라의 발전을 위해서'다. 어디서 많이 들어보지 않았나? 부모가 자식에게, 정치인이 국민에게 하는 뻔한 소리다. 그러나 자율성을 보장하지 않는 '너를 위해서'와

'나라를 위해서'는 다 쓸데없는 수사에 불과하다. 자유와 자율성이 축소되고 있다면 지배당하고 있는 것이다. 지배는 약탈이다. 아메리카 원주민을 몰아내고 쫓아냈던 서양인처럼 지배의 바탕은 호전성이다. 숭배받고 싶은 뒤틀린 욕망이다.

지배는 높은 위치에 있는 사람만 하는 것이 아니다. 갑질 또한 지배자의 심리와 비슷하다. 내가 너보다 잘났다는 착각, 내가 너보다 우월하다는 생각이 지시와 명령을 정당화한다. 사회가 돌아가기 위해서는 위계질서가 분명 필요하지만 인격을 무시하고 자존심을 깡그리 뭉개버리는 갑질은 반인간적이고, 반문명적이고, 반자연적이다. 마치 상대방을 묶어 놓고 고문하는 것과 같다. 사디스트와 다르지 않다.

지배당하지 않으려면 물질적으로 그리고 정신적으로 독립해야 한다. 그리고 뜨거운 자기 다짐이 필요하다. '운명아 오너라. 뜨겁게 안아 불살라버리리라.'

4 | 친절한 언행이 좋은 삶이다

과거 훌륭한 삶의 조건 중 하나가 봉사와 자선이라고 생각했다. 가난한 사람과 소외된 계층에 대한 봉사와 자선 말이다. 그래서 타의 반 자의 반으로 봉사 활동에 참여했지만 충만한 기쁨을 맛보기 어려웠다. 나에게 인간의 보편적 정서인 인정머리가 없는 것 같아

적잖이 당황했다. 또 측은지심과 이타심 같은 철학적 소양이 없는 것 같아 부끄럽기도 했다. 마치 아무런 감성이 없는 사이코패스가 된 듯한 기분이었다. 그러나 한참 후 남에게 비난받을 일은 아니라는 생각에 평정심을 되찾았다.

남을 돕겠다는 주제넘은 생각보다는 모르는 사람들에게 친절한 언행을 하는 것이 먼저여야 한다. 나는 걷지도 못하는 주제에 뛸 생각부터 하는 꼴이었던 거다. 거친 말투와 불친절한 언행은 세상과 타인에게 화나 있다는 증거다.

5 | 편안하게 죽는 것이 좋은 삶이다

얼마 전 송해 선생이 돌아가셨다. 95세까지 사셨으니 천수를 누렸고, 갑자기 돌아가셨으니 (죽음에 호상은 없다지만) 호상이라고 할 만하다. 내가 생각하는 좋은 죽음에 가깝다. 급사, 돌연사, 비명횡사 등이 내가 생각하는 호상의 조건이다. 즉, 갑자기 찾아온 죽음이 좋은 죽음이다. 나도 그렇게 죽고 싶다. 물론 바람대로 될지는 모를 일이다.

어렸을 때부터 죽음은 나의 관심사에서 멀어지지 않았다. 카뮈의 말처럼 세상이 살 만한 가치가 있는 것인가를 가리는 것이 중요했다. 살 만한 가치가 없다면 죽음뿐이니까. 인생이 살 만한 가치가 있는지 없는지를 아직도 가리지 못했지만 아무튼, 그 시절 죽음에 대한 방법론에 골몰했다.

그래서 참고한 것이 스코트 니어링의 생애와 죽음이다. 곡기를 일체 끊고 아내가 지켜보는 가운데 세상과 이별했다. 아내의 애정 어린 눈길에서 평온함을 느꼈을 것이고 맞잡은 손에서 따뜻한 체온이 전해졌을 것이다. 내가 찾던 죽음의 방법 중 가장 편안한 죽음이었다. 식어가는 내 손을 기꺼이 잡아줄 한 사람, 아내만 있다면 죽음이 그리 외롭지 않을 것 같다. 그 후로 아내에게 좀 더 잘해야 겠다는 생각이 절실해졌다. 그리고 보면 나도 위에 언급한 삶의 모형 가운데 2)에 해당하는 이기적인 놈이다. 부끄러운 일이다.

6 | 현실을 긍정하는 것이 좋은 삶이다

자신을 긍정하는 것은 50%의 긍정이다. 자신 이외에 타인 혹은 환경을 긍정해야 100%의 긍정이다. 긍정은 모든 불화에서 벗어나 마음의 평화를 이루는 길이다. 종교, 철학, 깨달음 등에서 궁극적인 진리로 나아가는 바탕이 바로 현재를 긍정하는 것이다. 즉 거듭남, 용서, 수용, 포용 등은 자신과 타인을 포함한 모든 것을 긍정해서 얻은 마음의 평화 아닌가?

《논어》에서 소인은 서로 똑같지만 서로 화합하지 못하고[同而不和(동이불화)] 군자는 서로 화합하지만 서로 다름[和而不同(화이부동)]을 인정한다고 했다. 화이부동은 바로 서로 다른 타인에 대한 긍정을 바탕으로 한다.

7 | 친구, 건강, 돈이 그다지 필요 없는 것이 좋은 삶이다

나이가 들어가면서 친구, 건강, 돈의 필요함을 뼈저리게 절감한다고 한다. 나도 예외가 아니어서 친구, 건강, 돈에 집착했고 특히 돈에 혈안이 되었다. 없을 땐 결핍의 대상에 모든 걸 올인하지만 결핍이 채워지면 어느 순간 시시해진다.

친구, 건강, 돈이 중요한 가치라기보다는 걱정거리이기 때문에 다들 골몰한다. 친구 없으면 외로울 텐데라는 걱정, 돈 없으면 체면 차리고 살 수 없을 텐데라는 걱정, 건강이 시원치 않으면 마음대로 놀러 다닐 수 없을 텐데라는 걱정 말이다. 정말이지 지겹지 않은가?

인생은 필요한 것을 채우는 것보다 필요한 것이 조금 부족해도 견디어 내는 이른바 '존버 정신'이 더 필요하다. 친구가 없어서 외로운 것이 아니라 어차피 인간이기 때문에 외롭다. 체력과 건강이 조금씩 쇠하여도 그러려니 하며 견뎌내야 한다. 돈이 없으면 불편하다. 그러나 어찌하겠는가 견디는 수밖에. 친구, 돈, 건강이 좀 부족해도 궁상을 떨거나 스스로 목 조르는 짓은 그만하자.

※ 젊었을 때는 성공의 기준이 얼마나 많은 것을 이루었느냐는 것이었

다. 소위 출세했다는 증거로 지위, 돈, 명예, 권력 등이 필요했다. 짧게 살면 60년, 길게 살아봐야 100년을 사는데 인간이 이룬다 한들 대단한 것이 무엇이 있겠는가?

'헛되고 헛되도다. 해 아래서 수고하는 모든 수고가 사람에게 무엇이 유익한가'라고 고백했던 솔로몬 왕의 말년의 독백은 인생무상과 생자필멸의 진리를 보여준다. 세속적인 것에 홀려 걱정과 근심이 몰려올 때, 솔로몬 왕의 독백을 마음에 새기자.

50대, 가슴 뛰는 삶보다 평온한 삶

| 평온한 삶을 향한 멀고도 험난한 여정 |

나이가 들어가면서 바라는 바는 딱 하나다. 바로 평온하게 사는 것이다. 평온하게 사는 게 뭐 어렵나 싶지만 그리 쉽지도 않다. 자식들 무탈하게 살고 있고, 집 하나 있으면 됐지 바랄 게 뭐 있느냐고 할 수도 있다. 그리고 숨만 쉬고 살 수 없으니 은퇴 후 쓸 생활비 정도만 나온다면 더 바랄 게 없는 수준일 것이다. 조건은 이 정도면 충분할 것 같다.

그러나 평온을 해치는 요소들이 의외로 많다. 위 조건에 해당한다고 반드시 평온한 것은 아니다. 평온하게 산다는 것이 말같이 그리 만만한 게 아니다. 체면을 따지거나, 주변 사람들을 의식하거나, 품격 있는 생활을 꿈꾼다면 평온을 향한 길은 가시밭길이다. 즉, 박

수 받고 싶다는 생각을 하면 평온한 삶은 물 건너갔다고 봐야 한다.

평온한 삶을 해치는 요소는 여러 곳에 산재해 있다. 정치, 사회, 경제, 문화, 심리 등 다방면이다. 서로 잘났다고 싸우는 국회의원을 보면 가슴이 답답하다. 우크라이나의 전쟁 소식을 들으면 안전한 곳에 살고 있다는 안도감도 잠시, 치솟는 밀가루 가격과 식용유 값이 걱정이다. 가끔 지인들이 어떻게 사나 전화를 돌리고 SNS를 통해 존재감을 드러내야 한다. 또 잘나가는 사람을 보면 맘이 뒤틀리고, 퇴직한 후 들려오는 직원들의 승진 소리에 뒷맛이 씁쓸하다. 나 없이도 잘 돌아가고 있구나 하는 푸념과 넋두리를 안주 삼아 한 잔의 술로 위로를 한다. 우리는 끝없이 밀려오는 생각과 잡념들로 잠시도 평온을 느끼기 힘들다. 평온한 삶은 요원한 걸까? 평온한 삶을 위한 방법은 무엇일까?

평온하기 위한 첫 번째 조건은 주변이 시끄럽지 않아야 한다. 주변은 내가 어떻게 통제할 수 없는 것이기 때문에 나와는 상관없는 것인지도 모른다. 다만, 주변을 잘 관리해야 한다. 개입을 최소한 자제하고 또 참견에 신중해야 한다. 말이 너무 많아도 안 된다. 많은 말보다는 침묵이 오히려 낫다. 좀 더 적극적인 사람은 칩거를 하거나, 인연을 끊거나, 고립을 택하기도 한다. 이른바 자연인의 삶이다. 나도 이런 자연인의 삶을 꿈꾼 적이 있지만 지금은 포기했다.

두 번째 조건은 마음이 어지럽지 않아야 한다. 은퇴한 사람들은 모든 관계망에서 벗어나 홀가분하고 아무 생각 없이 조용히 하루하루를 산다고 생각하기 쉽다. 그러나 먹고살 만하면 살 만한 대로 빠듯하면 빠듯한 대로 생각이 끊이지 않는다. 하늘의 구름이 일어나고 흩어지는 것처럼 생각도 끊임없이 일어났다 사라진다. 마음이 어지러운 이유는 사람마다 다르다. 그러나 한 가지 분명한 것은 감사보다는 시기와 질투가 앞서기 때문이고, 남들보다 잘나고 싶고, 또 잘 살고 싶기 때문이다. 인간이기 때문에 어쩔 수 없다.

한가하면 마음이 안정되고 평화로울 것 같지만 오히려 잡념이 많아진다. 이것저것 기웃거리게 되고 상상과 공상의 나래를 편다. 가족과의 관계도 개선되기는커녕 더 악화되는 경우가 많다. 그래서 나는 마음을 어지럽히지 않기 위한 방법으로 육체노동을 하고 있다. 적당히 힘든 일을 적당한 급여를 받고 일한다. 작업 중에는 잡생각이 조금도 안 난다. 몸이 피곤하니 생각은 단순해지고 잠도 곤하게 잔다. 평화로운지는 잘 모르겠지만 잔걱정과 쓸데없는 생각에 마음을 빼앗기지는 않는다. 남들에게 선뜻 추천할 수는 없지만 나름 쓸모 있는 방법이다.

평온을 위한 위 두 가지 방법이 좀 수준이 낮아 보인다. 고상한 방법은 없을까? 있다. 바로 포용이다. 사람의 크기는 얼마나 많은 사람을 포용할 수 있느냐에 달려 있다. 예수님이 말씀하신 "원수를 사랑하라"라는 말은 포용의 최고 수준을 상징한다. 그러나 포용이 얼마나 어려운 것인가? 모든 사람을 사랑할 수 있지만 너만은 사랑할 수 없는 것이 사람이다. 많이 배웠다는 지식인도 좌우로 나누어 사생결단의 자세로 싸우는데 하물며 보통 사람인 경우라면 100년은 도를 닦아야 가능한 일이다.

한때는 지식인 흉내를 내며 이 세상 모든 사람을 포용하고 사랑하겠단 당찬 꿈을 꾸었다. 그러나 포기했다. 내 가족, 내 주변의 사람도 변변히 사랑을 못 하는데 인류를 위해 쏟을 에너지가 내겐 없다. 인간이란 원래 그런 존재라고 생각하니 짐을 내려놓은 듯 오히려 마음이 가볍다.

그래서 택한 방법이 무시하고 사는 것이다. 아니 무심하게 사는 것이다. 그냥 신경 안 쓰고 사는 것이다. 내 일이 아닌 듯한 느낌으로. 이 세상에 중요한 건 없다는 식으로. 포용이 깨달음이라면 무심은 정신승리다. 포용보다는 한참 수준이 낮은 것 같지만 어쩌겠는가. 정신승리를 통해서라도 마음의 평화를 얻을 수 있다면 그리해보는 것도 하나의 방법이다.

나는 억세게 운 좋은 놈이다

| 부조리한 삶에 대하여 |

EBS 〈길 위의 인생〉을 자주 본다. 보는 이유는 이렇게 어렵게 사는 사람도 있구나 하는 위안과 나태한 내 삶에 대한 반성이 되기 때문이다. 우리는 세상을 하나하나의 개별 주체들의 삶으로 인식하지 않는다. 그냥 뭉뚱그려 평균으로 인식한다. 그 평균적인 삶은 주로 내가 살아가는 지금의 환경이다. 대부분 사람의 눈은 자신의 주변으로 고정돼 있다. 다들 먹고살기 바빠 다른 사람의 삶을 관찰할 여유도 이유도 없다. 그나마 다른 사람의 삶을 관찰할 수 있는 사람은 타인의 고통에 예민한 사람이다. 역사적으로 보면 붓다와 예수가 그랬다.

동물의 세계든 사람의 세계든 살아가는 것은 참 어렵고도 고단한 일이다. 누구 하나 쉽게 호의를 베풀지 않기 때문이다. 그렇기에 누구를 의지해 살아가야 하는 삶은 더 고단할 수밖에 없다. 그 고단함을 타계하기 위한 방법으로 몸을 축내서 더 일하기도 하고, 더 위험한 일을 감수하기도 하고, 때로는 자신의 생명을 담보로 하기도 한다. 그럼에도 삶과 생활이 획기적으로 더 나아지지 않는다. 자신에게 지워진 짐을 거부하지 않고 묵묵히 견뎌내는 모습이 신성하고 숙연하기까지 하다. 마치 시지프스가 무거운 바위를 지고 산 정상을 오르듯이….

그러나 한편으론 안타깝다. 저런 정도의 근면성과 성실함이면 생활이 좀 나아져야 할 텐데라는 아쉬움과 안타까움이다. 이들의 삶에 내가 개입할 수는 없지만 새로운 일을 하든, 하던 일을 바꾸든, 새로운 곳으로 가든, 사는 곳을 바꾸든 자신만의 방법으로 삶을 적극적으로 개척했으면 한다. 물론 쉬운 일은 아니다. 사람의 생각은 주변 환경으로부터 오니까. 그리고 자신이 살던 곳을 떠나기가 말이 쉽지 어디 쉬운 일인가? 그런데 이들은 세상에 대한 분노가 별로 없어 보인다. 왜일까?

이들이 세상을 살아가는 방법은 체념과 수용이다. 허황된 희망을 갖거나 헛된 꿈을 꾸지 않는다. 아니 희망을 갖고 꿈을 꾸기엔 너무 늦은 나이이고 또 먹여 살려야 하는 식솔들이 있기 때문일 것이다. 또 이젠 어느 정도 이 생활에 적응한 까닭도 있다. 놓아버리고 단념한다는 것은 단순한 포기가 아니다. 순리에 따르는 것이다.

더 이상 자신과 불화해서 마음을 어지럽히는 것이 아니라 기꺼이 받아들여 마음의 평화를 이루는 일이다.

국가와 사회 체제는 한 사람의 삶에 지대한 영향을 미친다. 즉 어디에 태어났느냐에 따라 한 끼를 걱정해야 하는 사람도 있고 한 끼를 뭘 먹을까 고민하는 사람도 있다. 행복인 뭔지도 모르는 사람이 있는 반면에 행복이 뭘까 생각해보는 여유를 갖는 사람도 있다. 평등, 공정, 정의가 뭔지 생각해볼 여유가 없는 사람에게 평등, 공정, 정의를 운운하는 것은 몹쓸 짓이고 지적 허영이다. 이는 비단 남의 나라 이야기만은 아니다. 우리나라 안에서도 정도의 차이는 있지만 그런 극단의 삶이 펼쳐진다.

인생은 부조리하다. 잘 살아보고자 하지만 그 의지를 무참히 꺾어버리는 그 무엇을 우리는 부조리라고 한다. 받아들이기 힘든 현실에 반항해보지만 현실은 점점 더 목 조여오고, 직면한 상황을 거부하고 뿌리칠수록 불행과 불운은 악착같이 달라붙는다. 현실과 꿈 사이를 오도 가도 못하며 엉거주춤 서 있는 것이 우리들의 삶이다.

아무도 이러쿵저러쿵 그들의 삶을 논할 수 없다. 그러니 어쩌란 말인가? 그냥 힘들고 고단한 삶의 이야기에 귀 기울여주고, 기억해주고, 또 고개를 끄덕여주는 것이 그들에 대한 최대한의 예의가 아닐까? 그러고 보면 20세기 후반, 대한민국에 태어나 이룬 것 하나 없이 과분한 생활을 누리는 나는 억세게 운 좋은 놈이라고 봐도 무방하다.

어떻게 살아야 하는가?

│ 행복의 기초 - 자립, 자존, 자족 │

인생을 사는 데 가장 중요한 덕목은 무엇일까? 불굴의 의지? 칠전팔기의 도전 정신? 끊임없는 노력? 근거 없는 자신감? 나는 스스로 하는 것이라 생각한다. 무슨 일이든 스스로 도모해보려고 하는 자발성 말이다. 사회적 동물인 인간이 혼자서 하는 것은 분명 한계가 따른다. 둘이서 하면 혼자 하는 것보다 분명 효율적이다. 또 여러 사람이 공동의 목표를 가지고 협업을 하기도 한다.

스스로라는 것은 단순히 무슨 일을 혼자서 하는 것이 아니다. 스스로라는 말은 타인에게 의지하지 않는 삶의 태도를 말한다. 또 자신의 일을 타인에게 위임하지 않음을 말한다. 이런 인생을 영위하기 위해선 세 가지의 스스로가 필요하다고 생각한다. 자립, 자존,

자족이다.

이 세상에서 가장 어리석은 사람은 쉬우면서 편하고 또 행복하기까지 한 일을 찾는 사람이다. 또 그런 것이 있을 거라고 믿는 사람이다. 즉, 아무 일도 하지 않으면서 운 좋게 편하게 잘 먹고 잘 살 수 있으면 좋겠다는 희망을 가지고 살아가는 사람이다. 그러나 이런 삶은 천국에서나 가능하다.

또 쾌락을 행복이라고 착각하는 사람도 있다. 술, 마약, 도박과 같은 중독을 행복이라고 착각하는 것이다. 쾌감은 좋지만 그 쾌감을 맛보기 위해서는 큰 대가(해고, 파산, 가정불화, 폐인)를 지불해야 하며 자신과 주변 사람의 삶의 질을 한없이 떨어뜨린다. 쾌감은 순간이고 지속 시간이 너무나 짧다. 또 같은 쾌감을 맛보기 위해서 더 많은 시간과 더 많은 쾌락이 필요하다. 비효율적이다. 현명한 사람이 택할 방법이 아니다.

우리가 사는 목적은 알쏭달쏭하다. 저마다 사는 의미가 다르고 우리 모두가 동의하는 목적은 없다. 그렇다. 인생에 의미가 있는지 없는지 모르지만 또는 있다고 해도 서로 다름을 알고 나름의 의미를 추구하고 또 의미를 찾으며 사는 것이 인생이 아닐까. 그리고 목적보다 가치를 추구하는 삶도 하나의 방법이라고 생각한다. 그 가치 중 하나가 행복이다. 여러 가치 중 아마도 행복이 가장 큰 가치일 것이다. 그리고 그 행복을 이루어 나가기 위한 기초가 자립, 자존, 그리고 자족이라고 생각한다.

1 | 자립

자립은 홀로서기다. 누구를 의지하지 않고 또 자신을 누구에게 의탁하지도 않는다. 누구를 추종하지도 않는다. 소위 말하는 멘토나 그 외 어떠한 우상을 두지 않는다.

자립은 기꺼이 고생을 감수하겠다는 마음이다. 인생이 고해임을 직시하고 쉽게 살려는 나태한 태도를 단단히 결박하는 일이다. 궁핍하더라도 아쉬운 소릴 하지 않는 것이 자립이다.

자립은 운명론적 결정론을 걷어차고, 불합리하고 또 부조리한 세상이지만 한번 살아보려는 몸부림이다. 그리고 그 몸부림의 한 방법이 반항이다. 주어진 운명에 굴종하지 않고 저항하는 것이다. 그 저항은 때론 찌푸린 미간일 수도 있고 충혈된 눈일 수도 있다. 아니면 파이고 갈라지고 거친 손일 수도 있겠다. 이 모두가 살아보려는 발버둥이고 치열한 흔적들 아닌가? 운명에 반항해보는 것, 운명에게 자신이 만만한 상대가 아니라는 것을 보여주는 것이 반항이고, 그 반항의 기초 위에 자립할 수 있다.

자립은 경제적 자립과 생각의 자립이 있을 수 있겠다. 경제적 자립이란 밥벌이 수단이기 때문에 매우 중요하다. 경제생활을 하지 않는 종교인이나 전업주부 또는 은퇴한 직장인이라면 모를까 경제적으로 자립하지 못한 사람이 자존과 자족을 이루기는 현실적으로 힘들다. 특히 한 집안의 가장이라면 경제적 자립은 백번 강조해도 지나치지 않다. 다는 아니지만 많은 불행이 가난, 즉 돈에서 시작되기 때문이다. 돈 없음과 불행은 비례한다. 그러나 돈 많음과 행복이 비례하지는 않는다. 인생에 있어 돈의 필요성과 한계를 깨닫는 것이 중요하다.

생각의 자립이란 독선과 아집 그리고 편견에 빠지지 않고 자유로운 것을 말한다. 사람의 성격이나 생각은 좀처럼 바뀌지 않는다고 한다. 내가 생각해봐도 그렇다. 물론 바뀌지는 않지만 발전하는 사람도 있다. 주변 환경에 맞게 또는 시대에 맞게 자신을 발전시키고 자신의 생각과 인식의 범위를 넓혀 나아간다. 그러기 위해서는 맞닥뜨린 문제를 깊이 있게 생각하고 책을 많이 읽어야 한다.

자립을 저해하는 것 중 하나가 '나중에 하지'라는 생각이다. 이런 사람치고 제대로 된 사람을 못 봤다. 오늘 열심히 일하지 않고 내일 행운을 기다리는 사람과 같다. 내일 하자고 하는 생각은 내일에 특별한 의미가 있기 때문이 아니라 오늘 하자니 귀찮고 또 힘들기 때문 아닌가? 이런 사람들은 요행을 바라고 또 기대 이상의 결과를 원한다. 사기꾼과 무엇이 다른가? 자립의 마음 자세는 바로 그리고 즉시 하는 것이다.

2 | 자존

자존은 기죽지 않음이고 자신에 대한 사랑이다. 자신을 남과 비교하고 또 남의 재산과 명예를 부러워하는 사람들이 있다. 자존은 고사하고 자신과 불화하는 사람들이다. 자존은 현재의 나를 긍정하는 일이다. 단점에 주목하지 않고 장점에 주목하는 것이다.

자존의 출발은 자신을 긍정하는 것으로 출발한다. 자신을 부정하고 자신과 불화하면 인생을 충만하게 살 수 없다. 자존은 자신과의 대화를 통해 스스로를 깨우치는 일이다. 인생의 의미를 추구하고 삶에 대한 태도를 정립하는 일이다.

자존은 외부에서 구해지는 것이 아니다. 또 남이 인정해주는 것도 아니다. 스스로 일깨우고 고양시키는 것이다. 자신을 일깨우고 고양시키기 위해서는 깊게 생각하고 많이 또 넓게 배워야 한다. 깊게 생각함은 박학다식이 아니다. 자신을 성찰하고 타인에 대한 이해를 넓히는 일이다. 그리고 배움은 단지 학생만이 갖추어야 할 미덕은 아니다. 학생과 일반인의 경계를 구분 짓는 것도 의미 없다. 물리적으로 학교에 있다고 해서 학생인가? 쉼 없이 배움을 추구하고 탐구하면 학생 아닌가?

자신을 사랑하는 사람은 타인에 대해 관대하다. 자존은 에너지이고 삶을 지탱하는 힘이기 때문이다. 이 에너지가 없는 사람은 타인을 질시하고, 무시하고 또 짜증을 낸다. 주변에 타인에게 친절한 사람을 살펴보라. 분명 자존감이 높은 사람일 것이다.

인간의 치명적인 약점은 고독과 외로움이다. 유한한 존재인 자아를 확인하는 순간 우리는 연민을 느낀다. 또 고독을 느낀다. 때로 고독은 치명적이기도 하고 또 자살에 이르게도 한다. 채울 수 없는 고립감과 헤어날 수 없는 외로움은 우리를 한없이 약하게 한다. 사랑만이 이 모든 병을 치유할 수 있다. 타인에 대한 사랑이든 연인에 대한 사랑이든 또 자신에 대한 사랑이든…. 자존은 사랑의 싹을 트게 하는 힘이고 토양이다.

3 | 자족

자족은 만족하고 감사하는 마음이다. 범사에 감사하라는 말도 있지만 나는 감사보다는 만족에 더 비중을 둔다. 만족은 바라는 마음이 없는 것이다. 그래서 무리하게 일을 도모하지 않는다.

자족한 사람들의 관심은 돈, 명예, 지위와 같은 세속적인 것이 아니다. 자족한 사람들은 물질보다는 마음에 주목한다. 마음의 평화로움과 충만함을 추구한다. 또 지식과 지혜를 쌓아가고 배우는 삶을 추구한다. 보이지도 만져지지도 않지만 장시간 변질되지 않는 것에 관심을 기울인다.

자족하는 삶은 또 순리를 따르는 삶이다. 순리는 단순히 운명대로 사는 것이 아니다. 마음이 편한 것이 순리에 따르는 것이고 또 거스름이 없는 것이다. 여기서의 거스름은 사람을 향한 것이 아니고 진리와 양심에 관한 것이어야 한다.

우리 인간은 자기 뜻대로 안 되면 괴롭다. 자신의 욕구 또는 욕심이 해결되어야 좋아한다. 그러나 우리는 직감적으로 또는 경험적으로 안다. 자신의 뜻대로 되는 일은 열에 하나도 안 된다는 사실을. 그럼에도 우리는 자신의 뜻대로 안 됨을 괴로워하고 고통스러워한다. 자족은 자신의 뜻대로 안 됨을 인정하는 것이다. 되면 좋고 안 돼도 그만인 자세가 자족이다.

자족은 상선약수 즉, 물과 같다. 만물을 이롭게 하는 물과 같다. 막히면 돌아가고, 높으면 차오를 때까지 기다리고, 낮은 데로 임하면서 욕심내지 않는다. 이 세상에 욕심으로 이룰 수 있는 것은 아무것도 없다. 주변과 세상을 이롭게 해야 비로소 자신이 원하는 바를 이룰 수 있다. 물론 욕심으로 이룰 수는 있다. 하지만 그 이룸은 화를 불러오고 끝내는 파멸에 이르게 된다.

외로움에 대하여…

| 외롭다는 건 남들과 다르게 살고 있다는 것 |

외롭다는 생각이 드는 건 중심축에서 또는 관심의 범위에서 떨어져 있다고 느끼기 때문이다. 물리적인 거리가 떨어졌든 아니면 생각이 남들하고 떨어졌든 사람들은 다수에서 소외되는 것을 싫어한다. 다수에 속하고 싶은 욕구는 욕구이기 이전에 본능에 가깝다. 예로부터 다수에 속해야 생존에 유리했기 때문이다. 이런저런 이유로 사람들은 외로움을 싫어한다. 또 외로움을 몹쓸 감정이라고 생각하고 이런 외로움에서 벗어나려고 발버둥을 친다. 그러나 역설적이게도 지금까지 나를 성장시킨 건 외로움이었다.

#1

철이 들기 전부터 외로웠다. 가난한 집에 태어난 것이 외로웠던 것이 아니다. 그래서 못 배운 것이 외로웠던 것도 아니다. 또 부모님이 화목하지 않은 것이 외로웠던 것도 아니다. 다만 때리는 아버지가 미웠고 집 나간 어머니도 야속했다. 그래서 외로웠다.

철이 들고도 외로웠다. 짧은 배움을 뒤로하고 군대에 가기 전까지 1년 정도 공장생활을 했다. 늘 어두운 새벽에 나갔고 어두운 밤에 돌아왔다. 몸은 항상 고단했고, 영원히 여기서 벗어나지 못하면 어쩌나 하는 불안함과 막막함에 두렵고 외로웠다.

※ 철들기 전후로 세상이 왜 이리 불공평한지 의문을 가졌지만 풀리지 않았다. 성경에 답이 있다고 했다. 하나님께서 불공평을 허락한 것은 분명 깊은 뜻이 있다는 것이다. 그 깊은 뜻이 무엇이냐고 물었더니 하나님밖에 모른다고 했다. 처음엔 알쏭달쏭했으나 나중엔 화가 났다. 놀림을 당한 기분이었다. 나름 열심히 살아보려는 청년에게는 너무나도 무책임한 말이었다. 결정적일 때 예수님을 부인한 베드로가 됐다. 그러나 그로부터 한참 후에 마음이 다소 누그러졌다. 나보다 더 힘들고 어려운 사람도 불평하지 않고 살고 있다는 것을 알았기 때문이다. 그들 앞에서 내가 불공평을 따지는 것은 주제넘고 사치스러운 것이었다.

만약 내가 외롭지 않았다면 나보다 더 외롭고 힘든 사람들을 못 보았을 것이다.

#2

운 좋게 들어간 직장생활도 외로웠다. 대졸자들에게 둘러싸여 있는 나는 고립된 섬이었다. 직장생활 초반이었다. 내가 못마땅한 지 직속상관이 다 들으라며 한마디 했다. "너는 잘 해봐야 과장까지밖에 올라갈 수 없어." 두 주먹을 불끈 쥐었다. 두 주먹에서 전달된 자극이 날카롭게 내 머리에 꽂혔다. 회사에서 나는 적자가 아닌 서자의 신분이었다. '호부 호형'을 하지 못하는 홍길동의 심정이었으니 어찌 외롭지 않을 수 있을까?

※ 철든 후 짧은 배움을 커버하고자 무작정 책을 읽었다. 책이라도 읽어 남들보다 짧은 배움을 가리고 싶었고 또 진급에 밀리지 않기 위해 자기 개발에도 몰두했다. 남들보다 더 오래 회사에 다니기 위해 자발적 야근도 많이 했다. 그리고 남들보다 먼저 출근했다. 내가 항상 제일 먼저 출근했다. 토요일과 일요일에도 나가 일했다. 나름 성과도 있었고 진급도 그런대로 했다. 인정도 받았다. 또 회사에 가장 오랫동안 남아 있을 수 있었다.

만약 내가 외롭지 않았다면 결코 남들보다 먼저 출근하지 않았을 것이고 남들만큼만 일했을 것이다.

#3

결혼하고도 외로웠다. 친구와 후배에게 빚보증을 서 집을 팔아 대신 갚아주고 같이 살던 부모님을 형님댁에 떠맡겼다. 그리고 우리 네 식구는 좁고 열악한 셋방살이를 전전했다. 스스로에 대한 자책과 후회로 밤새 잠을 이루지 못했다. 실수를 만회하려면 얼마나 걸릴지 알 수 없었다. 그 막막함에 살을 에는 듯 고통스러웠고 추사 김정희의 제주도 유배 생활 못지않게 외로웠다.

※ 돈에 쪼들리고부터 돈에 대해 공부했다. 세상 모든 불행은 조금씩 다 다르지만 한 가지 공통점은 가난이라는 사실을 알았다. 그때부터 '황금 보기를 돌같이 하라'는 최영 장군의 말이 소귀에 경 읽기로 들렸다. 돈이 무엇이고 경제가 어떻게 돌아가는지를 알려고 공부하고 탐구했다. 그러나 약간의 책을 읽고 공부를 한다고 경제가 돌아가는 이치를 터득하기란 백일 지난 아이가 걷기를 바라는 것과 같았다. 실패를 하고 잠시 중단을 하기도 했지만 포기하지 않고 관심을 끊지 않았다. 두렵게 그리고 신중하게 실행해보고 결과를 지켜보며 투자를 이어갔다.

만약 내가 외롭지 않았다면 세상을 원망할 뿐 결코 세상 돌아가는 이치를 배우려고 하지 않았을 것이다.

#4

본사에서 지점으로 나와 한창 잘나가던 때에 3개월간 감독원 감사를 받았다. 전화 녹음을 다 뒤지고 또 내 금융계좌도 탈탈 털었다. 물증은 나오지 않았다. 당연하다. 내가 그 사실을 알고 방조하거나 협조한 사실은 없었으니까. 그러나 감독원 사람들은 그 사실을 인정하고 싶지 않았다. 내가 증거를 인멸하고 용의주도하게 정황과 알리바이를 맞추었다고 믿었다. 이 일에 조금이라도 관련이 있는 사람들은 면직부터 감봉에 이르는 중징계를 받았다. 이 모든 사실을 알고 있는 지점장도 나를 변호해주지 않고 입을 굳게 닫았다. 모두 자신의 무죄만을 강변할 뿐 내 얘기를 들어주는 사람은 없었다. 정직 1개월을 맞고 집에서 쉬었다. 다시 지점으로 출근했지만 영업력은 이미 고갈된 상태였다. 절해고도에 유폐된 심정이었다. 그 일이 있기 전까지는 촉망받던 인재 중 한 명이었으나 이젠 임원들의 관심 범위에서 멀어졌음을 직감했다. 억울함보다도 잠재적 인재풀에서 배제되었음이 더 외로웠다.

※ 1~2년 동안 여러 산과 들로 쏘다녔다. 사람들에게 정나미가 떨어졌

다. 인생은 무엇인가, 어떻게 살아야 하는가에 대한 생각으로 머리가 복잡했다. 유명한 철학자의 책과 유명 인사의 인생론 등을 읽어보았지만 어디 하나 위안을 얻을 수 없었다. 오히려 읽으면 읽을수록 파면 팔수록 인생은 더욱 헷갈리고 오리무중이었다. 철학자들과 유명 인사들은 인생을 멋진 말로 설명했지만, 살아보니 다 말장난임을 알았다. 그들은 해설가이지 선수가 아니다. 조언을 해줄 수 있지만 직접 인생을 뛰는 선수는 바로 나인 까닭에 정답이 있을 수 없었다. 인생에서 정답을 찾겠다는 건 주식 시장에서 돈 버는 비법을 찾겠다는 것과 비슷하다. 그런 건 없다. 회사에서도 인생에서도 나는 낙오자였다. 그래서 외로웠다.

만약 내가 외롭지 않았다면 세상과 인간에 대한 성찰을 게을리했을 것이다. 물론 자신에 대한 성찰도.

나중에 알았다. 그 하나하나의 외로움이 나를 성장시켰음을. 외로워야 비로소 생각을 하고, 방도를 찾고, 활로를 모색한다. 외로움은 누구도 아닌 바로 내가 극복해야 한다. 삶을 뜨겁게 부둥켜안고 스스로 위로하고 스스로 치유해야 한다. 그러나 대부분의 사람은 외롭다는 이유로 누군가에게 하소연으로 한풀이를 하고 아니면 위안거리를 찾아 헤매는 삶을 산다. 그렇게 미지근한 삶을 살다 백기를 들고 세상에 항복해버린다.

사람이 외로운 이유는 단순히 혼자이기 때문만은 아니다. 결정과 선택을 스스로 하기 때문에 외롭다. 선택에 대한 책임을 기꺼이 지겠다는 사람이 외로운 법이다. 결과를 무겁게 받아들이겠다는 자세 때문에 외롭다. 쉽지 않은 길이기 때문에 외롭다. 보통 사람들과 비슷한 길이 아니기 때문에 외롭다.

　그렇다. 외롭다는 건 남들과 다르게 살고 있다는 것이다.

인연

인연을 만들어야 남보다 잘 살 수 있다. 이는 과거로 소급할수록 더 그랬을 것이다. 예나 지금이나 어디 혼자 사는 게 쉬운 일인가? 가진 게 없을수록, 아는 게 없을수록, 고립될수록 인연을 만들어야 할 이유는 더 커진다. 그래야 생존에 더 유리하기 때문이다.

혈연, 학연을 들먹이고 "우리가 남인가?"로 동질성을 확인하는 것이 바로 인연 만들기의 시작이다. 인연 만들기는 남의 덕을 보기 위함이다. 인연 뒤에는 이기심이 숨어 있다. 준 것보다 더 많이 얻으려는 이기심. 그렇게 만들어진 인연이 나는 싫다. 서로 도움을 주고받는 것이 뭐 그리 나쁜가 하지만 얻을 게 없다면 바로 놓아버리는 것이 사람들의 인심이기 때문이다. 과거 공동체 사회에서의 인연이 농경문화에서의 협동 때문이었다면 현대사회에서의 인연은 이로움이 목적이다. 그 이로움을 꼭 돈으로 한정할 필요는 없다. 돈이 아니더라도 외로움을 달래거나 수다를 떨어 공감 받으려는 필사적인 노력 또한 자신의 이로움을 위한 것이니까.

직장생활이 거의 막바지였을 때부터 인연을 만들고 유지해야 하는 동기가 많이 줄어들었다. 내가 원래 인연을 만드는 일에 재주가 없기 때문이기도 하지만 굳이 이유를 대자면 인연을 만드는 일에 힘을 낭비하지 싶지 않았다. 남은 힘이 얼마 되지 않기 때문일 수도 있지만 인연을 만들고 또 없애는 일이 신경 쓰이기 때문이기도 했다. 인연은 만들기도 어렵지만 또 없애기도 마땅치 않다. 연락을 끊으면 되겠지만 막상 연락이 올 경우 처신하기도 쉽지 않다. 기껏 한다는 것이 카톡에 답을 안 하거나 전화를 안 받는 것인데 뭔가 찜 찜하지 않은가? 죄인도 아닌데. 이건 내가 경험해봐서 안다. 내 딴 엔 가깝게 지낸 친구가 연락을 끊었다. 전화, 카톡, 문자 모두 끊었다. 좀 더 정확한 표현은 씹었다. 싸운 것도 아닌데. 그 친구의 마음 속에 뭔가 쌓이고 있었을 것이다. 말로 표현할 수 없지만 대충 짐작은 간다. 그렇지만 그때의 그 찜찜함이란….

인연을 만들면 신경 써야 할 일이 많아진다. 그 사람의 성향이나 기호 그리고 성격 등을 알고 대응해야 하기 때문이다. 내 취향에 맞는 사람들만 교류하겠다는 발상도 사실 순진한 생각이다. 내 생각과 취향에 맞는 사람은 없다. 설령 있다고 하더라도 계속 만나다 보면

틈이 발생하고 균열이 생기고 급기야 불화로 발전한다. 가까운 친구도 그런데 그냥 아는 사이로 만나서 발전한 인연이야 더 말할 것도 없다. 아내와 가족과도 생각과 가치관이 안 맞는데 남남인 사람이야 오죽할까? 가족은 정과 연민으로 모든 걸 포용할 수 있지만 남들까지도 정과 연민으로 포용하기에는 내 에너지가 너무 모자란다.

학교 다닐 때 피천득의 〈인연〉이란 수필을 읽었다. 자세히 기억은 안 나지만 철들 무렵 시작된 한 사람과 세 번의 만남을 적은 기록이다. 책 속에서 세 번째 만남이 안 만나는 것만 못했다고 했듯이 만남에 깊숙이 개입하게 되면 언젠가는 화를 당하거나 험한 꼴을 보게 된다. 마지막이 좀 비약한 면이 있지만, 인연은 신중하게 만들어야 한다.

이선희의 〈인연〉이란 노래는 아름답지만 그런 가사와 같은 인연은 만에 하나라는 사실.

백 년을 살아보니

| 김형석 선생의 네 가지 운 |

1. 1920년에 태어나 고등학교를 나오고 일본 유학을 다녀왔다.
   윤동주 시인, 김수환 추기경과는 평양 숭실학교 때 같이 공부
   했다고 한다. 부유한 집에 태어난 것이 인생의 첫 번째 운이
   아닐까?

2. 일제시대에 태어나 고등교육을 받고 일본 유학까지 갔다 왔
   다. 그리고 친일도 비껴갔다. 두 번째 운이다.

3. 6.25를 겪고도 살아남아 31세에 중앙고등학교 교감으로 있다
   가 그 후 연세대로 옮겼다. 군사정권에서도 무사히 교수직을

유지했으니 이 또한 운이 아닐까?

4. 선천적으로 강건한 몸을 물려받았다. 어머니도 101세를 사셨다고 한다. 아직도 매우 건강해 보이니 110세는 문제없을 듯싶다. 마지막 네 번째 운이다.

선생님의 얘길 몇 년 전에 책으로 읽고 TV 〈인간극장〉으로도 보았다. 젊었을 때 그분의 책을 몇 권 읽었는데, 그때 느낀 소감은 매우 감성적이고 부드러운 분이라는 것이다.

지금은 모든 사람을 떠나보내고 혼자 남아 조용히 살아가는 모습을 보니 좀 외롭고 고독해 보였다. 아내도 친구도 남아 있지 않다고 했다. 제자들도 대부분 세상을 떠났다고 하니 새삼 오래 살긴 사셨구나 하는 생각이 들었다. 선생님이 살아가는 원리는 순응과 무리하지 않는 것이다. 또 매사에 조심하고 대비하는 것이다. 뜨겁지도 않고 차갑지도 않은 삶이다. 미지근한 삶이다. 경제 용어로 '골디락스'다. 경제가 인플레이션을 우려할 만큼 과열되지도 않고 또 경기 침체로 이어질 만큼 냉각되지도 않은 상태 즉, 균형을 이룬 상태를 말한다. 경제든 사람이든 욕심을 덜어내고 절제하는 일이 중요함을 다시 한번 생각해본다.

선생님은 강연을 많이 하는데, 듣는 대상에 따라 내용을 달리한다고 한다. 쉼 없이 노력하고 공부하는 분이다. 자식들에게 의지하지 않고 독립해 산다. 자식 집에 가서도 좀 있다 돌아온다. 자식들에게 부담을 주지 않기 위함이다. 본받고 싶은 부분이다. 이다음에 자식들과 떨어져 산다면 나도 이분과 같은 삶을 살아야겠다는 생각을 해본다.

지금까지 살아오면서 가장 절정인 때가 60세부터 80세까지였다고 한다. 나로서는 이해가 되지 않지만 나름 위안이 되는 말씀이었다. 그렇다. 나도 오래 살아 이분의 말씀이 참인지 아닌지 확인해보고 싶다. 으음… 왠지 나도 100세까지 살 수 있을 것 같다.

인생이 참 알 수 없는 게, 도통한 철학자라고 별 뾰족한 수가 없다는 것이다. 아무리 말로 그럴듯하게 또는 폼 나고 교양 있게 삶을 설명하더라도 정작 우리의 삶은 그리 호락호락하게 살아지지 않는다. 또 아무리 운이 좋다 하더라도 절제와 비움 없이는 오래가지 못할뿐더러 만족스러운 삶을 살 수 없다. 죽음을 모르는데 어찌 삶을 알겠느냐는 공자의 말처럼 우리는 누구도 삶과 죽음을 모른다. 삶이 어떻고 죽음이 어떻고를 떠벌리는 사람치고 제대로 된 사람은 없다. 각자 나름대로 살 뿐.

오래 사는 것이 축복이라고 생각하지 않는다. 또 빨리 가는 것이 불쌍한 것도 아니다. 눈 감을 때 편안하면 그뿐이다.

똥밭에 굴러도 이승

| 위안거리 |

가끔 등이 시릴 때가 있다. 세상에 혼자 던져진 듯 막막한 느낌. 먹고살 만하지만 인생이 뿌옇고 아득해 보일 때가 있다. 오늘 길을 걷다 가슴이 먹먹했다. 그리고 큰 상실감이 쓰나미처럼 밀려왔다. 곰곰이 생각해봤지만 끝내 모르겠다. 이럴 땐 속수무책이다.

우리 나이가 되면 문득문득 허전하고 외롭다. 위로해줄 누군가가, 아니면 위로해줄 무언가가 필요하다. 아이들도 아내도 더 이상 아빠를 또는 남편을 찾지 않는다. 존재감이 없는 투명 인간이다. 이럴 때 필요한 것이 자기 위안이다. 그동안 50 넘게 살아오면서 고비마다 또는 인생이 시들해질 때마다 내게 위안을 주었던 것들은 무엇이었을까? 그 위안이 기대와 희망일 수도 있고 신념일 수도 있고 또 깨달음일 수도 있다. 나이를 먹을수록 그렇게 바뀌는 것 같다. 기대와 희망이었다가, 신념이었다가 그리고 깨달음으로.

10대의 위안거리 : 알 수 없는 분노

철들고 군대 가기 전까지 알 수 없는 분노가 가득했다. 〈이유 없는 반항〉의 제임스 딘처럼. 그 분노의 대상은 세상이었지만 한참 후에 알았다. 그 대상이 세상이 아닌 바로 나라는 것을. 초라하고 나약한 나에 대한 분노였다. 그 분노마저 없었으면 그냥 무기력하게 나뒹굴었으리라.

20대의 위안거리 : 대기업에 다닌다는 위세

군 제대 후 기적적으로 증권회사에 입사해 열심히 일했다. 임전무퇴, 초전박살의 정신으로. 군기가 아직 빠지지 않았으니까. 이때 나의 위안은 대기업에 다닌다는 위세였다. 그 덕에 간신히 결혼할 수 있지 않았나 싶다.

30대의 위안거리 : 열심히 일했다는 자부심

결혼하고 바로 IMF가 터졌다. 밑바닥까지 떨어졌다. 설상가상으로 친구와 후배들 보증을 서고 먹튀를 당해 집을 잃고, 가족들의 신용을 잃고, 내 자존감마저 잃었다. 식솔들을 먹여 살려야 한다는 생각에 담배를 끊었다. 실직하면 막노동이라도 해야 하니까. 이때 나의 위안은 자기 개발과 일에 대한 열정이었다. 자기 개발서를 읽으며 자신을 세뇌하였다. 반드시 살아남아야 한다. 그래서 그랬는지 아니면 운이 좋아서 그랬는지 일이 잘 풀렸다.

40대의 위안거리 : 내려놓기

지점 생활을 하면서 돈도 좀 만져보았다. 하지만 호사다마라고 시련도 깊었다. 내 잘못은 별로 없는 것 같은데 중징계를 받고, 경영진의 관심 범위에서 멀어졌다. 경영진의 관심을 되돌려놓을 수 없을 거라는 상실감은 매우 컸다. 인생의 의미를 찾고자 틈만 나면 산에 오르고 철학적인 문제에 골몰했던 시기다. 책과 세미나 등을 통해 인생의 의미와 목적을 탐구했지만, 탐구하면 탐구할수록 삶의 의미는 점점 더 오리무중이고 캐면 캘수록 인생의 목적은 더욱 알쏭달쏭했다. 이윽고 어렴풋이 알았다. 인생에 의미와 목적이 없다는 사실을. 그걸 인정하니 오히려 마음이 편안해졌다.

50대의 위안거리 : 똥밭에 굴러도 이승

50이 되면 사람이 점잖고 중후해질 줄 알았다. 공자가 말한 지천
명의 나이다. 그러나 나의 수양이 짧은 까닭인지 인간의 본성이 그
런지 하늘의 뜻은커녕 나 자신도 모르겠더라. 50대는 전업을 하기
에 늦은 나이는 아니지만 그렇다고 적당한 나이도 아니다. 계륵과
같은 나이. 그리고 50도 아닌 50대 중반인 요즘에는 전업은 요원하
고 막다른 골목으로 접어든 느낌이다. 그동안 적지 않은 시간과 노
력을 들여 직업 탐색을 하고, 직업 훈련을 받고, 실습을 해봤지만
손에 익고 몸에 체득된 기능은 없는 것 같다. 하기야 그깟 노력과
연륜으로 밥벌이를 할 수 있을 거라는 생각 또한 순진한 발상이다.

오늘 장례식장을 오가며 본 한강변의 풍경이 눈부셨다. 눈 뜨고
있으면 이승, 눈 감으면 저승이다. 똥밭에 굴러도 이승이 좋다고 한
다. 어느 것 하나 위로받을 수 없는 50대 중반의 중년이 그나마 위
안을 받을 수 있는 것은 이승에 살고 있다는 자각이었다. (2019년에
쓴 글)

나대지 않는 삶

| 가슴 뛰는 삶보다 조용한 삶 |

친구 만나러 가는 ○○동 거리. 《이방인》의 뫼르소가 방아쇠를 당긴 그날처럼 태양이 이글거린다. 거리엔 떼쓰는 아이처럼 매미가 발악하듯 울어댄다. 앞에 한 놈팡이와 한 여자가 붙어 걷고 있다. 남자가 담배 하나를 꼬나물더니 빈 담뱃갑을 호쾌하게 길바닥에 던져버린다. 그리고 그것을 무심하게 지켜보는 여자. 몰상식일까, 일탈일까? 두 젊은 남녀를 보면서 이 거리의 수준을 생각한다. 또 그 많은 남자 중에 그 좀팽이를 택한 여자의 낮은 안목도.

사거리에 도착하니 분주한 차량들이 신호에 따라 일사분란하게 움직인다. 그 차량들이 내뿜는 소음, 전철이 지나가는 소리, 그리고 빵빵거리는 크락션 소리. 도시는 철없는 남녀와 상관없이 바쁘게 돌아간다. 붐비고 바쁜 도시. 왜 사람들은 죽자고 도시로 도시로 모여드는 것일까? 도시국가를 포함해도 서울처럼 좁은 면적에 많은 사람이 사는 도시는 흔치 않다. 그 큰 뉴욕도 800만 명 수준이다. 서울이라는 도시에 산다는 건 전 지구적으로 보면 행운이다. 세계인들이 선망하는 도시 아닌가? 나만 그런가? 이런 얘길 하면 미친놈 소릴 듣겠지?

친구와 갈비탕을 뜯고 나오면서 느끼는 정신적 허기는 또 무엇인가? 우리는 왜 맨날 만나면 가슴 뛰는 삶이 아닌 가슴 답답한 삶을 얘기하는 걸까? 돈 얘기, 자식 얘기, 건강 얘기, 부동산 얘기. 똑같은 이야기를 치매 노인처럼 무표정하게 주고받는다. 마치 처음 듣는 얘기처럼.

언제부턴가 가슴 뛰는 삶에 대한 동경을 버렸다. 도대체 무엇이 가슴 뛰는 삶인가에 대한 물음도 잊고 산다. 언젠가 한 번 읽은 기억이 있다. 강헌구의 《가슴 뛰는 삶》이라는 책. 책 이름은 기억에 남았지만 책 내용은 세월에 흔적도 없이 휩쓸려 나갔다. 〈우리 다시 사랑할 수 있을까〉라는 TV 프로의 제목처럼 '우리 다시 가슴 뛰는 삶을 살 수 있을까?'라고 자문해본다.

그러나 요즘은 가슴 뛰는 삶보다 조용한 삶을 살고 싶다. 노자의 무위자연으로 돌아가고 싶다. 조용한 삶이 가슴 뛰는 삶보다 다소 가치가 떨어지는 느낌은 있지만 그럼에도 불구하고 나대지 않는 삶을 살 것이다. 지금 세상은 SNS, 유튜브 등을 보면 나대지 않고는 살기 힘들어졌다. 나처럼 조용한 사람에겐 상당한 부담이다. 조용한 사람들의 입지가 날로 줄어들고 있다.

50대에 그리는 자화상
| 나는 누구인가 |

　인생이란, 각자 주어진 캔버스 위에 자신만의 터치로 자화상을 그리는 과정인지도 모른다. 어떤 이는 고흐와 같은 강렬한 터치로 또 어떤 이는 르느와르의 부드러운 터치로 그림으로 그린다. 자화상을 그릴 때 단순히 인물에만 초점을 맞추면 인물이 밋밋하고 단조롭다. 그 인물을 받쳐주는 배경도 신경 써야 한다. 배경은 초상화의 인물이 누군인지를 좀더 구체적으로 설명해주는 주석과 같다. 당신의 자화상은 어떤 터치인가? 그리고 배경은 무엇인가?

자화상

봉천동 8부 능선, 무허가 흙벽돌집.
정비석의 《삼국지》를 유품으로 남겨주고 가신 아버지.
점쟁이가 너는 공부시키라 했다며 좋아하신 어머니.
국졸로 9급 공무원이 되고도 서러웠던 우리 형.
철들고 한참 후에 알았다. 어머니 눈에는 나만 보인다는 사실을.

아버지는 세상과 불화했다.
거친 노동판에서 왼쪽 넷째 손가락 마디가 잘려 나갔다.
어머니는 아버지와 불화했다.
집 나가 식모 살던 어머니가 돌아와 나를 부둥켜안고 울었다.
형은 부모님과 불화했다.
두 분 임종 때 상주인데 보이지 않았다.
나는 자신과 불화했다.
젊은 날 정체 모를 연민과 분노로 가득했다.

불가사의, 알 수 없었다.
지금의 나를 이끌어준 그 무엇.
그건 눈을 부릅뜨고 반항했던 뜨거운 몸짓도 아니었다.
그건 친구의 복채로 본 점쟁이의 점괘에 나타난 팔자도 아니었다.

그건 우리 집 골방에서 공부했던 여호와의 증인 하나님의 가호도 아니었다.

내 인생의 팔 할이 운인 건,
7형제의 막내로 아버지 같은 큰형 밑에 더부살이를 한 우리 아버지를 보면 알 수 있다.
철들 때부터 객지를 떠돌며 찬밥 먹은 우리 형을 보면 알 수 있다.
"강남? 좋은 데 사네" 하는 내 친구들을 보면 알 수 있다.
끊어질 듯 이어져온 내 불안했던 목숨을 보면 알 수 있다.

운명이, 팔자가, 또는 하나님이
내 아버지, 우리 형, 내 친구에게 더 모질었을 리 없다.
내게 더 관대했을 리 없다.

나는 누구인가?

내가 누구인지 규명해보고 싶었다. 내가 누구인지를 묻는 건 인간밖에 없다. 그러나 역설적으로 내가 누구인가는 내가 아닌 제삼자에게서 듣는 경우가 대부분이다. 타인에 의해 평가받고 규명되는 나. 현대 사회에서 타인에 의해 받는 평가와 평판은 생각보다 중요하다. 타인의 평가와 평판에 의해 나의 운명(승진, 발탁, 기회)이 결정되기도 한다. 타인의 평판을 먹고 사는 정치인과 연예인이라면 특히 그렇다. 타인의 혹평과 악의적인 댓글에 시달리다 자살하는 경우도 가끔 있다. 우리가 얼마나 타인의 평가에 민감한지를 잘 보여주는 단면이라고 하겠다. 그러고 보면 주체적으로 살아간다는 것이 그리 간단치 않은 모양이다. 실제로 나를 규명하는 요소들은 나라는 본질이 아니라 내 주변 환경인 경우가 더 많다. 태어난 곳, 성장 과정, 그리고 부모, 가족, 친구 등의 주변 환경이 나의 정체성을 결정한다.

그럼에도 불구하고 나를 내가 평가해보고 싶었다. 사회에서 평가받는 보통명사로서의 내가 아니라 하나의 주체인 고유명사로서의 나를 조명해보고 싶었다. 사람들은 대부분 사회 통념에 젖어 산다. 사회의 가치관과 인식에 자신을 맞추려고 필사적으로 노력한다. 이런 사람은 자신을 돌아볼 여유가 없다. 또 그럴 필요를 느끼지 않는다. 타인에 의해 평가받는 나보다도 내가 나 자신을 어떻게 규명하고 평가하는가는 매우 중요하다. 여기에 상당 부분의 행복과 자존감이 결정된다. 내가 누구인가를 묻는 건 나 자신을 객체가 아닌 주체로 보고 있다는 것이다. 삶을 살아나가는 주체. 나는 그 누구보다도 소중하다. 나는 이 세상에 하나밖에 없는 단독자이기 때문이다. 내가 없으면 이 세상도 없다. 이 세상이 없어지는 것이 아니라 이 세상을 인식할 수 있는 내가 없기 때문이다. 그래서 나는 유일무이한 단독자이고 소중한 존재다.

종속된 존재가 아닌 주체적인 삶을 살아야 한다. 즉, 나대로의 삶 말이다. 이 세상을 스스로 해석하고, 자신의 판단으로 행동하고, 그 결과를 기꺼이 받아들이는 용기 있는 삶이 주체적인 삶이다. "어머니 왜 날 낳으셨어요"와 같은 넋두리 말고, "세상 다 그런 거지"와 같은 체념 말고, 삶을 뜨겁게 부둥켜안아 좌절과 절망과 후회와 미련을 불살라버려야 한다. 그런 각오가 나대로의 삶이고 주체적인 삶이다. 주체적인 삶을 살기 위해서는 세계관과 인생관 그리고 경제관이 정립되어 있어야 한다. 셋 모두 만만한 과정이 아니다. 어떨 때는 그 막막함에 울고 싶을 때가 있다. 그러나 살아가는 틈틈이 세계에 대해, 인생에 대해 그리고 경제에 대해 숙고하고, 배우고, 탐구해야 한다. 죽는 날까지….

육체적인 나

최불암과 김혜자처럼 늙고 싶다.

165cm에 55kg의 왜소한 체구다. 컨디션이 안 좋을 때는 52kg 까지 갔었다. 어릴 때는 몰랐는데 성인이 되면서 내가 평균 이하라는 사실을 알게 됐다. 평균에서 멀어지는 것은 불안하고 서글픈 일이다. 젊었을 때는 육체적으로 뭐든지 할 수 있을 것 같았는데 요즘은 할 수 있는 것이 지속적으로 줄어듦을 느낀다. 신체적 노쇠와 함

께 정신적 노쇠도 같이 온다. 그러나 이게 오히려 바람직한 것 같다. 이 둘이 언밸런스하면 갈등이 오고 무리가 온다.

젊었을 때는 스스로 잘생겼다고 생각했는데 지금 생각해보면 의아한 일이다. 노화 현상이 여기저기서 나타나고 있다. 머리숱이 많이 줄었고 주름도 자글자글하다. 아내는 그래도 내 나이 또래보다는 젊게 보인다고 하지만 그리 위로되지는 않는다. 아직까지는 늙음이 아름답게 보이지 않고 또 자연스럽게 받아들일 준비도 안 됐다. 주변에 나이를 먹어가면서 아름다운 사람을 별로 보지 못했기 때문일 수도 있다.

늙으면 사회와 격리되고 뒤로 물러나야 한다. 그게 순리라고 생각한다. 나도 늙으면 그리할 것이다. 요즘 순리를 거스르는 사람들이 많다. 늙어 보이지 않기 위해 피부를 당겨 주름을 없애고 피부에 실리콘을 넣는 것은 부자연스럽고 순리를 거스르는 일이다. 자연스럽게 나이 들어가는 최불암과 김혜자가 나는 좋다. 두 분 다 튀지 않고 잊혀짐에 대해 초연한 것 같다.

요즘 죽음에 대해 가끔 생각해본다. 기력이 쇠하여 천천히 병상에서 죽어가는 것은 최악이다. 사람은 마지막이 중요하다. 아무리 오래 산다 해도 질척거리면서 죽는다면 100세를 넘게 산다 해도 사양하고 싶다. 내가 원하는 죽음은 급사다. 어느 날 갑자기 빨리 느닷없이 죽는 것이다. 그리되겠나 싶지만 만약 그리된다면 마지막 행운일 것이다. 마지막 행운을 기대해본다.

병과 나

약골이 거의 확실하다.

군이 지병이라고 할 것은 아니지만 소화불량을 달고 살았다. 아마도 밥벌이가 빠듯했던 IMF 때 생긴 지병이라면 지병이다. 변비와 설사가 반복되는 과민대장증후군이다. 잔병을 달고 산 것은 아니지만 건강하게 산 것 같지는 않다. 태생적으로 뼈가 굵지 않고 근육 또한 야물지 못하다. 나이를 먹어가면서 드는 생각은 내가 약골이라는 확신이다. 그래서 좀 걱정이다. 젠장….

평생 병원에 안 갈 것 같았는데 40대 후반부터 자주 드나들었다. 어느 날 갑자기 숨쉬기 어려워 병원에 갔더니 폐에 구멍이 났다고 해서 바로 입원하고 수술을 받았다. 그리고 똥꼬가 탈이 나서 버티다가 악화되어 뒤늦게 병원에 입원했다. 또 겁대가리 없이 한밤중에 북악스카이웨이에서 자전거를 타고 내려오다 아스팔트에 꼬라박아 기절해서 응급실로 실려 갔고 쇄골이 부러져 몇 달간 고생했다. 100년 전에 태어났으면 이미 땅속에 묻혔을 거라 생각하니 그저 고마울 따름이다.

지병과 잔병은 잘 다스려야 한다. 평소 약골인 사람들은 병과 밀당을 하며 그런대로 잘 산다. 반면에 평소에 건강했던 사람들은 조금만 아프면 세상이 무너지는 줄 알고 야단법석이다. 경영의 신이라 불리는 마쓰시다 고노스케는 자신이 세 가지 행운을 타고났다고 했다. 가난한 집에 태어난 것, 허약한 몸으로 태어난 것, 못 배운 것. 남들에게는 모두 불행인 것들이다. 이렇듯 세상은 어떻게 사는가보다 어떻게 해석하는가가 중요하다. 이 세 가지 모두 나에게도 해당한다. 음, 그럼 나도 경영의 신이 될 가능성이 있다는⋯. 미안하다. 없던 얘기로 하자.

혈통과 나

신분 세탁의 가능성이 농후하다.

안동 ○씨라고는 하지만 신분이 언제 어떻게 세탁되었는지 모른다. 또 알고 싶지도 않다. 족보와 가문은 그냥 자기 위안일 뿐이다. 어릴 때 아버지로부터 본관이 어디고, 무슨무슨 파고, 몇 대 손이고 등을 들었지만 직접 족보를 확인해보지는 못했다. 사실 족보가 없는지도 모른다. 그럴 가능성이 더 많다.

예전엔 가문과 족보가 목숨만큼이나 중요한 줄 알았다. 대한민국에 양반이 아닌 사람이 없고 뼈대 있는 가문이 아닌 사람이 없다. 운 좋게 태어난 세도가는 자신의 지위를 뻐기고 싶었고, 볼품없고 초라한 민초들 또한 족보를 사서라도 자신을 좀 더 그럴듯하게 포장하고 싶었을 것이다. 남에게 무시당하지 않기 위해.

홀륭한 가문이면 영광스러운 것인가? 훌륭하다는 것의 기준은 무엇인가? 세도가? 만석꾼? 고관대작? 내 조상이 훌륭하면 내가 훌륭한 것인가? 그건 훌륭한 것이 아니라 속물근성이다. 우리가 훌륭하다고 하고 또는 부러워하는 사람들 대부분이 군림하고, 착취하고, 부리는 위치에 있는 사람들 아닌가? 사람들에게 또는 생명체에 해코지 않고 주변 사람들에게 이래라저래라 하지 않는 삶이 위대하고 평온한 삶이다.

생물학적인 나

인생 별거 없다.

성인이 되고 한참 후에야 리처드 도킨스의 책을 읽었다. 그리고 비로소 내가(인간이) 생명체의 여러 종 중의 하나인 호모 사피엔스임을 알게 됐다. 그동안 커다란 계획에 의해 창조됐을지도 모른다는 의문에 종지부를 찍은 큰 사건이었다. 또 칼 세이건의 《코스모스》를 읽고 광활한 우주(천억 개의 은하에 천억 개의 행성)에 운 좋게 존재하는 지구와 그 속에 고독한 인간의 위치를 알게 됐다. 우주 속에서 보면 나는 티끌만큼도 안 되며, 내가 살고 있는 시간은 찰나라는 생각에 이르자 겸손해지지 않을 수 없었다.

그전까지는 만물의 영장이니, 영혼을 가진 유일한 생명체니 하며 인간으로 태어난 걸 운명이라고 생각했으니 얼마나 부끄러운 일인가? 그런 중차대한 문제(만물의 영장과 그렇지 않은 동식물의 지위)를 제비뽑기 같은 식으로 무성의하게 결정해버린 조물주를 이해할 수 없었다. 그동안 운 좋게 인간으로 태어나 아무 거리낌 없이 동물을 잡아먹고 생명을 무시하고 천국에 갈 거라는 암팡진 기대를 품고 살았으니 얼마나 이기적이었던가. 사람이 기대를 가지고 살면 추해진다. 그걸 희망이라고 포장하고 소명이라고 해도 마찬가지다. 그 이면에는 '다른 건 모르겠고 나만…'이라는 이기심이 숨어 있으니 말이다.

삶과 죽음을 한 조각 구름의 일어남과 흩어짐으로 비유한다면 존재의 이유를 찾는 인간에게 너무나도 허무하겠지만, 태어남 이전에 본래 아무것도 없음을 상기해보면 그리 억울한 일도 아니다.

책과 나

나를 만든 팔 할은 책이었다.

짧은 학력에 대한 콤플렉스를 극복하고자 책을 읽기 시작했을지도 모른다. 젊었을 때부터 책 읽는 것과 책 모으는 것에 집착했다. 봉천동 고개 봉천극장 옆에 작은 중고책방이 하나 있었다. 젊었을 때 퀴퀴한 냄새를 맡으며 책을 보고, 책을 고르고, 책을 하나 집어

들고 나올 때 그렇게 행복했다.

나이에 따라 책 읽는 분야가 바뀐 것 같다. 젊었을 때는 소설과 시를 많이 봤다. 좀 감성적인 나이니까. 그 덕에 아내에게 편지를 써 결혼했는지도 모른다. 회사에 들어와선 자기 개발서를 주로 읽었다. 진급도 하고 월급도 받아야 하니까. 다행히 일이 잘 풀려 적당히 진급했고 또 과분한 월급을 받았다. 그 후 인생이 만만하게 보였는데 호사다마라고 그렇게 천방지축 날뛰다가 호되게 당했다. 그래서 사람들 입방아에 올랐다.

그 후 인생이 뭔지, 사람이 뭔지, 어떻게 살아야 하는지를 따지기 시작하면서 철학 책에 손댔지만 철학 책 몇 권 읽는다고 인생의 문제가 쉽게 풀리진 않았다. 회사에서 소외당하고 진급에 대한 희망을 접으면서 그 관심이 경제와 재테크로 쏠린 것 같다. 점잖게 표현하면 돈이 생각보다 중요함을 자각했다고 할까? 그 후론 경제와 재테크를 접목시켜 책을 읽었다. 시행착오도 있었지만 운이 좋아 이때부터 재산도 많이 불었다.

2~3주에 한 번 꼴로 습관처럼 도서관에 간다. 책을 고르고, 책을 읽고, 책을 빌려 오는 그 분위기와 느낌이 그냥 좋다. 예전엔 읽을 책이 끊기거나 주말을 책 없이 나면 불안했다. 그러나 요즘엔 책이 죽기 살기식으로 읽히지 않는다. 건성으로 읽기도 하고 읽다가 재미없으면 때려치우기도 한다. 예전만큼 책이 강렬하게 다가오지 않는다. 메마른 가슴을 충동질해서 맹렬하게 불길로 번지는 그런

뜨거운 책을 만나고 싶지만 쉽지 않다. 충동질이 더 이상 먹히지 않는 50대라는 나이 때문인가? 아니면 타들어가던 메마른 가슴이 촉촉해진 때문인가? 확실히 예전보다 열정과 뜨거움이 많이 사그라든 것 같다.

친구로서의 나

혼자서도 별로 외롭지 않았다.

친구는 손에 꼽을 정도다. 국민학교 때는 친구가 아예 없었다. 중학교 때는 서너 명, 고등학교 때도 서너 명, 군대 전우도 서너 명, 사회 친구도 서너 명 정도다. 그러니까 내가 사람을 사귈 수 있는 범위는 다섯 명을 넘지 않는 것 같다. 빈약하고 얄팍한 내 명함집을 들킨 것 같아 민망하기도 하다. 하지만 내가 담을 수 있는 사람이 그 정도뿐인 걸 어떻게 하겠나.

아마도 내겐 여러 사람을 사귈 만큼 에너지가 없는 것인지도 모른다. 이런 정도의 빈약한 인적 네트워크로 생존이 가능한지 묻는 사람도 있을 듯싶다. 사람이 재산인데 말이다. 그래서 가끔 이래도 되나 싶은 생각이 없지 않지만 어쩌겠는가, 마음이 동하지 않는 것을….

내가 친구와의 관계망을 넓혀가지 못한 이유 중 하나가 술이다.

술을 못하는 체질이라 술을 먹어도 늘지 않는다. 집안 대대로 아버지 쪽이나 어머니 쪽에 술을 잘하는 분이 없다. 좋은 건지 나쁜 건지 모르지만 지금은 좋은 거라고 생각하고 있다. 젊었을 때 친구 또는 회사 동료들과의 술자리는 1차로 끝나지 않고 2, 3차로 이어졌다. 먼저 도망가면 그다음 날 배신했느니, 의리가 없느니, 샌님이라며 입방아에 올라야 했다. 술 먹고 사고 친 것을 무슨 무용담인 양 떠벌리고, 그 무용담을 매번 훈장 닦듯 반복하는 것에 질려 그 후론 술 먹는 사람들을 멀리하게 됐다.

내가 친구를 못 사귄 건 술도 술이지만 외로움을 덜 타는 것도 한몫한 것 같다. 사람은 외로워야 누군가를 찾고 누군가와 연대하고 싶어지니까 말이다. 이는 선천적인 것도 있지만 어릴 때부터 외로움에 단련된 후천적인 환경 탓도 있으리라.

아버지로서의 나

자식을 가까운 이웃이라고 생각하자.

한때지만 아버지의 역할이 가족들을 호의호식하게 해주면 그만이라는 생각을 했었다. 부끄러운 일이다. 이런 인식은 항상 가족의 끼니가 걱정이었던 과묵했던 아버지의 영향인 것 같다. 아버지로서의 덕목은 솔선수범이 아닐까 생각해본다. 그런 면에서 본다면 아버지로서의 나는 낙제점이다. 잔소리는 많고 모범이 적은 것이 아버지들의 공통된 행태다. 잔소리가 많은 것은 자신의 어린 시절 시행착오를 자식이 되풀이하지 않기를 바라는 마음이지만 가만히 생각해보면 시행착오가 나쁜 것만은 아니다. 오늘의 나는 시행착오의 결과 아닌가? 단지 그 결과가 마음에 들지 않기 때문에 잔소리를 하는 것이리라. 자식들에게 잔소리를 하는 것은 자식과 나를 동일시하기 때문이다. 자신의 초라함을 자식을 통해 역전시켜보려는 욕심이 숨어 있다.

자식이라기보다 가까운 이웃이라고 생각하면 과도한 관심을 좀 줄일 수 있다. 무엇이든 과하면 항상 문제가 된다. 이는 만고불변의 진리다. 우리는 자식이 나를 100%는 아니더라도 매우 많이 닮았을 거라고 생각한다. 하지만 연구 결과에 의하면 자식이 자신의 유전자를 물려받을 확률이 37%라고 한다. 손자로 내려가면 10%로 떨어진다. 그러니 부자가 3대를 못 간다는 속담도 다 근거가 있는 거다. 나를 위해서도 자식을 위해서도 자식에 대한 기대를 내려놓아야 한다.

남편으로서의 나

아내는 나를 비추는 거울이다.

요즘, 젊었을 때의 아내보다 지금의 아내가 더 예쁘다고 생각한다. 젊었을 때의 아내가 더 예뻤겠지만 여유가 없어서 그걸 모르고 넘어갔을 가능성이 크다. 가끔 아내의 젊었을 때 모습을 앨범으로 보면 저렇게 예뻤는데 왜 그때는 몰랐을까 하는 생각이 든다. 사진 속에서 환하게 웃고 있는 아내의 모습이 그렇게 예쁠 수가 없다.

남자는 40세 이후에 철이 들기 시작한다. 나 또한 그렇다. 남자는 영원히 철들지 않는다고 하지만 그래도 40세 후반이 되면 상승 곡선이 정점을 치고 하락하기 시작하는 것이 아닌가 하는 것이 내 경험이다. 철이 들었기 때문만은 아닌 것 같다. 남성 호르몬 수치의 변화 때문이라는 걸 요즘 느낀다.

젊었을 때 아내를 무지하게 고생시켰다. 마음고생과 몸 고생 모두 말이다. 결혼하고 얼마 안 돼 IMF를 맞았고, 첫째가 태어나자마자 망해서 집을 팔았다. 또 고부갈등을 겪을 때 아내에게 힘이 돼주지 못했고 아내와 어머니 사이에서 슬기롭게 대처하지 못했다. 젊었을 때라 여자에 대한 이해가 부족했다. 여자의 특성과 기호 그리고 성향에 대해 무지했다.

혈육이 아닌 남남이 만나 혈육보다 더 진한 사이가 부부다. 그 부부의 연을 맺게 되는 인연과 과정을 상기해보면 참 불가사의한 일이다. 피 한 방울 섞이지 않은 사람들이 피보다 더 진한 사이로 발전하니 말이다. 아내가 왜 나와 결혼했을까를 생각해본다. 젊었을 때는 외모가 좀 괜찮아서? 대기업에 다니고 있어서? 믿을 수 있는 사람이라고 생각해서? 장남이 아닌 차남이라서? 속을 썩이지 않을 것 같아서? 아니면 무난해 보여서? 그것도 아니면 만만해 보여서? 무엇이 중요하랴. 지금 아내와 살고 있는 것이 중요하지.

자식으로서의 나

두 분 덕분에 이 정도라도 살고 있다.

아버지 어머니를 5년 터울로 보내드렸다. 두 분의 임종을 보면서 느낀 것은 '나도 얼마 안 남았구나'라는 인생의 유한성과 세상 별거 없다는 체념성 평온이다. 즉, 진투적으로 살아온 지난날을 점검해 보고 어떻게 살아야 하는가에 대한 고민도 하게 됐다.

아버지와 어머니가 물려준 유산은 무엇일까? 정확히 이것이라는 것은 없지만 억지로라도 생각해보면 아마도 이것이지 않을까 하는 것은 있다. 아버지의 유산은 무언으로 전달받은 부끄러움이고, 어머니의 유산은 세상에 믿을 사람 없다는 지론이다. 아버지에게는 부끄럼이라는 감수성을, 어머니에게는 믿을 건 자신뿐이라는 자립을 배웠다.

자식으로 부모님을 기쁘게 해드린 기억을 찾아봤지만 그다지 없는 것 같다. 《소학》에 이르기를 효의 시작은 자신의 몸을 온전히 보존하는 것이고, 효의 끝은 세상에 이름을 떨쳐 부모의 존재를 더욱 도드라지게 하는 것이라 했다. 효의 시작은 그런대로 한 것 같지만 효의 끝은 못 하고 보내드렸다. 그렇지만 나름대로 위안은 있다. 부모님보다 우리 부부가 더 잘 살고 있고 더 화목하고 더 행복하다는 것이다. 살아 계셨다면 기뻐하셨을 것이다.

결혼을 하고 자식을 낳고 부모님 마음을 헤아려보니 기대보다는 우려와 걱정을 끼친 것이 훨씬 더 많은 것 같다. 가슴 아프지만 내 능력으로는 어쩔 도리가 없었다. 우리 아이들에게도 기대를 하지 말고 살아야겠다. 그래야 아이들이 내가 죽은 뒤에 조금이라도 덜 미안해할 것 아닌가.

자연인의 삶, 도시에서도 가능하다

기능을 배우고 33년간 다니던 회사를 퇴사했다. 그리고 다시 취업을 하고 몇 번의 이직을 거쳐 현재에 이르렀다. 어떻게 하다 보니 2년의 세월이 후딱 갔다. 이제 비로소 인생 2막을 시작했다고 할 수 있다. 여력이 된다면 65세에서 70세까지 일하고 싶지만 그때그때의 상황에 따라 달라질 수 있음을 알고 준비하고 있다. 일하면서 좋은 점은 잡생각을 떨쳐버릴 수 있고 편안한 잠자리 또한 만족스럽다는 것이다.

어떤 분들은 놀다 가는 것이 인생이라고 한다. 논다는 개념이 무엇인지 분명하지 않지만 각자 처한 상황에 따라 어떤 분들은 여흥을 즐기는 것으로 해석하고 어떤 분들은 재미로 해석하고 또 어떤 분들은 일하는 것으로 해석하기도 한다. 본인이 그렇게 생각하면 그것이 옳을 것이다. 각자의 생각대로 사는 것이니까.

나에게 일은 명함도 아니고, 돈벌이 목적도 아니다. 그보단 소일거리에 가깝다. 소일거리로 전원생활을 꿈꿀 수도 있지만 아직까지는 아내와 가족들이 나를 배척하지 않기 때문에 같이 산다. 그리고 내가 사람들을 등져야 할 만큼 상처를 받은 것도 아니고 또 낯을 심하게 가리는 것도 아니다.

남자들은 한 번쯤 자연인을 꿈꾼다. 그러나 마음먹기에 따라서는 지금 살고 있는 도시에서도 자연인의 삶을 살 수 있다고 생각한다. 자연인의 삶이 무엇인가? 세속적인 관심과 모든 인연을 끊고 최소한의 돈으로 자급자족하며 부지런히 몸을 놀리고 자연을 벗삼아 마음의 평화를 이루며 사는 것 아닌가? 자연인의 삶의 핵심은 단순한 삶과 마음의 평화가 아닌가 싶다. 그런 삶이라면 도시에서도 얼마든지 가능하다는 것이 내 생각이다.

50대를 지나면 축소지향의 삶을 살게 되고 일상생활과 생각들이 단순화된다. 친구도 어느 정도 정리가 되고 사회적 네트워크도 축소된다. 과거에 만들었던 인연도 자연스럽게 하나둘 정리된다. 거기에 본인의 노력이 조금 더해지만 이른바 자연인의 삶을 살기 위한 조건들이 자연스럽게 만들어진다. 굳이 시골로, 변두리도 안 나가도 된다. 그러니까 자연인의 삶은 지역과 장소에 따른 것이 아니라 생각과 패턴을 바꾸면 되는 문제라고 생각한다.

그렇게 보면 나는 도시의 자연인인 셈이다.

버들치

기능 습득 일지

도배 / 건축인테리어 / 중장비 /
타일 / 미장 / 건물보수 /
전기공사 / 소방 / 대형 운전면허 /
시설관리 / 조경

※ 　저자는 2015년 명예퇴직 후 계약직으로 전환하였다. 회사를 떠나야
　　하는 시점이 멀지 않음을 직감하고 이때부터 5년의 계획을 세워 기
　　능을 배우기로 결심했다. 기능일지는 주경야독으로 기능을 배우고
　　익혔던 그 당시의 생생한 기록들이다. 그때 쓴 일지를 책으로 쓰면
　　한 권 이상이 되겠지만 지면 관계상 맛보기 수준으로 실을 수밖에
　　없었다. 2021년 이후의 기능일지는 퇴사 후 본격적으로 인생 2막을
　　시작했던 시기였음을 밝힌다.

※ 　좀 더 자세한 내용은 저자의 블로그를 참고하면 좋다.
　　blog.naver.com/kwon3275

도배 학원 첫째 날 ────────────────

| 2016. 1. 21. |

○○구에 소재한 ○○직업전문학원에 도착해서 두 번 놀랐다. 쓰러져 가는 낡은 건물에 한 번 놀랐고 화장실의 불결함에 두 번 놀랐다. 건설 현장의 화장실도 이보다 못하진 않을 것이다. 미리 한 번 방문했으면 수강 신청을 철회했을 것 같다.

50대 중반의 여자 분이 선생님이다. 말할 때 부끄러운지 잘 웃는다. 나중에 안 사실이지만 부끄러워서 웃는 것이 아니라 습관성 웃음이더라. 암튼, 재미있게 말씀은 잘하는데 약간 깊이는 없다. 질문을 하면 내가 납득할 만큼 자세히 알려주지 않는다. 나를 포함해서 12명이 수업을 들었다.

첫 번째 시간은 초배지 바르는 법을 배웠다. 초배지를 가늘게 잘라 틈새가 있거나 표면이 울퉁불퉁한 벽면에 바른다. 가로 10cm 정도로 자른 초배지를 풀칠을 하고 그 위에 그보다 작게 초배지를 잘라 풀칠한 초배지 위에 얹어 벽에 바른다. 그러니까 작은 초배지는 풀을 안 바르고 붙이는 셈이다.

두 번째 시간은 풀을 쑤는 방법에 대해 실습했다. 초배지 풀은 제일 묽게, 소폭지는 조금 되게, 광폭지는 더 되게, 그리고 실크벽지는 아주 되게.

세 번째 시간은 벽지 자르는 법을 실습했다. 롤링 기계를 쓰면 벽지 재단이 편리하다. 말려 있는 벽지를 다루기가 생각보다 쉽지 않다. 자로 잰 것보다

5cm 정도 더 여유를 두고 재단한다. 첫 번째 벽지만 재단하면 그다음부터는 재단한 벽지를 기준으로 자를 이용해 편하게 자를 수 있다.

네 번째 시간은 정배 시공을 했다. 학원은 천장이 낮아 벽 도배 시공은 큰 문제 없이 할 수 있었다. 초배보다 정배가 더 어렵다. 일단 두꺼운 도배지 다루기가 더 어렵고 도배지 겹치는 부분이 초배지는 보이는데 정배지는 안 보인다. 그래서 줄 맞추기가 더 어렵다.

오늘 수업 중 창틀 처리하는 노하우를 배운 것이 큰 수확이다. 모서리를 칼질해서 따고 오려낸다. 수업이 끝나고 정리하는 시간도 만만치 않다. 특히 풀이 말라버리면 더 어렵고 물을 묻혀 도배지를 불려서 떼어내야 한다.

우리 도배 팀의 제일 연장자가 계신데 여자 분이다. 아들이 34살이라고 한다. 춘천에 사시는데 오늘 새벽 4시에 출발해서 학원에 왔다고 한다. 공인중개사 자격증을 가지고 있고 지금 대학교 부동산학과를 다니고 계신다. 원룸 사업을 하고 있고 또 출판업을 한다고 한다. 농사도 짓고 향토방도 가지고 있단다. 잠시도 가만히 있지 못하는 분이다. 나하고 같은 조인데 배울 점이 많다.

부부 도배사

| 2016. 2. 29. |

장인어른으로부터 전화가 왔다. 장인어른 소유의 ○○동 월세 집에 결로현상으로 곰팡이가 생겨 아이소 핑크(단열재)로 단열 공사를 했으니 시간 나면 들러서 도배를 좀 해달라는 것이다. 내가 요즘 도배 학원에 다닌다는 걸 듣고 부탁하신 것이다. 도배 실습 차원에서 좋은 기회였다.

작은방과 거실 모두 합해서 가로 8m 높이 2.2m 정도 된다. 어제 도배용품을 챙기고 또 일요일에 문을 연 지물포 가게를 찾아 겨우겨우 재료를 사서 ○○

동으로 갔다.

실습은 언제나 학습 때와는 많이 다르다. 살림살이가 있는 방에서 도배지에 풀을 바르기가 쉽지는 않다. 소파나 책상 등으로 공간이 좁아 자세가 잘 나오지 않는다. 또 초보 도배사인지라 도배 면적에 따른 풀 사용량을 측정하기가 쉽지 않았다. 풀이 모자랄 것 같아 좀 묽게 탔더니 접착력이 좀 걱정된다. 일하는 중에 세 들어 살고 있는 아주머니가 탄성을 질러 창밖을 보니 함박눈이 펑펑 내리고 있더라. 눈 오는 날에 도배라. 아내와 오붓이 데이트를 해도 시원치 않을 판에 남의 집 도배를 하고 있다니. 임차인은 아마 우리가 전문 도배사 부부인 줄로 알고 있을 것이다. 도배 장비를 그럴싸하게 챙겨오지 않았는가? 일반인에게는 없는 우마 사다리도 챙겨왔으니….

도배를 다 하고 나오는데 걱정이 뒤따랐다. 나중에 하자가 생기면 어쩌나 하는 걱정과 풀이 묽어 나중에 들뜨면 어쩌나 하는 걱정 말이다. 재료는 좀 넉넉하게 챙겨 갔어야 했는데…. 음식이든 도배든 재료를 아끼면 안 된다는 교훈.

도배 하자 보수

| 2017. 6. 29. |

○○맨션 아파트. 지난 2월 친구 집 도배를 했는데 하자가 나서 다시 갔다. 지난주부터 벽지에 이상한 줄무늬가 있어 친구가 벽지를 다시 발라야겠다고 했다. 눈에 거슬리는 모양이다. 가서 직접 보니 참 미묘하다. 사진으로 찍으면 안 보이는데 눈으로 보면 상당히 거슬린다. 작업을 다시 하는 번거로움보다 하자가 생긴 것에 대한 미안함 또는 쪽팔림에 얼굴이 화끈거렸다. 비록 무료로 해준 도배지만 말이다. 마침 같은 벽지가 있어 풀칠해 발랐다. 다 바르지는 못하고 안방 일부와 거실 한쪽 면을 발랐다.

도배 후 버티컬을 하나를 달아줬다. 진작에 버티컬을 사뒀지만 어떻게 달아야 하는지를 몰라 방치한 모양이다. 내가 생각할 때는 별것도 아닌 것 같은데. 이렇듯 일이란 상대적인 것 같다. 누구에게는 쉬운 것이지만 또 누구에게는 어려운 그 무엇이다.

도배가 다 끝나고 친구가 부산하게 움직인다. 진공청소기를 돌리고 또 물걸레질을 하고 말려 놓은 빨래를 걷어서 개고 또 세탁기에서 빨래를 꺼내 널고 있다. 아내가 퇴근하기 전에 해야 할 일이라고 한다. 애처가의 가사 분담은 아닌 것 같고 밥벌이를 못하는 것에 대한 미안함 또는 벌칙이 아닌가 생각된다. 자발성에서 기인했다기보다는 미안함에서 기인된 비자발적인 행동이다. 남자도 당연히 가사를 거들어야 하지만 다소 생소했다. 친구를 보고 다짐을 했다. 어떤 일이 있어도 월 400만원 정도를 벌어 집에 갖다줘야지. 400만원이라고 정한 것은 궁핍하지 않은 생활비라고 생각했기 때문이다.

수고했다고 회를 사준다. 소주 한 잔을 기울이며 오랜만에 회포를 푼다. 그리고 커피 한 잔까지. 7시지만 아직 해가 중천이다.

02 ——— 서울동부기술교육원 - 건축인테리어과

입학식 ————————

| 2016. 3. 2. |

　　　　　　　스마트폰을 보다 명일역을 지나쳤다. 한 정거장을 백해서 동부기술학원에 도착하자마자 식당부터 찾았다. 한 끼에 3,300원으로 겸손한 가격이다. 가격 대비 맛은 좋았다.

첫 시간에 교수님 소개와 출석 체크를 했다. 김ㅇㄱ 교수님은 올해 22년째 교수로 재직 중이란다. 이번 주와 다음 주 초까지 오리엔테이션을 한다고 하며 그 기간에 심사숙고해서 수강을 할 건지 아님 포기할 건지를 결정하란다. 그래야 예비합격자를 충원할 수 있다고. 3월 11일에 최종 학생 명단을 서울시에 통보한다고 한다.

교수님의 간단한 말씀을 듣고 곧바로 강당에 모여 입학식을 했다. 비로소 학생이 된 듯한 느낌이다. 교수님들 소개와 원장 선생님의 말씀을 들었다. 서울시 기술원 중에서 만족도 및 평가점수가 가장 우수한 교육원이라고 한다. 동부가 배출한 학생 중 보일러 명장으로 소문난 이영수 명장이 참석해 좋은 말씀을 해주었다. 올해 62세. 말씀도 참 잘하신다. 젊었을 때 잘나가는 음악다방의 DJ였다고 한다. 아내분이 안정된 직업이 있어야 결혼을 허락한다고 해서 보일러에 입문했단다. 강연을 끝내고 나갈 때 맨 앞줄에 있는 학생들에게 일일이 악수를 청한다. 입학식이 끝나고 학원장님이 하사한 음료수와 단팥빵을 먹었다. 맛있었다. 순간, 군대서 먹던 빵 생각이 났다.

다시 교실로 와서 건축인테리어학과에 대한 소개 및 건축일반에 대한 얘기를 들었다. 건축이란 인간의 생활을 담는 그릇이라고 정의했다. 또 건축은 기능, 구조, 미의 세 가지 측면을 고려해야 한다고 했다. 건축과 관련된 개념으로 구조(뼈대), 시공(최적의 돈), 법규, 계획, 적산(견적), 설비, 재료, 제도, 설계(창작) 등이 있다고 한다. 우리 학과는 이 중에 구조에 해당하는 것을 배운다고 한다. 콘크리트나 철골 구조가 아닌 목조구조를 배우는 것이 주된 내용이라고.

5월에 도장 자격시험이 있고, 8월에 거푸집 자격시험, 그리고 12월에 목공 자격시험이 있다고 한다. 4월에는 목공 실습으로 가로 600 세로 300의 테이블을 만들어볼 계획이라고 한다.

한옥 짓는 법과 대패 실습

| 2016. 3. 23. |

　　　　　　　　　　　　　오늘 수업은 김ㅇㄱ 교수님이다. 첫째 시간은 한옥 짓기 동영상을 봤다. 그제 본 동영상은 한옥에 대한 장점과 특성을 설명했는데 오늘은 한옥을 짓는 과정을 세세하게 살펴봤다.

기둥을 세우고 대들보를 올리고 서까래를 하고 그 위로 나무껍질과 부산물로 채우고 진흙으로 바른 다음에 기와를 얹는다. 그리고 그다음에 벽을 세우고 마루를 깔고 구들을 놓고….

기둥을 세울 때 주춧돌에 기둥 바닥을 맞추기 위해 그렝이질(그레질)이라고 하는 바닥 깎는 작업을 하는데 굳이 이런 방법으로 해야 하나라는 의문이 들었다. 정으로 바위를 쪼아 갈아서 주춧돌 바닥을 평평하게 하면 기둥 바닥을 깎지 않아도 될 텐데. 옛날에는 바위를 쪼아 평평하게 하는 것보다 기둥 바닥을 깎는 것이 더 쉬웠을 것이라는 교수님의 설명이다. 그리고 기둥을 깎아서 맞추는 방법이 오히려 마찰력을 강화시켜 지진에 강하고 더 튼튼했을 것이라고 한다.

한옥은 재료비와 인건비가 비싸 일반 건축물보다 원가가 비싸다고 한다. 보통 평당 900만원 내외, 좀 잘 지으면 1,200만원 이상 든다고 하니 보통 사람은 감히 생각도 못 할 수준이다.

실습시간에는 그제 하다만 대패질을 마저 했다. 길이 60cm의 각목을 1.5cm를 깎아내서 가로 세로 3cm로 만드는 작업이다. 불가능할 것 같았는데 열심히 깎다 보니 정말 깎아진다. 그리고 생각보다 잔해물이 많이 나오더라. 그리고 각목을 쉽게 깎는 노하우도 배웠다. 각목의 모서리를 두껍게 먼저 깎고 불룩해진 중간 부분을 깎으면 좀 더 수월하게 깎을 수 있다고 직접 시범을 보이신다. 이때 모서리와 불룩해진 배를 깎을 때는 대패 날을 많이 빼서 깎고, 마지막 단계에서는 날을 조금만 빼서 잘 다듬어야 한다고 한다.

내일은 0.5cm를 더 깎아 가로 세로 2.5cm로 만들고 종국에는 손잡이 1.5cm와 끝이 0.5cm인 지휘봉을 만들 계획이란다.

으음, 기대된다. 잘 깎아서 집에 가져가야지.

한옥 짓는 법과
대패 실습

한옥의 구조와
끝 날 세우기

한옥의 창호,
사개맞춤

03 ——————————— 중장비 학원

편하게 살았다는 반성 ——————————

| 2016. 10. 10. |

오늘은 김포에 있는 중장비 학원에 가는 첫날이다. 30분 일찍 오라고 해서 5시 40분에 출발했다. 세종로 사거리에서 8600번 버스를 기다렸다. 30분이 지나도 오지 않다가 가까스로 8600번 버스를 탔다. 대기시간이 30분이 초과되어 환승 혜택도 못 받고 1,250원을 날렸다. 버스는 시청, 마포, 여의도, 당산을 거쳐 올림픽대로로 접어든다. 퇴근 시간이라 교통체증이 심하다. 당산까지 오니 벌써 7시가 훌쩍 넘었다. 버스는 입석까지 꽉꽉 채워서 만원이다. 서서 김포까지 가야 하는 사람들은 많이 힘들겠다.

증권회사의 특성상 남들보다 1시간 빨리 출근하고 또 1시간 먼저 퇴근하는 생활을 하고 지하철만 이용하다 보니 출퇴근 시간의 번잡함을 잘 몰랐다. 또 직장과 30분 안팎인 거리에 살다 보니 장거리 통근을 하는 사람들의 고통을 어찌 이해할 수 있겠는가? 물론 나도 40대 초반까지는 힘들게 출퇴근을 했었지만 10년이 흐른 지금은 잊은 지 오래다. 오늘, 퇴근 시간대에 대중교통을 이용해보고 또 광역 버스를 타 보니 그동안 내가 얼마나 편하게 회사를 다녔는지 미안할 지경이다.

다들 바쁘게 살아가는구나. 지금 퇴근해서 김포 집까지 도착하려면 아마 8시를 넘겨야 하리라. 이런 사람들에게 저녁이 있는 삶은 쉬운 일은 아닌 듯싶다. 좀 더 겸손하게 살아야지.

학원으로 가는 버스에서 나는 왜 중장비를 또 그것도 굴삭기를 배우려고 하는가에 대해 생각해봤다. 아마도 남성다움의 발로이거나 아니면 자동차 운전면허증과 같은 흔한 것이 아닌 희소한 자격증인 까닭도 이유일 것이다. 굴삭기를 배워도 직업으로서 쓰임새가 있는 것도 아니다. 면허증만 있다고 누가 나를 써 줄 것인가? 다 자기만족이 아닐까 생각한다. 남이 봤을 때 당장 쓰임새가 없거나 아니면 큰 의미가 없는 경우 우리는 흔히 뻘짓이라고 한다. 그러나 그게 뭐 어떤가? 다 자기 만족인데. 중장비가 끝나면 버스 대형 면허에 도전하고 싶다.

학원에 도착하니 벌써 수업이 진행되고 있다. 오늘은 오리엔테이션 수업이다. 필기시험은 60문항이고 60점이 합격이니 36문제를 맞히면 된다. 필기시험은 지게차, 굴삭기, 기중기, 로더, 불도저 모두 공통이다. 시험은 컴퓨터로 본다. 시험지를 제출하면 바로 채점 결과가 나온다고 한다.

굴삭기 실기는 주행 실기와 작업 실기 두 개를 각각 봐야 한다. 지게차는 주행과 작업이 동시에 이루어진다. 실기시험은 지게차는 4분이고, 굴삭기는 주행 2분, 작업 4분이라고 한다. 굴삭기 실기시험은 S자 코스를 갔다가 후진해오는 주행 시험과 땅을 파고 일정 거리를 이동하여 흙을 부리고 평탄작업을 하는 작업 시험을 두 번에 걸쳐 각각 본다. 지게차와 굴삭기 모두 합격률이 약 70% 정도라고.

굴삭기 실기시험장 스케치

| 2016. 11. 26. |

아침 일찍 7시 40분에 김포 교육원에 도착하니 벌써 몇 명이 나와 주행 연습 중이다. 오늘이 굴삭기 실기시험일이다. 다들 얼굴이 상기되어 있다.

주행 연습을 번갈아가며 2~3번 정도 하고 이어 굴착 연습을 했다. 아직 많이 아쉽고 부족하다. 김ㅇㅁ 교수님 왈 "3명 정도 합격할 수 있으려나." 악담이 아니라 겸손하게 시험을 보라는 얘기일 것이다.

점심을 먹고 실기시험장이 있는 고양시 덕양구 관산동으로 이동하기에 앞서 김ㅇㅁ 교수님과 마지막 악수를 했다. 그동안 필기와 실기 과정을 재미있고 알기 쉽게 가르쳐주셨다. 지금까지 만나본 강사 중에 최고였다고 생각한다.

교육원을 떠날 즈음 눈발이 흩날리기 시작한다. 좋은 징조인지 아닌지 헷갈린다. 시험장에 도착하니 실기시험이 한창이다. 시험을 치르는 학생들을 보니 나도 저 정도는 할 수 있겠다는 근거 없는 자신감이 든다.

한참을 기다려 오후 2시부터 3차 실기시험이 시작됐다. 실기시험에 앞서 간단한 주의사항을 듣고 순번을 정한다. 나는 5번이다. 1차 시험은 S코스 주행 시험이다. 시험 시작 전 숙달된 시험관의 시범이 있었다. 너무나 귀찮은 듯한 표정으로 현란한 코너링을 보여준다. 이윽고, 시험관이 5번 내 번호를 호명한다. 긴장되는 순간이다. 김포 학원에서 연습할 때 후진하는 데 꽤 애를 먹었던 기억이 떠오른다. 전진 기어를 넣고 황색선과 80cm 간격으로 타고 간다. 가운데 정지선에서 3초간 정지한 후 방향을 바꿔 끝가지 전진. 후진 기어로 바꿔 후진하다 백미러를 보고 방향 전환을 한다. 연습할 때 종종 이곳에서 황색선을 이탈했다. 휴, 다행히 금을 밟지 않고 들어왔지만 좌측 황색선에 바짝 붙어 온 것이 흠이다.

특별한 지적사항 없이 2분 안에 들어왔다. 다들 잘한다. 기계가 좋기 때문이 아닐까 생각된다. 후반부에 여자분이 실격했다. 시간 초과다. 그동안 같이 연습하면서 좀 불안불안했다. 그리고 다시 한 사람이 탈락했다. 이분도 시간 초과. 지난주 코스 주행 연습할 때 아기 돌잔치 때문에 하루 빠졌다. 그때의 공백이 컸던 것 같다.

주행시험 합격자에 한해 2차 굴착 시험이 진행된다. 4분 안에 네 번 굴토를 해서 반대편에 부리고 평탄작업을 해야 한다. 이번에도 숙달된 시험관의 시범이 시작됐다. 코스에서 보여준 특유의 표정은 똑같다. 겸손함과 거만함이 함께 교차하는 표정이다. 긴장감이라곤 찾아볼 수 없는 기계적인 손놀림이다. 드디어 5번 내 차례가 왔다. 학원에서 쓰던 굴삭기보다 새것이라 그런지 레버가 예민하게 반응한다. 좀 당황했지만 특이사항 없이 무난하게 굴착 시험을 마쳤다. 다행히 이번에도 감독관 지적 사항은 없었다.

굴착 시험에서도 2명이 떨어졌다. 키가 큰 한 분은 시간 초과, 또 1명은 스윙할 때 버킷이 장애물 선에 닿아 떨어졌다. 총 8명이 응시해서 4명이 탈락했고 4명이 시험을 무사히 마쳤다. 합격자 발표는 12월 7일이다. 코스는 25점, 굴착은 75점이고 두 과목 합해서 60점 이상이면 합격이다. 3명이 합격할 거라고 한 교수님의 예언이 꺼림칙하다. 으음, 혹시나 하는 기대를 가져본다.

시험을 마칠 때까지 모두들 기다렸다 같이 헤어졌다. 2개월간 동고동락했던 동료들이다. 다시 만날 수 있을는지. 다들 하는 일에서 행운이 함께 하길 바랄 뿐이다.

굴삭기 실습
동영상

굴삭기 실기 수업
스케치

지게차 실습
동영상

떠붙이기 수업 ─────────────────

| 2017. 3. 12. |

일요일인 오늘은 오후 1시부터 수업이 시작된다. 첫째 시간은 미장 동영상과 화장실 리모델링을 위한 철거 동영상을 봤다. 철거 작업은 스트레스 해소에 좋을 것 같다. 세면기와 욕조는 잘게 부숴 불연성 폐기물 마대에 담아서 버린다.

두 번째 시간부터는 미장 연습을 했다. 흙 주걱으로 흙 받침에 모르타르를 떠와서 흙손으로 공중에 서너 번 띄워다가 메친다. 모르타르에 있는 기포를 없애는 과정이다. 흙 받침에서 흙손으로 모르타르를 약 1/3가량을 떠서 벽면의 아래에서 위로 올라가면 바른다.

벽면에 미장 작업을 하고 타일을 떠붙임 공법으로 해보니까 꽤 잘 붙는다. 그리고 생각보다 잘 안 떨어진다. 생각으로는 금방 떨어질 것 같았는데. 그리고 모르타르를 너무 두껍게 바르면 그 무게로 인해 떨어지고 또 굳어도 갈라진다고 한다. 그래서 모르타르 두께가 약 1.5cm 전후로 바르는 것이 좋다. 그리고 두껍게 바를 때에도 한 번에 바르는 것보다는 두 번에 걸쳐 나누어 바르는 것이 좋다. 즉 1.5cm 두께로 바를 때 0.75cm로 두 번에 걸쳐 하는 것이다. 그리고 초벌 때 충분히 양생(건조)할 수 있는 시간을 줘야 한다.

교수님이 벽면에 타일을 수직으로 붙이기 위해 실 내리기 작업을 설명해준다. 실선에 맞추어 실 안쪽으로 타일을 붙여 나가고 안쪽 모서리에 내린 실과도 일치하도록 타일을 붙인다.

수업을 끝마칠 때 그동안 마른 모르타르를 모두 떼어내고 원상 복구를 해야 한다. 그리고 연장을 물로 깨끗이 닦는다. 그래야 평일반 학생들이 실습을 할 테니까.

돌아오는 길에 군산에 사는 학생과 같이 왔다. 금요일에 서울로 올라와 누님 집에서 머물다가 일요일에 내려간다고 한다. 피곤하겠다. 와이프는 도배에 입문해서 도배 일을 배우고 있다고 하고 자신은 과거 GM대우에 다니다가 구조조정으로 그만두고 지금은 LH 공사에서 하고 있는 저소득층 대상의 주거 개선 사업을 하는 업체에 근무하고 있단다. 나중에 독립해서 인테리어 사업을 하고 싶다고 하니 꼭 꿈을 이루어 성공하기를 바란다.

어느 조선족의 현란한 타일 시범 ─────

| 2017. 3. 26. |

　　　　　　　　　오늘은 오후 1시부터 수업 시작이다. 학원에 들어서는 학생들마다 옷을 갈아입고 묵묵히 각자 자기 자리에서 열심히 실을 띄우고 못을 박고 타일을 붙인다.

좀 있다가 한 사람이 들어오더니 원장님과 뭐라고 얘기를 한 후 실습장 한편에 자리를 잡고 타일을 붙인다. 멀리서 봐도 보통 솜씨가 아님을 알 수 있다. 조금 있다가 호기심이 발동해서 가까이 가서 어깨너머로 보니 현란한 손놀림을 보여준다. 무성의하게 붙이는 것 같은데 타일이 벽에 쩍쩍 달라붙는다. 혀를 내두른다는 말뜻을 알겠더라. 장자에 나오는 포정과 겨루어도 좋을 실력이다.

알고 보니 15년 경력의 조선족 기공이었다. 호주 이민을 위해 자격증이 필요

해서 온 것이라고 했다. 즉, 자격시험에 대비하기 위해 시험장의 구조와 시험의 내용을 미리 점검해보고자 온 것이라 했다. 타일을 몇 번 붙여보고 나름 자신감이 충만해 있던 우리 학원생들은 15년 기공의 현란한 개인기를 직접 두 눈으로 확인하고는 다들 꿀 먹은 벙어리가 됐다. 난 아직도 멀었다는 자각이 밀물처럼 들어온다. 좀 더 겸손해지자.

오늘은 코너 붙임에 대해 배웠다. 원장님의 시범을 보고 직접 해보니 알 듯 모를 듯하다. 알 듯하다는 것은 원리는 알겠다는 것이고, 모를 듯하다는 것은 실제 해보면 말처럼 잘되지 않는다는 것이다.

아까 숙련된 기공의 시범을 한 번 보니까 왠지 더 잘 붙여지는 것 같다. 기공이 하는 것을 흉내 내서 해보니 더 잘되는 느낌이다. 기분 탓일까? 오늘은 48장을 붙였다. 청소하는 작업도 만만치 않았다. 다음 주는 중간 평가가 있다고 한다. 좀 긴장이 된다.

어느 타일 사장님에게 보낸 읍소 메시지

| 2017. 6. 15. |

　　　　　　　　　　　　　　　　　　　다음 글은 고양시에서 타일 관련 사업을 하고 있는 사장님께 타일 보조로 써달라고 보낸 쪽지다. 블로그를 검색하다 우연히 알게 됐다. 글을 보니 믿음이 가서 이분께 읍소해보기로 하고 쪽지를 드렸다.

안녕하세요. 평소 블로그에서 많은 도움을 받고 있습니다. 저는 최근에 타일 학원을 수료하여 타일 관련 일을 해보고 싶다는 열망을 갖고 있는 50대 초반의 중년입니다. 아직은 직장이 있어 본격적으로 타일에 입문하는 것이 어려워 토요일과 일요일 그리고 공휴일에 일할 수 있는 방법을 찾고 있는데 마땅한 방법이 없네요.

염치없지만 사장님이 하시는 일 중에 주말이나 휴일에 마땅히 조공을 따로 쓰기 애매한 일거리가 있다면 제가 옆에서 도와드리면 어떨까요. 간혹 혼자서도 타일 시공을 나가신다고 하니 제가 옆에서 조공만은 못해도 조그마한 도움은 드릴 수 있지 않나 생각합니다.

제가 사는 곳은 종로이며 과거에 일산에서도 살았습니다. 일당은 전혀 필요 없고 밥도 제가 알아서 사 먹겠습니다. 받아만 주신다면 견마지로의 소임을 다하겠습니다. 초면에 어지러운 말씀을 드려 죄송합니다.

※ 며칠 후 연락이 왔다.

타일 시공 현장 체험

| 2017. 7. 29. |

　　　　　　　7시, 광명시 하안동 아파트. 사장님과 부사장님 그리고 장 과장을 오랜만에 보니 반갑다.
오늘 작업 현장은 아파트 8층으로, 아파트 전체를 인테리어 하는 모양이다.

오전에 줄눈 작업을 도왔다. 장 과장의 지도를 받아 몇 번 해보니 나름 요령이 생기더라. 왼손에 백시멘트를 쥐고 타일 사이 틈에 힘을 주면서 문지른다. 그리고 줄눈 고대로 정리한다. 베란다, 주방, 거실, 화장실을 했다. 근데 타일이 모두 무지무지하게 크다. 600각을 넘어 800각도 보인다. 너 놀라운 건 바닥 타일도 그렇다. 주인의 취향이 독특하다. 나중에 알고 보니 주인의 취향이 아니더라.

오전에 웬 젊은 여자분이 냉커피를 가지고 찾아오셨다. 집주인 줄 알았더니 알고 보니 인테리어 사장님이란다. 몇 번 망설이다가 궁금한 점을 물어봤다. 화장실 바닥에 왜 800각의 큰 타일을 사용했는지를. 사장 말은 넓은 타일을 쓰면 넓어 보인다는 평범한 답변이다. 으음, 그걸 누가 모르겠냐만 그러면 공사의 난이도가 올라가고 타일 비용도 상승하고, 가장 중요한 것은 바닥의 물매도 안 나온다.

재차 추궁을 하자 나중에 사장님이 고백한다. 자신의 실수라고. 최근에 인테리어 사업을 시작한 초보 사장이다. 자신도 시행착오 중에 배운다고 얘기하더라. 그래서 경험만 한 스승이 없는가 보다.

오늘 작업 현장을 보고 가장 이해가 안 가는 부분이 있었다. 베란다를 높이는 과정에서 합판을 사용한 것이다. 바닥재로 합판을 쓸 경우 오랜 시간 충격을 받으면 들뜸 현상이 발생한다고 알고 있다. 그래서 타일 바닥 시공에서 합판은 금기시되고 있다고 배웠다. 초보 사장님의 시행착오일까 아니면 준비된 시공일까? 용감하게 물어보려다가 그만두었다. 이미 시공한 걸 어떡하겠는가. 그리고 내가 모르는 비법이 있는지도….

막판에 화장실 바닥을 시공하면서 시간이 많이 지체됐다. 바닥 줄눈과 좌우 벽면의 줄눈이 맞지 않아 부사장님이 낑낑대고 있다. 이게 생각보다 어렵다. 몇mm 오차만 나도 줄눈이 안 맞는다.

오늘 느낀 소감은 타일보다는 아파트 미장이 좋을 것 같다. 일이 끝나는 시간도 미장과 별반 차이가 없다. 또 미장보다 타일 일이 깔끔하지 못하고 번잡하다. 수많은 연장을 꺼내고 쓰고, 다 쓴 후 닦고, 다시 챙겨서 싣는다. 또 타일을 박스에서 꺼내 정리하고, 타일을 붙이기 위해 모르타르를 반죽하여 떠붙임을 하거나 또는 타일 본드를 벽에 바르고 타일을 붙이고, 타일을 재단하고, 줄눈 재료를 물에 개고, 줄눈을 넣고, 물 청소하고, 마른 걸레로 닦고…. 일이 엄청 번잡하다. 물론 이런 일은 데모도(보조 기공)가 하지만. 방통은 중벌, 시야기 딱 두 번으로 끝난다. 연장이라고 해봐야 고대(흙손) 하나와 까치발과 오리발이 전부다.

타일은 여러 사람들과 같이 일하기 때문에 각각의 개성에 따라 작업의 질이 달라진다. 같은 일을 하고도 서로 만족도가 다르다. 그리고 작업 환경이 생각 외로 먼지가 많다. 타일을 그라인더로 자를 때와 시멘트 모르타르를 만들 때, 그리고 청소할 때 많다.

나를 제외한 모든 분들이 담배를 시도 때도 없이 그리고 장소를 불문하고 핀다. 괴롭다. 배우는 주제에 감히 말도 못 하고….

타일 실 떠우기와
첫 장 붙이기

타일 물매잡기

떠붙이기 연습

타일 압착 시공

조선족 기공의
타일 시공 동영상

05 ──────── 미장

배곧 신도시 방통 미장 견학 ──────

| 2017. 6. 3. |

시흥시 배곧 신도시. 그리고 한신 공영 아파트 신축 현장. 새벽 5시에 일어나 어제 친구가 알려준 작업 현장에 6시에 도착했다. 친구가 먼저 나와 있더라. 근데 얼굴이 많이 수척하다. 다리 근육도 많이 빠졌다. 그런 몸으로 이런 험한 일을 해도 되나 하는 걱정이 앞선다.

함바집에서 아침을 간단히 먹고 아파트 공사 현장으로 가는 길에 모르타르 사일로(silo, 저장 탱크)와 모르타르를 올려주는 유압 펌프를 봤다. 모르타르 사일로는 벌크 시멘트 트럭(BCT)이 와서 채워준다. 한 번 올 때 28톤을 싣고 온다고 한다. 아파트 4세대를 방통할 수 있는 양이라고 하니 40세대를 하려면 트럭이 10번을 와야 한다.

가끔 모르타르를 보충해주는 벌크 시멘트 트럭이 늦게 도착하는 경우가 있다. 그럼 자연적으로 공사 시간도 길어지기 때문에 기능공들의 신경이 예민해진다. 실제로 아침에 몇 대의 모르타르 트럭이 30~40분 정도 늦게 도착했다. 친구의 입에서 육두문자가 쏟아진다.

임시로 가설한 리프트 카를 타고 29층으로 올라갔다. 애써 태연한 척했지만 좀 쫄린다. 29층이라 높긴 높다. 그리고 아파트 참 많다.

6시 30분경에 아파트 내실에 들어와 보니 벌써 방통(방바닥을 통으로 미장한다고 해서 방통이다) 작업이 한창이다. 초벌(1차 평탄 작업)은 기포 방통을 한 후 온수 파이프인 엑셀(XL)을 깔고 그 위에 모르타르(시멘트 1, 모래 3)를 쏟아붓는다. 그러면 자나무를 가지고 모르타르를 툭툭 치면서 수평을 잡는다.

초벌 후 약 1시간에서 1시간 30분은 모르타르가 굳을 때까지 기다리는 시간이다. 좀 지루하다. 오늘은 친구하고 이런 얘기 저런 얘기를 했지만 평소에는 자는 사람, 그냥 멍 때리는 사람, 유튜브를 보는 사람, 간식 또는 새참(자기가 먹을 것을 미리 준비해서 간다)을 먹는 사람 등으로 다양하다고 한다.

중벌(2차 평탄 작업) 때부터 친구가 투입되는 작업이다. 까치발 신발을 신고 들어가서 작업한다. 모르타르가 죽처럼 묽기 때문에 그렇다. 순두부 정도의 연한 고체 상태라고 생각하면 될 것이다. 숙련공은 약 20분 내외의 시간이 걸린다. 지난주부터 신입생이 들어와서 일을 배우고 있는데 48살이라고 한다. 놀라운 일이다. 그러나 이 세계가 원래 그렇다고 한다. 나부터가 그렇지 않은가? 젊은이는 눈을 씻고 찾아봐도 없다.

중벌 작업이 제일 까다롭다. 시멘트가 묽어 다지기가 쉽지 않다. 숙달된 기능공이나 20분 안에 끝나지 그렇지 않은 사람은 빨라야 30분 이상 걸린다. 오늘 온 신입생이 작은 방 하나를 간신히 할 때 친구는 큰 방 2개와 거실과 주방 수납실 등을 모두 마쳤다.

중벌이 끝나면 다시 1시간에서 1시간 30분을 또 기다린다. 방통은 기다림과의 싸움이다. 3차 평탄 작업을 일본말로 시야기라고 한다. 다시 한번 참을 수 없는 존재의 가벼움에 분노가 치민다. 우리말로 마감 또는 마무리라고 하면 될 것을. 시야기할 때는 오리발 신발을 신고 들어간다. 중벌 때보다 바닥이 어느 정도 굳어 있기 때문이다. 중벌 때의 시멘트 굳기가 순두부라면 시야기 때의 굳기는 일반 찌개용 두부 상태라고 생각하면 될 것이다. 바닥이 미끄러워 초보자는 자주 넘어진다고 한다. 마무리하고 나오는 데 숙달된 기능공은 약 10분 내외의 시간이 걸린다.

작업이 오후 7시 정도에 끝났다. 친구 순번이 2번이어서 그렇지 순번이 4번인 친구는 오늘 밤 11시 정도에 끝나는가 보다. 오늘 비록 직접 해보지는 않았지만 방통 작업을 보고 느낀 소감은 '할 만하다'가 아니라 '해야겠다'이다. 솔직히 일당에 구미가 당겼다.

일당 외에 내가 타일보다 방통에 관심을 갖게 된 이유는 1) 작업장이 비교적 쾌적하기 때문이다. 타일은 시멘트를 반죽하거나 모르타르를 만들 때 먼지를 많이 먹는데 방통은 그런 작업이 없어 폐가 안 좋은 나에게는 좋은 환경이다. 2) 또 공사가 번잡스럽지 않다. 타일 작업의 경우 본드를 바르고, 모르타르를 만들고, 타일을 자르고, 레이저 수평계로 수평을 맞추고, 수직실과 수평실을 띄우고, 바닥의 평탄작업과 물매를 잡고 해야 하지만 방통은 양고데 하나만 있으면 된다. 3) 타일 일을 할 때 가장 불편했던 것이 돋보기안경을 쓰고 벗는 일이었다. 정교한 작업을 할 때는 가까이 있는 것이 안 보여 돋보기를 써야 하지만 방통은 돋보기를 쓸 일이 거의 없는 듯하다. 이런 여러 이유들로 타일에서 방통으로 진로를 바꾸어야 할 것이다. 그리고 기회가 되면 타일도 함께 하면 될 것이다. 한 가지 분명한 것은 방통이 타일보다 재미가 없는 것은 분명하다.

 바닥 미장(방통) 관심자를 위한 심화 설명
(관심이 없는 분들은 스킵)

1) 방통은 무엇이고 어떻게 작업이 이루어지나?

→ 방통은 방바닥 통 미장의 줄임말이다. 시멘트와 모래를 1대 3으로 섞은 모르타르로 얇게 시공한다. 시공하기 전에 기포 작업과 보일러 선(엑셀)을 깔고 그 위에 방통 작업한다.

2) 작업순서가 궁금하다.

→ 작업 순서는 초벌 - 중벌 - 시야기 순이다. 초벌은 유압펌프로 물과 혼합한 모르타르를 지상에서 끌어올려 방바닥에 뿌려 자나무로 평평하게 고르는 과정이다.

중벌은 초벌 후 약 1시간 30분 후에 모르타르가 어느 정도 굳으면 까치발 신발을 신고 평평하게 다져주는 작업이다.

시야기는 중벌 후 역시 1시간가량 기다려 오리발 신발을 신고 들어가 마지막으로 다지기를 하는 과정으로 표면을 매끄럽게 하기 위한 과정이다.

3) 방에 모르타르를 뿌릴 때 두께와 수평은 어떻게 맞추나?

→ 방마다 벽 하단에 먹줄로 수평 줄이 그어져 있다. 그 선까지 모르타르를 채운다.

4) 유압 펌프는 몇 층까지 뿜어 올릴 수 있나?

→ 80층까지 올릴 수 있다고 한다. 우리나라 아파트가 80층이 있는지 모르겠지만 웬만한 아파트는 다 가능하다는 뜻이다.

5) 방통 기능인이 모자라는 이유는?

→ 방통 기능공이 부족한 모양이다. 내 생각으로는 방통 기능인 양성을 위한 학원이 없어 기능인 공급이 안 되는 것이 하나의 원인이고, 기술 습득 방법도 도제 방식이기 때문에 한꺼번에 많은 기능인 배출이 힘들다. 또 사람들이 건축 관련 기능으로 타일, 미장, 도배, 배관 등은 잘 알지만 방통은 상대적으로 잘 모른다는 점도 있는 것 같다. 그렇지만 가장 큰 이유는 힘들기 때문이다.

6) 방에 모르타르를 부을 때 모르타르 양은 어떻게 조절할까?

→ 무전기로 밖에 있는 유압 펌프 반장에게 말로 하거나 아니면 사전에 정한 무전기 신호음('삐~' 또는 '삐-삐' 신호)으로 한다.

7) 아파트 방통은 몇 명으로 운영되는가?

→ 통상 유압 펌프 기계 1대에 두 팀이 달라붙는다. 기계팀과 방통 팀이다. 팀당 5명 정도다. 5명이 가장 효율적이기 때문일 것이다.

유압 기계 팀에는 반장이 기계 옆에서 모르타르를 배합하고 또 신호에 따라 모르타르를 끊었다 넣었다 조절해준다. 나머지 인원은 아파트 내부에서 일한다. 호스를 붙잡고 방마다 모르타르를 뿌리는 사람, 호스를 잡아 이동이 편하게 보조해주는 사람 등이 있다. 모르타르를 부어주는 호스가 꽤 무겁다.

방통 팀도 5명이다. 1명은 호스에서 모르타르가 쏟아져 나올 때 자나무로 초벌(1차 평탄 작업)을 대략적으로 맞추는 사람이다. 나머지 4명은 모르타르가 어느 정도 굳어질 때까지 기렸다가 중벌(2차 평탄 작업)과 시야기(3차 평탄 작업)를 차례로 한다. 대략 한 사람당 하루에 10세대 아파트 방통을 친다. 그러니까 한 팀이 하루에 약 40세대의 방통을 하는 셈이다.

8) 방통하는 시간은 얼마나 걸릴까?

→ 30평 아파트 하나를 방통하려면 초벌하고 약 1시간 30분을 기다린다. 중벌하는 데 한 세대당 약 20분이 소요된다. 그리고 약 1시간 30분 기다려 시야기를 하는 데 한 세대당 약 15분 정도가 걸린다. 3시간 20분(중벌 20분 × 10세대) + 2시간 30분 (시야기 15분 ×10세대) = 총 5시간 50분이 소요된다. 기다리는 시간은 별도다.

9) 일주일에 며칠이나 근무하나?

→ 과거에는 월에 두 번만 쉬었다고 한다. 그러나 최근에는 토요일까지만 일하고 일요일은 쉰다고 한다. 자발적인 의사가 아닌 시멘트 회사 노조 덕분이라고 한다. 시멘트 공급 없이는 방통도 없다.

10) 건설 현장에 왜 젊은이들이 없는 걸까?

→ 아침 일찍 시작하고 늦게 끝나는 생활 패턴은 한참 놀기 좋아하는 젊은이들에게는 최악일 것이다. 데이트할 시간도 공부할 시간도 없다. 또 노천에서 여름엔 더위, 겨울엔 추위와 싸워야 하는 작업 환경도 안 좋다. 동료들은 같은 또래가 없고 대부분 어르신들 아닌가? 이분들과 무슨 말이 통하겠는가? 잔소리나 안 들으면 다행이다. 또 가끔 지방에 내려가 합숙을 해야 한다. 어르신들과 같이 있는 분위기는 꽤 난감할 것이다. 이런 이유들 때문에 젊은이들이 기피하는 것이 아닐까 생각해본다.

11) 방통 품값이 궁금하다.

→ 일반 주택과 빌라 등에서 받는 품값은 대략 27만원 정도라고 한다. 아파트 현장에서 하

루 불러 쓰는 날일(정시 출근 정시 퇴근) 방통 값은 대략 35만원 선이고 매사(=돈내기,
조기 출근 + 야근)라고 조직을 짜서 작업하는 품값은 44만원이라고 하니 그 차이가 적
지 않다.

12) 작업 환경과 직업병은?

→ 작업 환경은 건설업치고는 양호하다. 아파트 실내에서 하는 작업이라 더위와 추위에 상
대적으로 유리하다. 그리고 비 오는 날에도 작업이 가능하다. 시멘트가 얼어 작업이 어
려운 한겨울 동안은 쉰다. 약 두 달간 방학인 셈이다. 옷도 비교적 깨끗하다.

기마자세로 허리를 숙여 작업하기 때문에 관절과 허리에 무리가 간다. 그래서 그에 대
비한 나름의 대비책을 가지고 있어야 한다. 또 밥 먹고 바로 허리를 숙여 작업하기 때문
에 역류성 식도염에도 주의해야 한다. 시멘트와 먼지가 있지만 마스크를 써야 할 정도
는 아니다.

기분 좋은 하루였다 ────────────

| 2018. 9. 1. |

　　　　　　새벽에 작업을 나갈 때면 솔제니친의 소설 《이
반 데니소비치, 수용소의 하루》가 생각난다. 스탈린 치하의 시베리아의 강제
수용수에서 가혹한 노동을 하는 주인공의 하루를 묘사한 소설이다. 주인공에
게 수용소에서의 생활은 춥고 배고프지만 남들과 다름없는 하루이다. 자신의
처지에 대한 불만과 세상의 부조리에 대한 분노 등은 찾아볼 수 없다. 다만
인간으로서의 존엄과 삶에 대한 바른 자세를 일깨우려고 노력한다. 즉, 하루
를 뜻있고 충실하게 보내고 싶을 뿐이다. 현재를 긍정해야 비로소 일상에 의
미를 줄 수 있고 또 충만하게 생활을 영위할 수 있다. 하루를 살아가는 에너
지는 현재에 대한 긍정이기 때문이다.

소설의 주인공 이반 데니소비치와 나의 공통점을 생각해봤다.

1. 현재를 긍정한다. 나 또한 현재를 긍정하려고 한다. 현재를 긍정하지 않는
   건 "어머니 왜 날 낳으셨어요"와 같은 어리광이다.

2. 무료로 노동을 한다. 나도 일은 하지만 아직까지 일당이 없다. 데니소비치
   처럼 세 끼만 먹여준다.

3. 시멘트를 사용하여 일을 한다. 데니소비치는 시멘트를 발라 벽돌을 쌓고
   나는 시멘트를 발라 바닥을 미장한다.

4. 관심이 일과 세 끼 밥이다. 일을 잘하고 싶은 욕구와 배고픔에 대한 식욕
   뿐이다.

다시 평택이다. 흐린 날씨고 아침 기온도 19도로 떨어졌다. 기온도 제법 쌀쌀
하다. 방풍 패딩을 꺼내 입었다.

먼저 도착해 밥을 먹고 있는데 친구가 좀 있다가 온다. 어제 사이로 탱크가
고장 나서 11시에 일이 시작됐다고 한다. 그래서 25개밖에 못 쐈다고. 오늘
도 기계가 고장 나서 9시 정도부터 쏜다고 한다. 그래서 좀 늦게 온 모양이다.
기계 팀은 급할 게 없지만 미장 팀은 속이 탄다. 기계 팀은 일당제이고 미장
팀은 일 한 만큼 돈을 가져간다.

8시에 기계가 돌기 시작했다. 기계 소리가 들렸다 안 들렸다 한다. 친구는 쉬
면서도 기계 소리에 귀를 기울이고 있다. ㄷㅇ형님과 함께 말번인 친구는 일
이 시작되려면 아직 멀었다고 한다. 오전에 일을 할 수 있을지 모르겠다고.
기계 팀 일의 진척이 느리다. 끝내 우리가 일할 세대 쏘는 걸 못 보고 점심밥
을 먹으러 갔다. 돌아오니 11시 30분이다. 우리 세대를 쏘고 있다. 한참을 기
다려 친구와 같이 6세대를 했다. 24평형이다. 친구와 같이 들어가 친구가 안
방과 거실을 할 때 나는 작은 방 2개를 한다. 오늘도 문지방 처리는 여전히 미
숙하다. 친구의 기대 수준이 높다 보니 항상 수준 미달이다.

오후에는 초번인 ㅅㅁ동생과 같이 일했다. 내가 일하는 동작을 유심히 지켜보더니 하나하나 지도해준다. 내가 하는 동작을 보면서 문제점을 찾아 직접 시범을 보여주며 다시 해보라고 한다.

까치 발자국은 작은 흙손질로 우선 메꾸고 그다음에 전체적으로 마지막 흙손질을 해준다. 나는 흙손질을 할 때 전체적으로 휘저으며 하는데 그러니까 국부적으로 흙손질을 하고 마지막에 전체적인 마무리 흙손질을 하라는 얘긴데 이해가 됐다.

또 뒤로 물러서며 흙손질하는 방법에 대해 얘기해준다. 흙손질 후 뒤로 물러서서 다시 흙손질을 할 때 앞에 한 흙손질 끝부분을 넘지 않게 해서 바닥을 고르고 마지막 흙손질 때 경계 부분과 겹치게 한다. 또 벽에 손을 대면서 흙손질하는 법을 보여준다. 벽에 손을 대면 작업 반경을 많이 늘릴 수 있다. 이렇게 배우면 금방 배울 것 같다는 생각을 해본다.

그러나 매번 느끼지만 체력이 문제다. 부실한 체력 때문에 흙손질이 안정되지 못하고 떨리거나 평평하게 바닥을 문대지 못하고 바닥에 꽂히고 또 흙손 위에 모르타르 찌꺼기가 묻는다. 그놈을 치우고 걷어내느라 시간과 힘을 많이 소비한다.

ㅈㅁ동생과의 일이 5시 10분 정도에 끝났다. 친구는 말번이라 좀 늦다. 나 먼저 가라고 한다. ㅈㅁ동생과 함께 식사하고 집으로 돌아왔다.

잠자리에 드는 오늘, 이반 데니소비치의 작은 행복감을 나도 공유할 수 있을 것 같다. 오늘은 많이 배웠다는 느낌을 받았다. 그래서 좋은 하루였다.

미장 방통 실습

아파트 미장 스케치

미장 재벌바름& 정벌바름 동영상

미장 모르타르 반죽 동영상

아르스팝 오케스트라 공연 ———————

| 2017. 9. 19. |

지휘자는 카라얀, 오케스트라는 빈 필하모닉 못지않았다.

오늘까지 최ㅅㅊ 교수님이다. 기술원에서 빵과 음료를 나누어 준다. 마침 출출하던 차에 맛있게 잘 먹었다. 야간 학생들에게 한 달에 한두 번 정도 나온다고 한다.

첫째 시간은 〈극한직업〉 나무 욕조 공장 편을 봤다. 편백 나무를 이용해서 욕조와 건식 사우나실을 만든다. 욕조의 특성상 물이 새지 않아야 하기에 목재의 집성이 중요하다. 집성을 기계가 아닌 수작업으로 하고 있다. 그리고 옹이 부분을 일일이 파내서 다시 나무로 메꾼다. 그래야 하자 발생을 예방할 수 있다고 한다. 대부분의 업체들이 하자 발생 A/S로 문을 닫았다고 한다. 일하는 분들 대부분이 30년 이상을 기능인으로 사신 분들이다. 손 마디 마디에 그동안의 고단했던 인생 역정이 고스란히 남아 있더라. 굽어지고 잘린 손마디가 그 고단함을 증거하고 있었다. 〈극한직업〉을 볼 때마다 겸손해지고 숙연해진다. 나 자신을 되돌아보는 시간이었다.

둘째 시간부터는 본관인 서울관으로 옮겨 아르스 팝 오케스트라 공연을 감상했다. 맨 앞자리에 앉았다. 지휘자와 단원의 표정과 숨소리까지 살펴볼 수 있었다. 단원들이 입은 옷은 모두 짙은 검은색이다. 전통일까, 취향일까, 아니면 우연일까? 단원들 면면을 보니 젊은 사람이 많은 것 같다. 고등학생 또래도 있는 것 같다.

악기를 하나 다루고 싶다는 열망은 늘 품고 살지만 생활이 팍팍하니 여의치 않다. 악기를 직접 연주하는 고상한 취미 하나쯤 갖고 싶은 것이 모든 사람들의 바람일 것이다. 예술 활동은 사람만이 할 수 있는 유일한 분야가 아닌가? 악기는 내게는 선망의 대상이자 고상함 그 자체. 최선용 지휘자님이 곡 소개와 배경에 대해 설명을 해주셔서 음악을 좀 더 잘 이해할 수 있었다.

첫 곡은 〈시인과 농부 서곡〉이다. 곡이 시작되자마자 관현악기의 웅장한 소리가 심장을 뛰게 한다. 마치 영화 〈쇼생크 탈출〉에서 교도소에 울려 퍼진 〈휘가로의 결혼〉 만큼이나 낯설고 야릇한 그 무엇이었다. 대자연에 의지해 농사를 짓는 농부의 겸손함과 자연의 아름다움과 경이로움을 노래하는 시인의 찬양과 경외감이 묻어났다.

두 번째 곡은 드라마 〈토지〉의 OST다. 〈토지〉의 배경에 대해 간략하게 말씀을 해 주신다. 주인공 서희의 애잔한 듯하지만 또 한편으로는 〈바람과 함께 사라지다〉의 스칼렛과 같은 야무진 몸짓이 느껴졌다.

세 번째 곡은 최민식 주연 〈꽃 피는 봄이 오면〉이라는 영화의 음악이다. 폐교 직전의 학교의 음악 교사인 최민식이 불었던 트럼펫 연주다. 〈옛사랑을 위한 트럼펫〉이라고 한다. 조○○이라는 분의 트럼펫 독주로 들었다. 제자를 생각하는 애틋함과 폐교에 몰린 암담한 현실 그리고 옛 애인에 대한 그리움이 폐부를 찌르는 것 같다.

네 번째 곡은 〈콰이강의 다리〉에 나오는 〈보기 대령 행진곡〉이란다. 일명 〈휘파람 행진곡〉이라고 한다. 익히 들어봤던 곡이다. 손뼉을 치며 들었다.

다섯 번째로 〈무인도〉를 연주했다. 파도 소리, 갈매기 소리, 바람 소리가 귓전을 스치는 것 같다. 웅장하고 훌륭한 곡이다. 작곡가가 아마도 이봉조 씨일 것이다.

여섯 번째는 김○○이란 여성분의 독창이다. 뮤지컬 배우라고 하는데 20대 중반 정도인 듯했다. 아름다운 분이다. 지휘자가 아끼는 제자인 듯하다. 다소곳이 나오더니 노래를 시작하자 거침이 없다. 〈나 가거든〉과 〈Let it go〉를 불렀다. 성량이 풍부하고 음색은 맑고 곱다. 작은 몸집에 가창력이 돋보였다. 앙코르곡으로 〈남행열차〉를 불렀다.

마지막 곡은 〈캐리비언의 해적〉이다. 이 영화는 한 번도 본 적이 없지만 곡이 연주되면서 갑판 위에서 수평선을 바라보는 느낌이다. 모든 일정이 끝나고 앙코르곡으로 〈아름다운 강산〉을 연주해주신다. 마지막 곡으로 안성맞춤인 곡이라고 생각한다. 작곡가 신중현 씨는 한국이 낳은 위대한 뮤지션이다. 대한민국 국민으로 사는 것에 대한 무한 감사와 만족을 주는 음악이었다. 연주가 끝나자 학생들 모두 기립해서 아낌없는 박수를 보냈다.

사람이 빵만으로 사는 것이 아님을 확인한 문화 행사였다. 강당을 나오자 공연의 여흥이 아쉬운지 한바탕 세찬 빗줄기가 퍼붓는다. 아름다운 밤이었다.

미장 실습

| 2017. 12. 19. |

미장의 핵심은 ○○○과 ○○○ 이다.

올해 김ㅂㅊ 교수님의 마지막 수업이다. 조적과 미장은 항상 강조하지만 꾸준함이 중요하다고 하신다. 꾸준함은 곧 반복이고 그 반복은 지루함이다. 모든 기능이 재미있으면 자연스럽게 꾸준함도 따라오겠지만 대부분의 기능이 지루하면서 재미가 없기 때문에 고민이 깊어지는 것 아닌가?

하루에 팔굽혀펴기를 꾸준히 40개씩 하는 사람, 하루에 영어 단어를 꾸준히 5개씩 외우는 사람, 또 하루하루 꾸준히 헬스를 빼먹지 않고 조금이라고 하는 사람, 그리고 아침 일찍 1시간 먼저 출근하여 책을 읽는 사람. 그 꾸준함이 습관이 된다. 그리고 그 습관은 그 사람의 운명을 바꾼다.

생각을 조심하라. 말이 된다. 말을 조심하라. 행동이 된다. 행동을 조심하라. 습관이 된다. 습관을 조심하라. 성격이 된다. 성격을 조심하라. 운명이 된다. 생각, 말, 행동, 습관, 성격, 운명. 그렇다. 마가렛 대처 수상이 말했듯이 생각이 곧 운명이 된다.

김 교수님이 우리가 추구해야 할 기능인의 수준에 대해서도 말씀하신다. 누가 미장을 할 수 있느냐고 물으면 "잘합니다"라는 말보다는 "좀 해봤습니다"라는 겸손한 멘트를 날릴 수 있는 수준을 목표로 해야 한다고 말씀하신다. 겸손하면서 결코 겸손하지 않은 듯한 적절한 멘트다. 그리고 미장의 핵심은 두께값과 평활도라고 하신다.

실습장으로 이동하여 올해의 마지막 실습을 진행했다. 마지막 실습이라 다들 비장함이 서려 있다.(나만 그런가?) 어제와 마찬가지로 똑같은 방법으로 벽을 발랐다. 1시간을 목표로 했으나 번번이 빗나간다. 1시간의 목표가 아직 나에겐 의미가 없음도 알게 됐다. 벽 몇 번 발라보고 1시간을 운운하는 것은 어찌 보면 염치없고 또 가소로운 일이다.

흙손질을 하다 보니 흙손의 각도에 따라 바탕면의 매끈함에 차이가 난다. 흙손을 바탕면에 바짝 밀착시키면 오히려 물이 묻어나면서 바탕면이 매끄럽지 못하다. 그리고 흙손이 바탕면에 달라붙는다. 바닥과 약 1~2mm 정도 띄우는 것이 면이 가장 매끈하다. 2mm 이상 띄우면 오히려 모래가 일어나서 표면이 매끄럽지 못하다.

- 벽과 천장이 만나는 코너의 벽바름에 대해 배운다.
- 모르타르가 부족한 부분은 바로 메꾸어준다.
- 고름질은 밑으로 내리면서 힘을 주어 쓸어낸다.

김 교수님이 쓰는 모르타르가 생각 외로 묽다. 김 교수님이 물의 양에 대해 말씀해주신다. 지금까지 내가 알고 또 발랐던 모르타르의 농도와 많은 차이가 있다. 그리고 모르타르의 농도와 상관없이 벽이 건조할 경우는 물을 바른 후 시공하는 것이 좋다고 한다. 우리의 직관과는 다른 말씀이다.

오늘 마지막 미장 실습 후의 소감은,

1. 휴, 한숨만 나온다. 욕심이 앞선 까닭이다.
2. 1시간이 중요한 게 아니다. 품질이 중요하다.
3. 고름질할 때 흙손의 각도(2mm 내외)에 대해 알았다.
4. 지금까지 내가 생각한 모르타르의 농도보다 묽게 해야 한다.

집으로 돌아오면서 ㄱㅅㅎ님과 기능사 자격증에 대해 얘기를 했다. 가스 기능사와 에너지 기능사에 대해 얘기를 들었다. 두 가지 자격증이 있으면 월 300만원이 가능하다고 한다. 취업도 문제없다고 했다. 믿을 수 없다. 누가 우리 나이를 뽑아주겠는가? 또 뽑아준들 300씩이나 주겠는가? 그리고 월 400만원을 목표로 하고 있는 나에게는 300은 성이 안 찬다. 그렇지만 월 300만원의 밥벌이도 거의 없음을 알고 있다. 그럼에도 불구하고 월 400만원을 밥벌이 목표로 하고 있는 나는 순진한 것인가, 아니면 무모한 것인가?

마지막 수업 ——————————————————

| **2018. 2. 14.** |

최人ㅊ 교수님과의 마지막 수업이다. 마지막 수업에는 연장을 다루지 않는 것이 불문율이라고 한다. 긴장이 풀려 사고로 이어진다는 것이다. 충분히 이해할 만하다.

이제 다시 일상으로 돌아가야 하리라. 오늘 등원한 학생 수가 눈에 띄게 적다. 설 연휴로 시간 내기가 쉽지 않았으리라.

지난 6개월을 돌이켜 보고 소회를 풀어보자.

1. 목공기계에 대한 이해를 많이 넓혔다. 트리마, 직소기, 띠톱, 테이블 쏘, 자동대패, 샌더기, 각도 절단기, 그라인더 등을 다루었다. 많이 쓰는 목공구들이다.
2. 도마 만들기로 재미와 함께 나름 성취감을 맛보았다. 이상한 민원이 들어와 다음 학기 때부터는 없어진다고 하니 분하고 원통하다.
3. 철재 창호에 대해 실습을 했다. 각도 절단기로 철재 창호가 잘리는 것이 참 신기하다. 귀를 찢는 굉음 소리는 정말 미칠 것 같았다.
4. 시트 방수를 예기치 않게 해보는 행운을 누렸다. 시험 보시는 분들에게 양보를 해야 한다고 생각해 뒤로 빠져 있었는데, 지원자가 적어 대신하는 행운을 잡았다. 다음 학기에는 액체 방수도 같이 하면 좋겠다. 실제 시공에서는 액체 방수를 더 선호하고 쓰임새가 더 많은 것 같다.
5. 조적은 일반인들에게는 생소한 분야고 접할 기회가 거의 없는데 이론과 실기를 해봤다. 아치를 만들 수 있는 이론과 실기를 해 본 것은 큰 수확이었다. 아치는 아름다웠다.

6. 미장을 해본 것도 나름 의미 있는 배움이었다. 친구 따라 바닥 미장을 실습 나가고 있는 요즘이라 더 애정이 간다.

7. 타일은 가장 추울 때 했었던 실습이라 기억에 남을 것 같다. 압착 시멘트 와 본드 접착제를 실제로 해본 것은 소중한 경험이었다. 그동안의 의문점 이 많이 해소되었다.

8. 두 분의 교수님께 고맙다는 말을 전해드리고 싶다. 한 분은 중량감 있게 또 한 분은 재미있게 이끌어주셨다. 건물보수과 두 교수님은 환상의 조합 이었다.

마지막은 항상 반납하고, 정리하고, 텅 비워야 한다.
뒤에 오는 누군가를 위해
또는 다시 시작하기 위해
그리고 미련 없이 떠나기 위해….

07 ——————— 서울동부기술교육원
– 전기공사과

전기 이론 오리엔테이션 ———————

| 2018. 3. 5. |

이제 다시 시작이다. 짧은 나이에 요절한 가수가 있다.

집 떠나와 열차 타고
·········.
이제 다시 시작이다.
젊은 날의 꿈이여.

그분이 부른 〈이등병의 노래〉 일부분이다. 그의 노래를 속으로 불러보고 놀라운 사실 하나를 확인한다. 그분은 다시 시작할 수 없지만 나는 다시 시작할 수 있음을 생각한다. 그렇다. 다시 시작할 수 있다는 것은 살아 있음이더라. 시작하지 못함은 이미 끝난 것이고 그 끝은 죽음이 아니던가? 우리는 끊임없이 다시 시작해야 한다. 죽을 때까지….

책상에 전기 계측기가 있는데 뭐 하는 기계인진 모르겠다. 차차 알게 될 것이다.

전기공사과 교실은 서울관에 있다. 동부기술원의 본관인 셈이다. 시설이 건물보수과보다 조금 더 낫다. 화장실도 바로 옆에 있어 좋다. 난방도 좋다. 그리고 쾌적하다. 건물보수과 학생들에게는 미안한 일이다. 하지만 나도 건물보수과에 다녔으니 조금 덜 미안하다.

오늘과 내일(월, 화)은 이ㅅㅇ 교수님이 수업을 한다. 전기 이론의 담당하신다. 이분에게 면접을 봤다. 고마우신 분이다. 봄 학기는 3월 2일부터 8월 24일까지다. 그리고 7월 20일부터 8월 5일까지는 여름방학이다. 당분간 3월은 5시간 수업(10시 10분까지)이란다.

전기기능사 시험에 대해 말씀해주신다. 합격률이 20% 내외라고 한다. 은근히 긴장되는 말씀이다. 그러나 동부기술원 전기공사과 수료생의 합격률은 50% 이상이라고 하니 좀 안심이 된다. 최근 시험에서는 38명 중 30명이 합격했다고 한다. 집에 가서 따로 공부하지 않고 수업시간에 집중하면 자격증을 딸 수 있다고 한다. 서울대 수석 합격생이 수업에 충실했다고 얘기하는 것과 같지만 일단 한번 믿어보자. 7월 7일부터 전기기능사 필기시험을 접수하는 모양이다.

필기시험 팁을 하나 알려주신다. 시험의 60%는 기존 문제에서 나오고, 20%는 기존 문제를 응용한 것이고, 나머지 20%는 신규 문제라는 것이다. 대충 어떻게 공부해야 하는가가 그려진다.

지문 인식을 하는 동안, 계산 문제지 한 장을 던져주며 풀어보라고 하신다. 쉽게 푸는 사람에겐 산수지만 어려운 사람에겐 수학이다. 전기 이론 수업을 할 때 기초적인 계산 능력이 필요한 모양이다. 풀기 전에 보기만 해도 가슴이 답답해진다. 음, 사인 코사인이 나온다. 집에 가서 아이들에게 좀 물어봐야겠다.

전등 수정 공사 실습 ━━━━━━━━

| 2018. 4. 23. 20:41 |

전기공사는 쥐꼬리 없이는 불가능하다.

일주일 빠지고 오랜만에 나오니 좀 생소한 느낌마저 든다. 이ㅅㅇ 교수님이다. 지난주 전기 실습에 대한 평가를 해주신다.

평가에 이어 다시 숙제를 내주신다. 수정 도면을 주시고 시공한 배선을 약간만 바꿔보라고 하신다.

우리 8조는 실무가 능한 분들이 많다. 과대표님이 실무에 능하시고 또 베테랑의 큰형님이 계시다. 두 분의 지도와 편달에 힘입어 어렵지 않게 실습을 했다. 모르는 것을 물어가며, 또 하는 것을 봐가며 배선 공사를 해봤다. 공사 중 몇 가지 팁을 알려주신다. 쥐꼬리 접속 후 커넥터로 마무리할 경우 쥐꼬리 접속을 오른쪽으로 돌려 해야 한다. 왜냐하면 나사식의 커넥터를 오른쪽으로 돌려 끼워 넣기 때문이다. 만약 쥐꼬리 접속을 왼쪽으로 하고 커넥터를 오른쪽으로 돌릴 경우 쥐꼬리 접속과 역방향이라 풀릴 위험이 있다. 전선을 잇거나 결선을 할 경우 대부분이 쥐꼬리 접속이다. 전기공사는 쥐꼬리 없이는 불가능하다.

왼쪽 하단의 콘센트는 전열기 분전함에서 선을 빼오지 않고 일반 전등 배선에서 선을 따왔다. 궁금해서 큰형님께 여쭈어보니 친절하게 설명을 해주신다. 화장실의 환풍(팬)을 위한 콘센트는 전등 선에서 따온다고 한다. 즉, 화장실 스위치를 켜면 화장실 전등이 들어옴과 동시에 환풍을 위한 팬이 돌아간다는 것이다. 우리 집 화장실을 생각해보니 그렇다. 우리 집 화장실도 보이지는 않지만 천장 위에 이와 똑같은 구조의 배선이 있는 셈이다. 전기 배선은 알아가면 갈수록 재미가 있다.

1시간 실습 후 전원을 꽂아 교수님과 함께 점검해보았다. 모든 조들이 이젠 제법 잘한다. 내가 배선한 등에 불이 들어오는 것이 신기하기까지 했다.

수업 말미에 5월 시간표에 대해 말씀해주신다. 5월은 이런저런 이유로 쉬는 날이 많다고 한다. 학생들 입가에 여유와 미소가 번진다. 날짜를 잘 챙겨 소중하게 잘 써야 하리라.

내일 수업할 도면을 하나 나누어주신다. 요즘 유행하는 라이팅 덕트를 일부 시공해본다고 한다. 기대가 만땅이다.

전등 수정 공사
실습 동영상

1급 소방안전관리자 교육 ───────────

| 2018. 4. 16. |

　　　　　　　　　　　우리나라의 소방안전 수준은 1970
년대에 멈추어 있다.

당산역 소방안전 협회. 집에서 비교적 만만한 거리다. 강의장과 시설 등을 둘
러보니 나름 만족할 만한 수준이다. 점심도 구내식당에서 4,000원으로 해결
할 수 있다.

간단한 오리엔테이션이 있었다. 모든 분들의 말씀이 빠르다. 일정이 빡빡하
기 때문일 것이다. 5분 이상 늦으면 지각이다. 그리고 지각 2번이면 1시간 결
석이다. 3시간 결석하면 아웃이다. 속된 말로 얄짤없다.

맨 마지막 날 마지막 시간에 시험을 본다. 40점 과락이고 평균 60점 이상이
교육 수료 합격이다. 합격률이 47%라고 한다. 음, 긴장된다. 하루 8시간씩 5
일간 강행군이다. 특급 안전관리자는 2주간 10일 수업이란다. 특급은 30층
이상의 고층 건물을 관리한다. 1급은 30층 이하와 11층 이하의 상가 건물을
관리한다.

소방 관계 법령

1. 소방 기본법은 소방공무원과 관련된 법이다.

- 소방 대상물 : 건축물, 차량, 항구에 매여 있는 선박, 선박 구조물, 산림, 그 밖의 인공 구조물

- 관계인: 소유자, 관리자, 점유자이다. (1급 소방안전관리자는 관리자가 아님)

- 소방대 : 소방공무원, 의무 소방원, 의용 소방대원

- 화재의 예방조치는 소방본부장과 소방서장이 한다.

- 위험물을 보관하는 경우 14일간 보관 후 매각하여 국고로 환수한다.

- 시도지사는 화재경계지구(손실보상을 위한)로 지정할 수 있다.

- 소방 자동차의 우선 진행에 관하여는 도로교통법에 따른다.

- 소방대장(현장의 소방공무원 중 직급이 제일 높은 사람)은 소방 활동 구역을 정하여 출입을 통제할 수 있다.

- 화재 허위 신고는 과태료 200만원

- 소독을 분무기가 아닌 연막탄을 이용할 경우 화재경계지구 안에서는 사전에 관계 소방서에 통보해야 한다.

2. 화재예방, 소방시설 설치·유지 및 안전 관리에 관한 법률은 소방 안전관리자와 관련된 법이다.

- 소방시설은 소화 설비, 경보 설비, 피난 설비, 소화용수설비, 그 밖의 소화활동설비가 있다.

- 특정소방대상물은 건축물, 선박이 있음. 자동차는 아님.

- 무창층은 개구부의 면적이 바닥면적의 1/30 이하가 되는 층(백화점)

- 피난층은 지상으로 곧바로 내려갈 수 있는 출입구가 있는 층으로 대부분 1층임
- 1급 소방안전관리 대상물은
  ① 30층(특급은 50층) 이상 아파트 또는 높이 120m(특급은 200m) 이상 아파트
  ② 연면적 1만 5,000(특급은 20만)㎡ 이상의 건축물(아파트 제외)
  ③ 층수 11층(특급은 30층) 이상의 건물(아파트 제외)
  ④ 가연성 가스를 1,000톤 이상 저장, 취급하는 시설

어렵지 않은 내용이지만 강의 내용이 다양하고 또 스피드 있게 강의가 진행돼서 걸러지는 게 많지 않았다. 복습은 필수다.

마지막에 교수님께서 우리나라의 전기와 통신 등은 최고 수준이지만 소방안전은 1970년대 수준에 머물러 있다고 하시며 그렇기 때문에 향후 소방안전에 대한 발전 가능성이 많다고 하신다. 많은 부분 동감이 가는 내용이었다. 아들에게 추천하고 싶다.

평평해지는 세상을 꿈꾸며…

| 2018. 12. 6. |

저녁이 없는 삶, 그래도 좋다.

고등학교 동창이 찾아왔다. 성수역 근처 빌딩에서 소방안전관리자 기사로 근무 중이다. 3교대로 근무하면서 월 230만원 정도를 받는다고 한다. 내가 생각했던 것보다는 많이 받는다. 그러나 좀 더 얘길 들어보니 만만치 않은 근무 시간과 토요일과 일요일 중 하루는 근무하는 조건이다. 주말을 온전히 보

장받지 못하는 셈이다. 230만원과 비교해보니 결코 많이 받는 것이 아니다. 선배가 꽂아줘서 들어갔다고 한다. 처음엔 선배가 사장이라고 하기에 건물 주인 줄 알았는데 건물관리 업체 사장이더라. 즉, 우리와 같은 월급쟁이 사장인 셈이다.

3교대로 근무를 어떻게 하는지 궁금해서 물어봤다. 첫째 날은 정상 근무. 즉 오전 8시에 시작해서 오후 6시까지다. 그다음 날은 올데이 철야 근무, 다음다음 날은 하루 휴식이라고 한다. 소방시설과 냉난방 시설은 비상시를 대비하기 위해 반드시 24시간 담당자가 상주해야 한다. 평일과 주말을 가리지 않고 이런 근무 형태다. 그러니까 토요일과 일요일이 보장되지 않는 시스템이다. 팀장은 자신보다 30만원 정도 더 가져간다고 한다. 일반 기사들과 큰 차이가 나진 않지만 팀장은 3교대에서 제외다. 그러니까 저녁이 있는 삶이 가능한 대신 플러스 30만원으로 만족하라는 거다.

그러나 친구는 저녁이 있는 삶보다도 돈이 더 많은 직업을 구하고 있다. 월급만 많으면 맞교대도 OK란다. 아니 매일 철야 근무도 불사힐 기세다. 중건회사 임원을 하고 2년 전에 퇴직한 사람도 이 지경이다. 회사를 나오면 모든 게 리셋된다. 계급장은 왕년에라는 기억의 저편에만 존재할 뿐이다. 그동안 편안하게 살아왔으니 내가 친구의 처지가 된다 해도 그리 불만은 없다. 또 그러해야 하지 않나 싶다. 그래야 세상이 좀 더 평평해지니까.

소방교육 실습
스케치1

소방교육 실습
스케치2

09 ——————————— 학원 버스 운전

월급날 ————————————————————

| 2020. 4. 27. |

　　　　　　한 달 만근한 소감은 그동안 내가 쉽게 월급을 받았다는
반성? 오후 늦은 시간부터 밤 늦은 시간까지 일해야 하는 조건이다 보니 생활
의 리듬이 바뀌었다. 밤 늦게 들어와 밥 먹는 일이 부담스럽다. 이 부분을 어
떻게 해야 할 텐데….

운전이 어려운 건 아닌데 또 헐렁한 것도 아니다. 자주 스케줄이 바뀐다. 신
규 학생이 들어오면 사전 답사와 시간 체크를 해서 다른 스케줄에 무리가 없
도록 조정해야 한다. 그리고 차 안에서 항상 대기를 해야 한다. 설운도 노랫
말처럼 비가 오나 눈이 오나 바람이 부나….

매여 있는 시간(7시간) 대비 운전하는 시간(3시간)이 약 1/2 정도 되지 않나
싶다. 그리 헐렁한 직업은 아니다. 비록 3교대지만 소방안전관리자인 내 친
구는 매여 있는 시간은 10시간이라도 일하는 시간은 1시간 정도라고 한다.
3교대를 하더라도 일하는 시간이 적은 직종이 좋을 것 같다는 생각도 든다.

운전이 아무 생각 없이 하는 일이라 보람이나 성취감이 적다. 물론 나름 의미
있는 일이긴 하지만. 또 가끔 하류층으로 전락한 열패감이 든다. 이런 생각이
나 느낌도 속물근성이라고 할 수 있다. 반성해야 한다.

야근하고 집에 돌아오면 밥 먹고 아내와 몇 마디 얘기할 시간도 없다. 예전에

는 아내와 많은 시간을 할애했었다. 사람이 간사해서 과거에 누리고 산 것에 대한 고마움은 그것을 상실해봐야 제대로 실감한다.

아무튼, 큰돈은 아니지만 첫 만근한 월급을 받아서 좋다. 오늘은 이것만 생각하자.

마지막 운전

| 2020. 8. 31. |

　　　　　○○버스 대표에게 전화가 왔다. 8월 31일까지 일하고 그만두는 것으로 하자고 한다. 지난주까지는 한 달만 더 근무해달라고 붙들더니 왜 갑자기 마음이 변했을까? 8월 30일부터 코로나19 위험 단계가 2단계에서 2.5단계로 격상되면서 학원이 다들 휴원에 들어갔기 때문이다. 그동안 수고하셨고 혹시 다음에 파트타임으로 근무할 생각이 있으면 전화드리겠다고 한다. 아식 그럴 생각이 없다고 하니 일단 전화드릴 테니 그때 부담을 갖지 말고 답을 달라고 한다. 그리고 오늘 후임자를 연결해줄 테니 인수인계를 부탁한다고 했다.

오후 4시에 ○영어학원에서 후임자를 만났다. 20대 중반의 젊은이다. 나와 다른 정규직이다. 며칠 전까지 일원동 근처에서 버스를 운행했다고 한다. 대치동, 일원동을 떠나 요즘 모든 학원들의 운영이 힘들다고 한다. ○○버스 본사도 학원들 못지않게 힘든 모양이다. 하기야 학원 운행을 해 돈을 받는데 학원들이 경영난을 못 이기고 하나둘 폐업을 하거나 운행을 축소하니 당연한 결과 아닌가?

2018년에 스타트업(벤처기업)으로 사업을 시작했다고 한다. 차량이며 기타 그 외 장비들을 기업은행(기업은행에서도 출자를 한 것 같다)에서 대출을 통해 구입하는데 자금이 돌지 않아 어려움이 큰 모양이다. 그동안 조금 번 것을 이

번 코로나19 사태로 다 날리게 될 판이다. 2시간 정도 학원 주위의 코스를 돌며 주의점과 참고가 될 만한 사항을 얘기해줬다. 이미 경험이 많은 젊은이라 긴말이 필요 없다. 고맙게도 집까지 데려다주고 헤어졌다.

그동안 6개월간의 총 운행거리가 8,417km(40,761-32,344)이다. 짧으면 짧고 길다면 길다. 또 받은 월급이 800만원이 조금 넘는다. 마지막 인수인계를 하고 헤어지니 시원섭섭하다. 달랑 6개월 근무하고도 이런데 32년 동안 근무하고 있는 ○○증권을 떠날 때는 또 어떨까? 큰 상실감이 오겠지. 오늘은 앞으로 닥칠 큰 쓰나미를 대비하기 위한 연습이라고 생각하자.

그리고 사고 없이 마칠 수 있어 감사할 따름이다.

ㅇㅌ역 정화조가 넘쳤다 ──────

| 2021. 5. 4. |

　　　　　　　　　　오전엔 ㅎㅌ역에 갔다. 제일 자주 가는 역이 아닐까 싶다. 남자 화장실 4번 칸 잠금장치 불량이다. 간단한 작업인데 시간이 오래 걸렸다. 구멍이 맞지 않아 줄로 갈고 볼트를 쇠톱으로 자르는 과정이 오래 걸렸다.

오후엔 ㅇㅌ역에 갔다. 예전에 화장실 문이 안 닫힌다는 신고가 들어왔다. 화장실 벽면 받침대가 파손돼서 왼쪽으로 주저앉았기 때문이다. 그동안 부품이 없어 방치돼 왔다. 오늘 반장님이 부품을 사왔다. 일단 천장이 높은 곳이라 공사가 까다롭다.

현장에 와서 작업을 하려고 왔는데 부품이 다르다. 반장이 틀린 부품을 사왔다. 이 분은 대체 정신을 어디다 두고 다니는지…. 뜯었던 부품을 다시 담았다. 돌아오는 길에 이 팀장님에게 전화가 왔다. ㅇㅌ역 정화조가 넘쳤다고. 젠장, 최악이다. 으음, ㅇㅌ역에서 어제오늘 변기가 자주 막힌다고 하더니 정화조가 넘친 거였구나. 정화조가 넘치면 어떻게 되는지를 지켜본 역사적인 순간이다. 1970~1980년대 홍수로 집이 잠기는 것과 같더라.

이번과 같은 넘침에 대비하려면 정화조 내에 별도의 전극봉을 설치하면 될 것 같다. 아니면 고수위 경보기를 별도로 달면 좋을 것이다. 이때 전극봉 전원이나 고수위 경보기 전원은 정화조 패널에서 가져오지 않고 정화조 시설 외 일반 전원으로 해야 패널 전원이 정전됐을 때 고수위 경보가 울릴 수 있다. 이번 ㅇㅌ역 사례는 패널 전원이 나가 경보가 안 울렸다. 아니면 건전지로 하는 것이면 더 좋을 것이다.

위기일발

| 2021. 10. 14. |

　　　　　　　　오전엔 역사 주변을 점검했다. 특이사항은 없었다.

오후엔 1, 2번 승장강 에스컬레이터 밑 미화원 휴게실 천장 화재경보기 작업을 했다. 위험천만한 일이 발생했다. 2팀장이 천장에 올라가 작업하다 추락했다. 사다리에 올라가 있던 내가 그걸 직접 눈으로 지켜봤다. 아, 이렇게 사고가 나는구나. 2팀장이 짚고 있는 철재 지지대가 약간 휘는 걸 봤는데 아니나 다를까 바로 와장창하며 천장이 무너지며 추락한 것이다. 눈 깜짝할 사이에 일어난 일이다. 높이가 높지 않아 그나마 다행이다. 안전모도 쓰지 않았다.

오늘 한 일

- ㅅㅁ동 228호 보일러 점검을 했다. 저번에 한 번 방문했던 방이다. 이번에도 온도 조절기 조작 미숙이었다.
- 사무실 옆 나무 + 철재 의자 페인트 도장을 했다.

조경기능사 실기 시험 ————————————

| 2020. 12. 3. |

붙으면 기적이다.

경기도 광주 그린 직업전문학교.

날씨가 좀 풀렸다. 교육원에 도착하니 주변에 크레인도 보이고 지게차도 코스 연습장도 보인다. 시험 보는 강의상에 히터가 빵빵하게 나와 춥지 않았다.

첫 번째 시험은 조경계획도 시험이다. 2시간 30분 안에 평면도와 단면도를 그려야 한다. 시험 문제지를 받아드니 마운드 2개와 연못과 정자가 나온다. 안내판도 있다. 안내판 기호가 뭐더라? 오늘 좀 고전할 것 같다.

표제부를 다 작성하는데 한 칸을 더 그렸다. 부랴부랴 지우고 칸을 다시 조정했다. 출발부터 기분 나쁘다. 운동기구와 퍼걸러 벤치 등을 그리고 있는데 시험감독관이 1시간 30분 남았다고 얘기해 준다. 아직 수목도 못 그렸는데…. 좀 있으니 1시간 남았다고 한다. 이 시간이면 단면도를 해야 하는데 아직도 평면도에 집중하고 있다. 마음이 바빠진다. 허둥지둥이다. 가로 세로 2m짜리 식수대에 산수유와 꽃사과를 식수했는데 잘했는지 모르겠다. 하나 정도만 배치했어야 하는데 2개를 배치했다.

허둥지둥 단면도로 들어갔다. 지표면이 1.0, 0.0, -1.0 이렇게 3가지다. 정자도 표기해야 하는데 연못과 걸쳐 있는 정자다. 몇 번 지웠다 다시 그렸다. 단면도 지표면이 지저분하다. 연못과 정자를 잘못 그려 넣은 것 같다. 정자가 나무 데크로 연결돼 있다. 이제 6분 남았다고 한다. 계속해서 잘못된 곳이 나온다. 다시 지우고 그리고…. 아무래도 이번 시험은 안 될 것 같다. 자포자기 심정으로 답안지를 제출했다. 제출하고 나니 안내판 표시 안 한 것과 소나무 수목을 3개 3개 합해서 6개인데 3개로 표기했다. 연못 점표고도 표시를 안 했다. 젠장, 글렀다는 느낌이 온다.

두 번째 시험은 수목 이름 알아맞히기다. 주관식이다. 소나무, 마가목, 왕벚나무, 동백나무, 능소화 정도만 알겠더라. 나머지는 때려 맞출 수밖에. 어차피 수목 알아맞히기는 배점이 낮아 소홀히 공부한 분야다.

세 번째 시험은 조경작업이다. 잔디 씨 파종하기와 자연 판석 시공이다. 잔디 씨 파종을 다 하고 물 주기 방법에 대해 물어본다. 1㎡에 6리터의 물을 수압이 세지 않고 물방울이 크지 않게 골고루 뿌려준다고 구술했다. 잘했는지 모르겠다.
자연 판석 시공은 큰 판석 하나와 작은 판석 5개 정도를 준다. 땅고름질을 하고 잡석과 이물질 등을 제거하며 정성스럽게(?) 했다. 가장 큰 판석을 진입구에 먼저 배치하고 고무망치를 두드리며 깐다. 시간은 30분이지만 다들 10분 정도면 끝난다. 특별한 구술 질문은 없었다. 장비를 다시 원위치하고 모든 시험을 종료했다.

세 가지 시험 중 실기만 잘 본 것 같다. 실기 40점 만점에 35점 정도만 받아도 좋겠다. 그리고 조경설계는 50점 만점에 25점 정도 맞으면 좋겠다. 그러면 딱 60점이다. 수목 알아맞히기는 10점 만점인데 4개 맞추면 2점이다. 수목 맞추기는 합격 여부에 큰 영향을 안 준다.

시험을 끝내고 집에 돌아오니 오후 2시다. 집에 와 생각하니 또 틀린 몇 가지를 알아차렸다. 계단의 다운 표시를 업으로 표시했고 램프의 다운 표시도 빼먹었다. 그리고 등고선의 높이 표시도 빼먹었다. 실수한 곳이 너무 많다. 이쯤 되면 기적을 바라는 것도 염치없는 일이 아닐까?

말벌에 쏘였다

| 2022. 8. 31. |

　　　　　　　　　　가을 전정 첫날이다. 8시부터 일이 시작됐다. 지난번 봄철 전정처럼 외부인력을 1명 지원받았다. 날씨가 시원해서 일할 만했다. 그리고 충전용 전정기를 새로 샀는데 가벼워 일의 능률이 높다. 진작에 샀어야 할 기계다. 기볍고 소음도 적고 엔진에서 뿜어져 나오는 열기와 매연도 없다. 거기다 기름값도 안 든다. 일석 4조다. 아침부터 고생할 각오를 하고 왔는데 그 정도는 아닌 것 같다. 순탄하고 무난한 하루가 될 것 같다.

그러나 호사다마라고. 정문 초소 옆 영산홍 군락지를 전정하다 말벌에 귓등을 쏘였다. 무언가 귀를 깨무는 것 같은 느낌이었다. 세기의 대결인 헤비급 타이틀 매치에서 홀리필드가 마이크 타이슨에게 귀를 물렸을 때도 분명 이런 기분이었겠지. 걸음마를 배우다 넘어진 어린아이의 심정으로 소장님과 과장님에게 말벌에 쏘였다고 얘기를 하니 물파스를 바르면 된다며 대수롭지 않게 말씀을 하신다. 섭섭함을 넘어 무책임, 무성의, 무개념의 말씀이다.

그렇지만 두 분이서 달랑 에프킬라 하나를 가지고 말벌을 제압하고 말벌집을 제거하는 모습을 보고 무책임, 무성의, 무개념을 운운할 수 없었다. 대단한 두 분이다.

조경의 또 다른 영역 수경 시설 ——————————

| 2023. 5. 15. |

건축의 3대 골칫거리가 누수, 결로, 침하라고 한다면 조경의 3대 골칫거리로는 병충해, 잔디, 수경 시설을 들 수 있다. 병충해는 해마다 창궐하고, 잔디는 하루가 다르게 자라고, 수경 시설은 잦은 고장으로 속을 썩인다.

요즘 아파트 조경은 질적으로나 양적으로나 기존의 아파트에 비할 바가 아니다. 아파트 하나만으로 차별성을 내세우기 힘들어 경쟁적으로 조경과 커뮤니티 시설에 공을 들인다. 내가 지금 다니고 있는 아파트 단지 또한 그러하다. 조경도 요즘은 단순히 전통적인 조경에서 벗어나 수경 시설의 역할이 날로 커지고 있다. 단지가 크면 수경 시설 또한 커진다. 우리 단지만 하더라도 수경 시설이 12개가 있다. 각각의 수경 시설은 구조도 다르고 저수량도 다르고 펌프 시설도 다르고 재료도 다르다. 똑같은 것이 하나도 없다.

수경 시설은 녹조가 가장 큰 문제다. 물 흐름이 원활하지 않거나 정체된 수경 시설에서 많이 발생한다. 녹조를 청소할 때 바닥의 재질이 평평한 대리석인 경우는 녹조 청소가 용이하지만 자갈이나 바위와 같은 경우는 고압 분사기로 청소해야 한다. 쉬운 일이 아니다. 나뭇잎이 수경 시설에 떨어져 가라앉아 펌프의 임펠러에 끼일 경우 모터 고장으로 연결된다. 특히 활엽수 보다는 침엽수가 더 위험하다.

수경 시설은 설계자, 시공자, 관리자가 각각 다르다 보니 설계자는 시공의 편의성 보다 미적인 감각에 더 치중하고, 시공자는 수경 시설을 보다 잘 관리할 수 있게 배려하기보다는 공사 원가를 낮추는 데만 관심이 많다. 맨 마지막 단계에 있는 수경 시설 관리자는 이래저래 고달프다.

시설관리 업종 중 일의 강도(적당히 힘듦)에 비해서 제일 대접을 못 받는 분야가 조경이다. 그렇지만 조경은 사계절의 변화를 느낄 수 있고 바깥에서 일하는 것이 장점이다. 여름엔 뜨겁고, 겨울엔 춥지만 말이다. 또 일의 성취감을 느낄 수 있다. 전정을 하고, 잔디를 깎고, 수경 시설을 청소하면 작업 전후의 변화가 한 눈에 들어온다. 농한기인 겨울엔 약간의 휴식 기간이 주어진다.

아파트 조경
실무 현장

조경기능사 실기
시험 스케치

재취업의 기술

01 ——————— 이력서와 자기 소개서 쓰기

이력서는 구직 사이트(워크넷, 잡코리아, 시설잡)에 들어가보면 양식이 있어 참고해서 정직하게 쓰면 된다. 그리고 일부 기관에서는 기관 전용 이력서와 자기 소개서를 원하는 경우가 있는데 공무원 채용인 경우가 그런 경향이 있다.

자기 소개서는 장황한 것보다는 간결하게 쓰는 것이 중요하며 면접관의 입장에서 생각을 해보고 작성하는 것이 중요하다. 면접관이 중요하게 생각하는 것은 한 곳에서 오래 근무할 수 있는가? 주변 동료들하고 원만하게 지낼 수 있는가? 근무 환경에 잘 적응할 수 있는가? 전문지식은 있는가? 등이다. 자기 소개서에 이러한 우려를 불식시킬 수 있는 다짐과 계획을 은연중에 드러내면 좋을 것이다.

자기 소개서 작성 예시

지원 동기 ——————————————

> 2015년 회사를 명예 퇴직하고 계약직으로 전환하면서 향후 5년 안에 새로운 직업을 찾는다는 목표를 세웠습니다. 지금까지 머리로 하는 일을 해왔다면 앞으로는 몸으로 하는 일을 하고 싶었습니다. 몸으로 할 수 있는 일을 찾다 보니 건축과 관련된 기능과 지식을 배우

게 되었습니다. 아버지 직업이 목수여서 진로를 건축과 관련된 분야로 정한 것 같습니다. 그래서 회사 다니는 틈틈이 기능을 배우고 익혔고 마침 제가 잘할 수 있는 분야의 일이라고 생각되어 지원하게 됐습니다.

직업 훈련

- ○○○ 인테리어 기술학원 : 욕실 시공 입문 과정 수료
- 서울동부기술교육원 : 건물보수과 수료
- 서울동부기술교육원 : 건축인테리어과 수료
- 서울동부기술교육원 : 전기공사과 수료
- 한국소방안전 협회 : 1급 소방안전관리자 교육 수료

자격증 취득 현황

- 건축도장기능사 : 2016년 6월 취득
- 거푸집기능사 : 2016년 9월 취득
- 굴삭기 운전기능사 : 2016년 12월 취득
- 1종 대형 면허 : 2017년 1월 취득
- 지게차 운전기능사 : 2017년 4월 취득
- 소방안전관리자 1급 : 2018년 4월 취득
- 전기기능사 : 2019년 4월 취득
- 조경기능사 : 2020년 12월 취득

인생의 상당 부분이 계획과 생각대로 이루어지지 않음을 알고 결과를 긍정적으로 받아들이려고 합니다. 즉, 결과가 좋으면 감사하고 결과가 신통치 않으면 반성과 분발의 기회로 삼고 있습니다. 거창한 계획 세우지 않고 평온하게 하루하루를 꾸려나가고자 합니다. 특히 남에게 폐 끼치는 것을 싫어하기 때문에 자신에게 맡겨진 소임을 다하는 것을 최소한의 소명으로 생각하고 있습니다. 비록, 경험은 짧지만 기능을 배우고 익힐 때의 마음가짐으로 빠른 시일에 숙련될 수 있도록 노력하겠습니다.

구직의 방법에 있어 현장 기능직(미장, 타일, 도배 등)은 인적 네트워크를 통해 이루어지고 시설관리는 구인 구직 사이트(워크넷, 서울시 50플러스포털, 시설잡, 대한주택관리사협회 등)을 통해 이루어진다. 사전에 사이트에 접속하여 필요한 자격증과 경력 등을 확인하여 준비하는 것이 좋다. 구인 공고에 2년 이상의 경력을 요구하여도 약간의 경력만 있으면 들이밀어 보는 배짱이 필요하다.

공무원 채용은 각 기관의 홈페이지에 모집 공고가 뜬다. 조선왕릉, 구청 녹지과, 코레일테크, 교육청에 들어가 채용 공고란을 수시로 확인해야 한다. 가만히 있으면 누군가 밥을 떠먹여주지 않는다. 부지런히 구인 구직 사이트를 들락날락해야 하고 그 외 내가 모르는 채용 공고도 발굴해야 한다. 나에게 호의를 베푸는 사람은 사기꾼뿐이라는 사실을 늘 기억해야 한다. 세상을 약육강식이 지배하는 정글이라고 생각하는 것은 비정한 일이다. 하지만 절실함 없이 대충해도 될 거라는 생각은 좋게 애기하면 순진한 거고 심하게 애기하면 아직도 정신을 못차렸다는 거다.

구직할 때 가장 큰 저항은 "내가 이런 일을?", "내가 이렇게까지 해야 하나?"라는 반문이다. 그런 생각이 도둑처럼 들어오면 구직은 물 건너갔다고 봐야 한다. 시체를 염하는 일이라도 해보겠다는 결연한 의지가 없다면 인생 2막은 험난한 길이 될 것이다.

하루가 멀다 하고 밥 먹듯이 면접을 본 것 같다. 20여 차례 이상이지 않을까 싶다.

면접은 공기업과 규모가 큰 회사인 경우는 대체로 격식을 차려 진행된다. 여러 명의 면접관이 한 명 또는 두세 명의 피면접인에게 질문을 던지고 그에 대한 답을 차례로 진행한다. 질문은 현업에 대한 질문도 있고 조직에 임하는 태도에 관한 질문도 있다. 둘의 비중이 반반 정도 되지 않을까 싶다. 대부분의 직장에서 경험자를 우대하고 경력자를 선호한다. 처음 진입하는 무경력자는 핸디캡을 가지고 출발하는 셈이다. 그래서 경력을 쌓을 수 있는 방법에 대해 고민해봐야 한다. 1년 미만의 기간제에 지원하여 경력을 쌓을 수도 있고, 아니면 저자가 했던 방법(무급으로 타일 현장 보조로 일하기)으로 경험을 쌓을 수도 있을 것이다. 물론 정식으로 경력을 인정받지 못하지만 하고자 하는 열의와 노력 정도는 보여줄 수 있다.

질문은 5가지를 넘지 않는다. 개별 면접보다 집단 면접이 마음은 더 편하지만 내가 선택할 수 있는 부분은 아니다. 규모가 작은 회사의 면접은 면담 수준으로 진행된다. 소장 한 명이 하거나 아니면 과장이 같이 배석하는 정도. 같은 테이블에 앉아 면접이 진행되어 자연스럽고 화기애애한 분위기다.

자기 소개서 작성에서도 말했지만 면접자는 오래 근무할 수 있는 사람인가, 동료들하고 잘 지낼 수 있는 사람인가, 근무 환경에 잘 적응할 수 있는 사람인가의 관점에서 사람을 평가한다.

면담하면서 웃는 모습을 보여주는 것이 좋고, 고개를 끄덕이고 눈을 마주치는 등의 비언어적인 공감을 표하는 것이 좋다. 대답은 간결하게 하고 옷차림은 양복은 아니더라도 깔끔하게 하는 것이 좋다. 공기업인 경우는 양복을 입는 것이 좋다.

면접 사례

1 | ㅌㅇㅍㄹㅅ 면접(합격했으나 고사)

| 2019. 5. 17. |

오늘 아침에 낯선 번호의 전화가 걸려왔다. ㅌㅇㅍㄹㅅ란다. 어제 낸 내 이력서에 대한 반응이 온 모양이다. 오늘 10시에서 11시 사이에 면접을 보러 오란다. 경력 3년이 필수 조건이라고 했지만 경험 삼아 그냥 들이민 건데….

도곡역에 도착하여 외부인 전용 엘리베이터를 타고 지하 6층에 도착해서 사무실을 찾아가니 팀장이 나를 반긴다. 인상이 대단히 좋은 분이다. 단둘이 앉아 팀장이 하는 얘길 들었다. 가끔 질문도 하고 맞장구도 쳐주고.

애초에 대리 직급을 뽑으려고 했는데 마땅한 지원자가 없어서 그냥 경력이 없는 사람을 뽑기로 한 모양이다. 얘기를 다 들어보니 대략 짐작이 간다. 젊은 애들은 조금 있다 나가는 경우가 많으니 차라리 나이가 좀 많더라도 진득하니 있을 수 있는 사람을 뽑는 모양이다. 그런데 기사와 대리 월급 차이가 달랑 5만원이란다. 기사 월급이 260만원이니 그럼 내 월급은 255만원인 셈이다. 그럼 굳이 경력을 쌓을 필요가 있을까 싶다.

국가에서 정한 최저임금을 맞추다 보니 기사 월급이 250만원이 된 모양이다. 기사 월급이 워낙 박봉이다 보니 오름폭이 커진 것이다. 그러나 대리 임금은 법에서 정한 최저선을 이미 넘어섰으니 굳이 올릴 이유가 없었다. 용역 업체 입장에서 기사 월급을 올려줘 이익이 줄어든 마당에 대리와 그 이상의 직급자들의 임금을 올려 수익이 더 줄어드는 걸 원하지 않았을 것이다. 위 직급 임금으로 밑 직급 월급을 주고 있는 셈이다. 조삼모사는 아니지만 왠지 그런 느낌이다.

근무 방법을 물어보니 2팀이 4교대로 일한다고 한다. '주주당비'라고 외우란다. 첫째 날 8시간 주간 근무, 둘째 날 8시간 주간 근무, 셋째 날 올데이 당직 근무, 넷째 날은 비번으로 쉬는 날이다. 성수동에 있는 친구는 3교대인데 그 곳보다는 월급은 비슷한데 근무조건은 좀 더 좋은 셈이다.

팀장 과장 대리 주임 기사 이렇게 계급이 나누어지는 모양이다. 팀장 1명, 과장 1명, 일반 직원 8명, 영선 직원 2명 해서 총 12명이다. 팀장, 과장, 영선 직원은 주간 근무만 하고 나머지 8명이 두 팀으로 나누어 4교대 근무를 한다.

그 외 설비가 하는 일에 대해 1시간 정도 설명을 해주신다. 16년 된 건물이라 이제 손볼 곳이 많다고 한다. 입주민 시설은 제외하고 공용 시설만 담당한다. 급수관, 배수관, 하수관, 급탕, 냉탕, 환기, 정화조 등을 관리한다. 보일러는 수서 쪽에서 지역난방으로 들어와 제외된다고 한다. 여름철에는 하는 일이 더 많다고 한다. 분수대와 수영장 등의 관리도 해야 한다고 한다. 일반 빌딩보다 하는 일이 많다고 엄살이다. 도대체 얼마나 많기에.

얘기를 계속 들어보니 나를 뽑기로 마음먹은 것 같다. 언제부터 나올 수 있는지 묻는다. 음, 마음의 준비가 안 된 질문이다. 1주일 정도 시간을 달라고 하니까 그럼 23일부터 나올 수 있냐고 재촉한다. 알았다고 했다.

1시간 넘게 팀장님과 얘기하고 나오니 머리가 아팠다. 이참에 이직을 해볼까 하면서도 걱정과 불안이 덮쳐온다. 하기야 180도 환경이 바뀌니 그도 그럴 것이다. 돌아오면서 친구에게 얘기하니 한 놈은 한 살이라도 더 먹기 전에 직장을 옮겨 기반을 다지라고 한다. 옳은 지적이다. 다른 한 놈은 경험이 전혀 없는 너를 뽑는 것으로 봐서 구인난이 심한 시장이니 급할 거 없다면서 현 직장을 다닐 수 있을 때까지 다니라고 한다. 이 또한 어느 정도 올바른 진단이다.

저녁에 아내가 들어와 고민을 얘기하니 단번에 정리해준다. 급할 거 없다. ㅌㅇㅍㄹㅅ가 다른 곳보다 더 힘든 것 같다. 당신 어깨도 성하지 않다. (회전근개 파열) 그러니 일단 어깨 치료부터 끝내라. 구인 시장 정보를 들어보니 설비라는 직종이 사람 구하기 어려운 모양이다. 월급이 비슷한 구인 광고가 많이 있더라. 최소 1년 후에 생각해도 늦지 않을 것 같다.

내 생각과 정확히 일치한다. 아니, 내가 듣고 싶었던 얘기였다. 그래서 부부는 일심동체인가 보다.

2 | ㅎㄱㅍㄹㅌ대학 면접(불합격)

| 2020. 12. 4. |

이태원역. 약 10분 정도를 걸어 ㅎㄱㅍㄹㅌ대학 ㅈㅅ캠퍼스에 도착했다. 아침 날씨가 쌀쌀하다. 건물이 반듯하니 좋아 보인다. 이곳에서 젊은이들이 미래를 향해 기술을 배우고 연마하고 있을 것이다. 영선원 1명을 뽑는데 8명이 면접을 본다. 4명씩 집단 면접을 보는 모양이다.

내가 속한 두 번째 조에서 내 나이가 제일 많은 것 같다. 이번에도 그른 모양이다. 면접실에 들어가니 면접관 4명이 앉아 있다. 자기소개에 대해 묻고 그 밖에 소소한 것을 물었지만 특별한 질문은 없었다. 면접이 ㄱㄱㅂㅈㄷ 면접에 비해 다소 느슨한 느낌이다. 학교 일이 딱히 영선 업무만 있는 것이 아니라며 학교 행사 때는 다 같이 협업을 해야 함을 강조한다. 그 정도야 다 감수할 만하다고 이구동성으로 대답했다. 내게 질문을 별로 하지 않아 소외된 느낌이다. 나만큼 영선원을 준비한 사람은 없는 것 같지만 젊은 사람에게 주로 질문이 집중된다. 하기야 젊은 사람을 뽑고 싶겠지. 그래야 부리기가 쉽지 않겠나. 마음을 비우자.

나이가 들면 마음을 비우는 것의 연속이다. 그래서 속이 허한가?

3 | ㅁㅅㅇ 면접 (불합격)

| 2021 . 1 . 21 . |

서초역에 내려 10분 정도 걸어 조그마한 건물에 도착했다. ㅁㅅㅇ라는 이름의 5층짜리 건물로 자그마한 회사다. 1층 주차장에서 전화를 하니 문을 열어준다.

관리자인 듯한 여자분 한 명과 임원인 듯한 남자분 한 명이 면접을 봤다. 시설관리인 없이 운영하다가 작년에 수도가 터져 좀 고생을 한 모양이다. 그래서 건물관리인의 필요성을 느낀 모양인데 일거리는 그리 많지 않다고 한다. 내가 생각해도 그럴 것 같다.

컴퓨터 게임과 관련된 회사다. 프로그램을 만드는 것이 아니라 게임의 소리와 영상을 만드는 회사라고 한다. 정확히 이해는 안 됐지만 대충 감이 온다. 9시 30분에 출근하고 6시 30분에 퇴근이란다. 직원들은 10시에 출근이다. 직원 퇴근이 아마도 6시겠지. 연봉이 2,200만원이라고 한다. 월급으로 치면 180만원 정도다. 최저임금이다. 일하는 만큼에 해당하는 월급이다. 일거리가 많지 않다고 하니 경험을 제대로 쌓을 수 있을지 모르겠다. 출근일은 2월 1일부터라고 하며 다음 주 수요일에 답을 준다고 하니 기다려보자. 합격해도 좋고 안 해도 좋은 회사다.

4 | ㅋㄹㅇㅌㅋ 공무직 면접 (합격)

| 2021 6. 10. |

대전 KT인재 개발원에 도착해서 주변을 살펴보니 젊은 사람들이 많이 눈에 띈다. 하기야 요즘 취업 문이 바늘구멍 아닌가?

실내체육관으로 이동하여 체력검증 시험을 치렀다. 10kg 자루 가슴에 안고 앉았다 일어나기 40회(20점), 윗몸 일으키기 33회(14점), 15kg 자루 메고

25m 왕복 달리기 14.6초(2점)다. 20점 커트라인에 36점이다. 왕복 달리기가 의외로 다크호스다. 아마도 맨 마지막 시험이라 두 개 종목에서 힘을 빼서 그러지 싶다. 핑계지만 운동화를 안 가져가서 바닥이 미끄러웠다. 왕복 달리기, 윗몸 일으키기, 앉았다 일어나기 순으로 하는 것이 체력을 더 효율적으로 쓸 수 있을 것 같다.

면접실에 들어서니 면접관이 4명이다. 전동문 전기가 나갔을 때의 조치에 대해 물어본다. 또 안전 관리에 있어 고객, 동료, 자신의 관점에서 이야기해 달란다. 화재가 났을 때의 대처 요령에 대해서도 물었다. 직원들 간에 의견 충돌이 있을 때 대처 요령과 자신보다 나이 어린 직원이 들어왔을 경우 어떻게 처신하겠냐고 묻는다. 마지막 질문은 이런 일을 할 수 있냐고 물었다. 나쁘지 않은 면접이었다.

SRT를 타기 위해 예매 시간을 보니 5시 9분 차밖에 없다. 1시간 이상 기다려 SRT를 탈 것인가 아니면 지금 고속버스를 탈 것인가? 고속버스를 탈 경우 2시간 정도 걸릴 것이고 또 고속버스 터미널에서 집까지 가는 시간도 만만치 않다. 그럴 바에는 1시간 기다려 SRT를 타고 가자. 기다리면서 늦었지만 점심도 때우고.

대전 역사로 올라가는 길목에 빵집이 있는데 줄을 길게 섰다. 그냥 가기 허전해 몇 개 빵을 골랐다. 집에 돌아와 아내와 딸이 성심당이란 포장지를 보더니 유명한 빵집이란다. 이런 사소한 일을 기억하고 있다는 것이 새삼 놀랍다. 나는 아직도 여자에 대해 너무도 모른다.

5 | ㅊㄷ ㅎㄷ 2차 아파트 면접(합격했으나 고사)

| 2021. 11. 1. |

약속된 시간에 도착하니 주변에 관리 사무소가 안 보인

다. 전화를 하니 길가 말고 안쪽으로 들어오란다. 버스정류장에 후문이 있고 안쪽으로 들어가니 정문이 보인다. 정문 초소 위에 관리 사무소가 하나 있다. 썰렁한 사무실에 소장님 한 분이 맞아준다. 지금 근무하시는 분이 70대 고령이라 후임자를 뽑고 있는 듯하다. 좀 있다 선임자 한 분이 들어오셔서 해야 할 일을 하나하나 말씀해 주신다. 조경 일도 해야 하는 모양이다. 200세대 아파트라 크지는 않지만 나무 베기와 낙엽을 리어카로 치우는 일도 있단다. 페인트칠도 필요하면 하고 가끔 주민들이 요청하는 일도 하는 모양이다. 주차 관리는 경비원이 한다고 한다. 가끔 차를 밀어달라고 하는 주민이 있는 모양이다.

온 김에 기계실도 한번 가보라고 해서 가보았는데 문을 여는 순간 입을 쩍 벌어지고 말았다. 영화에나 나올 법한 낡고 누추한 공간이 나온다. 직원을 위한 별도의 공간은 없고 기계실을 그냥 사무실 겸 창고로 쓰고 있다. 시설이 너무 낡고 철거를 위해 방치된 건물 같다.

월급 217만원, 상여금은 없고 휴가비, 설, 추석 각각 10만원의 특별 급여가 나온다. 좀 짜다. 출퇴근 시간도 결코 짧다고 할 수 없다. 아침 9시, 저녁 6시 모두 러시아워 아닌가? 6시에 면접을 끝내고 전철을 이용해서 시간을 재보니 40분 이상이 걸린다. 내가 살고 있는 곳과 같은 구인데도 그렇다. 아파트가 경사로 맨 밑에 위치하고 있어 지하철을 타려면 엄청 올라와야 한다. 감내하기엔 좀 많은 시간이다. 왜 구인 공고가 매일 올라오는지 알겠다. 젊은이들은 안 올 것 같다. 경비하는 분, 전기 하는 분 모두 60~70대 이상이다. 60대 은퇴자가 시골로 귀촌했는데 막상 와보니 한참 막내인 상황과 비슷하다.

일이야 힘들어도 상관없는데 시설 및 분위기가 나 같은 젊은이에겐 너무도 열악하다. 내 나이가 60대를 넘어서면 생각해볼 수 있는 곳이다.